마음 코칭

마음 코칭

초판 1쇄 발행 | 2010년 6월 21일
개정판 1쇄 인쇄 | 2012년 11월 15일
개정판 1쇄 발행 | 2012년 11월 20일

지은이 신호주 · 김광호 | **펴낸이** 이춘원 | **펴낸곳** 책이있는마을
기획 강영길 | **편집** 이종현 | **디자인** 에테르9F | **마케팅** 김동백 | **관리** 정영석
등록일 1997년 12월 26일 | **등록번호** 제10-1532호
주소 경기도 고양시 일산구 장항2동 753 청원레이크빌 311호
전화 (031)911-8017 | **팩스** (031)911-8018
ISBN 978-89-5639-197-7 13320

지금 이 순간, 가슴 뛰는 삶을 살아라
내 안의 위대한 힘을 깨우는 심리학적 통찰

마음 코칭

신호주 | 김광호 지음

책이있는마을

모든 세상사는 마음먹기에 달렸다. 동서고금을 막론하고 이보다 더한 진리가 있을까? 성공과 좌절, 행복과 불행, 슬픔과 기쁨, 이 모든 것이 결국은 우리의 마음에 달려 있다. 어떠한 상황에 처해 있더라도 어떻게 마음먹느냐에 따라, 다시 말해 스스로의 선택에 따라 행복해질 수도 있고 불행해질 수도 있다는 것이다. 그럼에도 불구하고 많은 사람들이 행복보다는 불행을, 희망보다는 절망을 선택한다. 그것은 자신이 원하는 대로 마음먹기가 결코 쉽지 않기 때문일 것이다. 그렇다면 어떻게 해야 성공과 행복, 그리고 희망을 위한 마음먹기를 할 수 있을까? 이를 위해서는 우선 마음이란 무엇인가에 대해서 명확히 알아야 한다.

마음먹기가 이처럼 인간의 삶에서 가장 중요한 요소이다 보니 그 동안 동서고금의 성현과 철인들이 마음을 이해하고 그 실체를 파악하기 위해 노력해왔다. 마음에 대한 동양과 서양의 접근방법 및 도출된 결과는 커다란 차이가 있지만 동양과 서양의 고찰 모두 우리가 마음을 이해하는 데 큰 도움을 준다. 그 동안 동양이 생각하는 마음과 서양이 생각하는 마음을 제각기 소개한 책들은 많았다.『마음 코칭』은 동양의 명상, 특히 불교에서 고찰한 마음과 서양의 양자역학 및 신경과학이 분석한 마음을 함께 고찰함으로써 마음이란, 눈에 보이지 않는 그야말로 신비스러운 요소를 조금 더 많이 이해할 수 있도록 돕고 있다. 그리고 마음의 실체에 대한 분석을 토대로 마음이 우리의 꿈, 삶의 목적, 의미, 가치 등을 이루어나가는데 어떻게 활용될 수 있는지를 설명함으로써 우리가 성공과 행복의 길로 나아갈 수 있도록 안내하고 있다.

이 세상 어느 누구도 우리에게 행복과 성공을 손에 쥐어줄 수는 없다. 진정한 성공과 행복은 우리들 각자가 자신에게 주어진 상황과 문제들을 인식하고 그 해답을 스스로 찾아나가는 하나의 여정이다. 코칭이란 이처럼 사람들로 하여금 문제를 인식하고 스스로 그 해결책을 찾을 수 있도록 돕는 것이다. 따라서 이 책은 많은 사람들이 진정한 성공과 행복으로 나아가는 여정에 좋은 길잡이가 될 것이다.

내가 아는 이 책의 저자인 신호주 코치는 전문 분야에 종사하면서도 인생을 깊이 있게 살아가고 있는 사람이다. 그는 40세의 젊은 나이에 다가온 인생의 시련 앞에서 좌절하지 않고 마음을 다잡아 삶의 의미와 목적에 대해 스스로에게 물었다. 그리고 그 해답을 찾아가는 과정에서 진정한 성공과 행복의 길로 들어서게 되었다. 그는 누구보다 인생 탐구에 진지하고 진실한 삶의 태도를 보여주고 있다.

김광호 코치 또한 젊은 나이답지 않게 일찍이 불교와 명상에 심취하여 얻은 깨달음을 토대로 많은 사람들을 마음의 평안과 참된 행복에 이르는 길로 안내해오고 있다.

저자들은 이러한 삶의 과정에서 얻은 지혜와 사랑 그리고 경험을 보다 많은 사람들과 공유함으로써 그들이 진정한 성공과 행복에 이르도록 돕는 것을 삶의 중요한 목표 중 하나로 삼아왔고 그러한 노력과 소망을 이 책에 담아냈다.

부디 이 책을 통해 보다 많은 사람들이 삶의 참다운 의미를 깨닫고 진정한 성공과 행복의 길로 나아갈 수 있기를 희망한다.

김경섭(한국리더십센터 회장)

왜 이 책을 쓰는가?

이 책은 꿈, 지혜, 사랑, 마음 그리고 코칭에 관한 것이다.

물질과 성취 중심의 문화에서 힘든 삶을 정신없이 살다보니 일상에서 점점 멀어져 가고 있는 주제다. 하지만 이러한 주제를 외면하고는 행복하고 성공적인 삶이란 없다고 감히 말하고 싶다.

우리의 현실은 엄청난 변화와 경쟁의 바람이 휘몰아치고, 언제 어디서 어떤 바람이 우리를 덮칠지 모른다. 그리고 우리의 현실은 늘 도전과 문제의 연속이다. 그럼에도 사람들은 누구나 오늘보다 나은 삶을 꿈꾸며 살아간다. 우리는 내일의 희망과 걱정을 안고서 냉엄한 삶의 현실과 끊임없이 싸우고 회피하고 때로는 순응하면서 살고 있다. 누구에게나 삶은 즐거움만큼이나 고통이고, 성공과 실패로 점철되어 있다. 우리는 삶의 가장 어려운 문제에도 계획 없이, 너무나 빨리, 그리고 쉽게 답을 얻기를 원한다. 그리고 마음대로 되지 않는다고 외부 상황을 탓하고 좌절하고 괴로워한다. 우리는 주변 환경에 휩쓸려서 자아와 인간관계의 상실 속에 마음이 흔들리며 고통과 스트레스를 겪고 있다. 이 시대를 살아가는 우리에게 가장 절실한 과제는 '어떻게 하면 우리의 삶을 지배하며 행복하고 성공적인 삶을 살 수 있을까?'이다.

우리는 이러한 질문에 대한 답을 독자와 함께 찾아보고 싶다.

저자들은 각자의 전문직업 분야에서 다양한 경험과 고민을 하면서 답을 찾아가고 있다.

우리에게 삶이나 일이란 자신을 넘어서는 도전이다. 그 도전을 지혜롭게 극복하고 서로 배우고 즐기면서 다른 사람들과 공유하고 싶은 열망이 크기에 감히 이 책을 쓴다. 한편으로 깊은 지식이나 생각도 없이 자신도 잘 모르는 진리를 허공에 외치는 것은 아닐까 걱정이 되기도 한다.

저자는 40세의 어느 날, 예고 없는 중년의 위기를 맞았다. 당시 위암 선고는 곧 사형 선고였고 삶은 급전직하 끝없는 나락으로 떨어졌다. 참기 힘든 육체적 고통과 죽음에 대한 두려움, '왜 하필 내게…'라는 억울한 심정과 가족에 대한 걱정 등 정신적 고통은 꼬리를 물고 이어지며 저자를 괴롭혔고 한없이 가치 없는 존재로 만들었다. 마음을 달래려고 고향의 아버지 묘소를 찾은 어느 날, 울다가 잠이 들었고 돌아오는 길에 내면의 소리가 들려오기 시작했다. 나 자신이나 남을 탓하면서 환경에 굴복하여 이대로 주저앉을 것인가? 환경을 극복하고 삶을 제자리로 돌릴 것인가? 내면은 답도 명백하게 제시했다. 그 답은 "이미 일어난 일 자체보다 더 중요한 건, 내가 그 일에 대해 어떻게 생각하는가이다. 그것은 오로지 내 마음에 달렸다. 내면에서 찾아보라.”는 것이었다.

그리하여 먼저 마음수련으로 명상과 육체적인 단련으로 산행을 시작했다.

마음 수련은 나에게 수많은 질문을 던졌다. 처음에는 ‘내게 닥친 이 상황이 내게 주는 의미는 무엇일까?’ ‘나는 제대로 살고 있는가?’ ‘나는 앞으로 어떻게 살 것인가?’ 즉 삶의 방법에 관한 것이었다. 그 다음은 보다 깊이 있고 근본적인 존재의 본질에 관한 질문으로 이어졌다. ‘나는 누구인가?’ ‘내게 중요한 것은 무엇인가?’ ‘나는 어디에 있으며 어디로 가는가?’ ‘삶의 의미와 목적은 무엇인가?’ 이러한 질문과 명상의 힘은 대단했다. 질문의 답을 제대로 찾기에는 턱없이 미흡하지만 이러한 질문과 명상만으로도 삶은 달라지기 시작했다.

몸과 마음이 한결 균형이 잡히고 평화로워지고 일, 가족, 경제력 등 삶의 외면의 모습도 몰라보게 나아지고 있다.

삶이 제 궤도로 돌아오기까지 나는 시련을 통해 너무나 중요한 교훈을 얻었디.

그것은 ‘인생은 누구에게나 어렵고 힘들고 공평하다. 현재 나의 모습은 나의 내면의 결정이 겉으로 드러난 결과이다. 나는 가치 있는 존재이며 내면에 무한한 잠재력과 지혜 그리고 사랑으로 가득하다.’는 믿음을 갖게 되었다. 그리고 ‘모든 것의 근원은 마음속에 있으며, 보다 나은 미래는 나 자신의 마음의 변화에서 출발한다.’는 것이다. 행복도 축복이지만 불행 또한 축복임을 진정으로 깨닫게 되었다. 외면의 모습만 추구하던 나에게 마음의 본성과 그 마음에 접근하는 방법으로 코칭을 가르치기 위해서 시련을 주셨나 보다.

또 한 사람의 저자인 김광호 대표 역시 전문가로서 탄탄대로를 걷던 38세에 인생의 나락으로 떨어지는 시련을 경험했다. 그 이후 몇 년간 그의 삶은 이전과 같이 순탄치 못했다. 아니 사실은 괴로움의 연속이었다. 그 전에는 한 번도 경험해 보지 못했던 너무나도 큰 인생의 시련들이 연달아서 들이닥쳤다. 남들이 부러워하고 스스로도 자랑스러웠던 직장에서의 성과는 그 이전과 확연하게 차이가 났다. 어려운 상황에서 벗어나려고, 더 잘 하려고 노력할수록 상황은 오히려 악화되어만 갔다. 자존심은 무너져 버렸고 지금 하는 일이 진정으로 자신이 원하는 일인지에 대한 회의가 밀물처럼 다가왔다. 좀처럼 받아들이기 어려운 현실이었다.

다행히 시련을 통해 겸손해질 수 있었고, 점차 삶의 균형을 찾아갔다. 이제는 그때의 시련들을 있는 그대로 받아들일 수 있게 되었다. 시련의 긍정적인 측면도 깊이 깨닫게 되었다. 그리고 내면 깊숙한 곳으로부터 진정으로 하고 싶은 것을 찾고자 하는 용기도 생겼다. 그리고 그것을 찾았다. 돌이켜보면 그러한 시련들은 아마도 그것을 찾기 위해, 그 길로 가기 위한 하나의 과정이었던 것 같다.

우리는 평생 우리의 존재와 사는 법에 대해서 배우면서 살아가야 한다. 인생을 '폭풍우가 몰아치는 대해에서 그 어딘가에 있을 목적지를 항해하는 것'에 비유할 수 있다. 우리는 대자연의 위력 앞에 한없이 보잘것 없어 보이지만 깨달음을 통해 존재의 소중함과 위대함 그리고 목적을 인식하게 된다. 그것이 우리에게 나침반과 항해하는 기술을 익히고 끊임없이 다가오는 파도에 맞설 수 있는 원동력임을 알게 된다.

오늘날 우리는 물질과 형상의 가치가 압도하는 시대를 살아가고 있다. 그러나 동시에 삶의 의미와 목적, 영성과 영혼을 찾는 움직임 또한 높아지고 있다고 본다. 삶에서 가장 중요한 것은 삶의 방식(형상)과 존재의 목적(본질) 사이에서 균형을 이루는 것이다. 다시 말하면, 우리는 '무엇을 위해 사는가? 그리고 어떻게 살아야 할 것인가?' 라는 물음에 대한 해답을 찾아야 한다. 보다 현실적으로 말하면 '어떻게 하면 치열하게 살면서도 마음의 평화와 균형을 유지할 수 있을까?' 이다. 우리는 이 지난한 문제에 대한 해답을 독자 여러분과 함께 찾고자 한다. 그 해답은 적어도 우리의 내면(마음)을 깊이 들여다보고 삶의 의미와 목적과 가치관을 찾아 그에 일치하는 행동을 실천하는 데 있을 것이다. 겉으로 보이는 삶이 아무리 화려하고 훌륭해도 목적은 없고 수단만 있거나 삶의 본질과 연결되지 않는다면 그것은 결코 의미 있는 삶이 아닐 것이다.

앤서니 라빈스는 "인생에서 가장 중요한 교훈의 하나는, 우리를 만드는 것은 바로 우리의 행동이란 사실을 깨닫는 것이다. 그렇다면 무엇이 인간의 행동을 만드는가? 이 질문에 대한 해답이 우리의 운명을 결정하는 열쇠다."라고 했다.

어떻게 하면 우리의 행동을 통하여 오늘보다 나은 삶을 살 수 있을까? 우리를 행동하게 하는 힘의 원천은 마음에 있다. 이것은 진리다. 불교에서 일체유심조(一切唯心造; 우리는 마음의 존재다. 모든 것은 마음에서 비롯된다. 마음이 세상을 만든다)와 잠언의 "사람은 자신이 마음속에 생각하는 그대로 존재한다."는 구절은 바로 이러한 진리를 담고 있다.

나는 더 나은 삶을 살기 위한 지혜로서 '나 자신과 세상의 이치를 알고 꿈을 꾸고 용기 있게 행동하라.'는 단순한 진리를 상기시키고 싶다. 그리고 어렵고 힘든 현실에서 진정으로 이루고 싶은 꿈을 찾는 마음의 여정을 통하여 자신의 존재가치와 목적을 발견하고 코칭을 통하여 원하는 목표와 자아성장을 이루어 가는 종합적인 인생의 목적과 방법론을 찾아보고자 한다.

이러한 지혜의 원천은 결국 마음에 있다. 사실 우리는 '마음이 바뀌고 움직이면 인생이 바뀐다'는 마음의 인력법칙을 잘 알고 있다. 하지만 마음을 제대로 움직이는 것이 어디 쉬운 일인가? 우리는 마음을 올바르게 이해하고 마음을 움직이는 법을 배워야 한다. 인간은 변화를 원하면서도 변화하기 힘든 모순된 존재다.

저자들은 마음에 이르게 하는 실천적 지혜로서 코칭의 힘을 직접 경험하고 있다. 코칭은 마음에 관한 학문인 심리학에 기반을 둔, 마음을 움직이는 과학적이고 실용적인 기법이다. 코칭은 '코치가 질문과 경청 그리고 인정을 통하여 코칭 받는 사람이 보다 나은 삶을 사는 데 필요한 답을 스스로 찾도록 도와주는 기술이며 프로세스'라고 할 수 있다.

신은 인간에게 고통을 주는 만큼 해결할 능력도 같이 주었다고 믿는다. 저자들은 "겨우 싹트는 단계지만 진실로 우리는 다 신이다. 자신에게서 신의 모습을 보라."는 시인 로버트 브라우닝의 말을 좋아한다. 인간은 위대하고 소중한 존재다. 그 어떤 시련의 순간에도 '있는 그대로의 나'를 받아들이고 믿고 사랑하는 데서 출발하자. 그리고 우리가 함께 사는 세상에 사랑을 베풀자. "모든 것은 나 자신과 외부 세상에 대한 사랑에 달렸다."는 트레이시의 말은 항상 가슴 깊이 와 닿는다.

'세상 모든 것이 마음먹기 나름'이라는 말도 있듯이 마음을 움직여야만 우리가 원하는 방향으로 나아갈 수 있고 또 실제로 행동해야만 원하는 성과를 얻을 수 있게 된다. 이 책을 쓰는 저자들 또한 아직 마음의 문제를 완전히 깨닫고 해결하지 못했다. 그렇지만 매일 조금씩 더 나아지기 위해 노력하고 있으며, 특히 코칭을 접하게 된 이후 과거에 비해 훨씬 더 나아진 것이 분명하기에 감히 이런 책을 써서 스스로를 뒤돌아보고 더욱 정진하는 계기로 삼으려고 했다.

이 책이 코칭을 통하여 마음의 힘을 잘 활용하는 데 조금이나마 도움이 되었으면 한다. 그리하여 모두가 원하는 성공, 행복, 평화, 건강 등으로 나아가는 데 이 책이 유익한 동반자가 되기를 간절히 소망한다.

2010년 6월

신호주, 김광호

차례

2. 마음, 성공과 행복에 이르는 열쇠

3. 코칭, 마음을 움직이는 능력을 키워주는 도구

4. 주제별 코칭

더 나은
삶을
찾아서

1

"참나무는 도토리 안에 잠들어 있고 새는 알 속에서 부화하기를 기다리듯이 꿈은 현실이 될 묘목이다." —제임스 앨런—

우리는 꿈에 관한 이야기로 이 책을 시작하고자 한다. 꿈은 모든 것의 시작이고 그만큼 중요하기 때문이다. 꿈은 씨앗이다. 모든 것은 꿈에서 시작한다. 꿈이 구체화된 것이 목표이며, 꿈은 우리의 인생목적이 표현된 것이다. 꿈이 분명해야 우리가 가야 할 곳을 알고 우리의 힘과 에너지를 불어넣고 우리는 성장할 수 있고 나아가 성공과 행복으로 나아갈 수 있다. 꿈이란 참으로 중요한 것이다.

나는 꿈이 있는가? 나의 현실은 어떠한가? 나의 꿈과 현실은 어떤 차이가 있는가? 어떻게 하면 우리의 현실을 우리가 꿈꾸는 삶의 모습으로 변화시킬 수 있을까?

1
나의 꿈, 나의 현실

"꿈이 없는 삶은 죽음과 같다"
− 작자 미상 −

나의 꿈은 무엇인가?

잠시 눈을 감고 고요히 생각에 잠겨보자.

내게 꿈이 있는가? 꿈이 있다면 나의 꿈은 무엇인가?

엄청난 돈, 거대한 성공, 아름다운 사랑, 봉사하는 삶, 마음의 평화…

그 꿈이 실현되었다고 상상해 보자.

그것은 어떤 모습인가?

그리고 어떤 기분이 드는가?

하늘을 날 것 같은 느낌, 세상을 다 가질 듯한 열정, 담담하고 평
화로운 마음…

어떤 기분이든지 그 기분을 마음껏 누려보자.

꿈은 마음속 깊은 곳에 존재하는 이상이나 희망을 말한다. 꿈은
우리가 가야 할 방향과 가야 할 이유 그리고 힘과 열정의 원천을 제
공한다. 꿈이 있는 사람과 꿈이 없는 사람의 차이는 엄청나게 크다.

꿈이 없는 사람, 즉 자신이 인생에서 무엇을 원하는지 모르는 사

람이 상당한 성공을 이루었다는 말을 들어본 적이 있는가? 꿈은 씨앗이다. 모든 것은 꿈에서 시작한다. 꿈이 구체화된 것이 목표이며, 꿈은 우리의 인생목적이 표현된 것이다. 꿈이 분명해야 우리가 가야 할 곳을 알고 우리의 힘과 에너지를 불어넣음으로써 성장할 수 있고 궁극적으로 성공과 행복으로 나아갈 수 있다.

그렇다면 나는 어느 편인가? 나는 스스로의 삶에 대한 책임을 스스로 지고 꿈을 꾸고 꿈을 향해 가기 위해 노력하는 편인가? 아니면, 실망하고 포기하고 남의 탓으로 돌리고 꿈도 없이 되는대로 살아가는 편인가? 이것이 옳거나 그르다는 관점보다는 어느 편이 삶을 살아가는 데 유익하느냐는 관점에서 중요하다.

원하는 것을 이루는 핵심비결은 무엇일까? 그 해답은 목표를 명확히 하고 지속적으로 집중하는 것이다. 현재의 위치를 알고 가고자 하는 목적지를 입력하면 자동항법장치가 원하는 곳을 찾아가듯이, 우리의 마음도 목표가 분명해지면 그곳을 향하여 끊임없이 정확히 움직인다.

우리가 원하는 것을 이루려면 무엇보다 먼저 원하는 것이 무엇인지를 명확히 하는 것이 우선이다. 그것은 마치 우리가 목표를 명중시키려면 먼저 과녁을 명확히 하는 것과도 같다.

우리는 일을 할 때는 무엇보다 목표를 명확히 하고 전략을 추진한다. 그러나 보다 중요한 삶에서는 종종 목표 없이 그때그때 대응하면서 그저 흘러가는 대로 사는 경우가 많다.

사람은 목적지향적인 존재이다. 그리고 목적의식이 강한 사람이 늘 성공하게 된다. 목적지나 목표가 분명하지 못한 항해를 생각해 보라. "이 비행기는 어디로 갑니까?" "아! 이 비행기는 목적지가 분명하지 않습니다. 하늘에서 풍향이나 기류에 따라 가는 대로 갈 것입니다."라고 기장이 답한다면 그 비행기를 타겠는가?

목표의 원천은 꿈이다. 목표는 꿈에서 시작한다. 먼저 꿈을 꾸고, 꿈을 목표로 전환하고, 그 목표가 현실화될 수 있다고 믿고, 그 목표에 대해 마음으로 그림을 그려보고 실현된 것으로 상상해보자.

꿈이 없다면 어떻게 할 것인가?

흔히 "이 나이에 무슨 꿈이냐?"고 말하는 사람도 있다. 이런 사람들조차도 꿈이 없이 꿈을 이룰 수 있다고 생각하지는 않을 것이다. 늦지 않았다. 괜찮다. 지금부터라도 꿈을 꾸면 되니까.

어떻게 하면 우리는 꿈을 창조할 수 있을까?

자, 눈을 감고 꿈을 꿔보자.

미래를 마음껏 상상해보자.

- 5년 또는 10년 후 아니 평생을 두고 하고 싶고, 되고 싶고, 갖고 싶은 것은 무엇인가?
- 앞으로 6개월밖에 살 수 없다면 남은 6개월 동안 무엇을 할 것인가?
- 어떠한 제약도 없다면 꼭 하고 싶은 세 가지 일은 무엇인가?
- 어떤 사람이 되고 싶은가?
- 얼마만큼 돈을 벌고 싶고 그 돈으로 무엇을 하고 싶은가?
- 이루고 싶은 100가지의 꿈 리스트를 적어보자. 그 꿈을 10가지로 압축해보자.
- 무엇과도 바꿀 수 없는 꼭 한 가지 꿈은 무엇인가?

나의 현실은 어떠한가?

이제 눈을 뜨고 현실로 돌아와 보자.

나의 현실은 어떠한가?

나는 그룹 코칭을 하면서 느닷없이 코칭 받는 사람들에게 "당신은 몇 점짜리 인생을 살고 있다고 생각하나요?"라고 묻는다. 그 대답은 다양하다. 40점, 60점, 80점 등등.

그러면 또 묻는다. 왜 60점이라고 생각하는가?

그때부터는 코칭 받는 사람들은 난감해한다. 그리고 각양각색의 답이 나온다. 막연한 감이 그렇다든가, 원하는 경제적 목표 수준과 현재 수준과 비교해서 그렇다든지, 행복지수를 기준 해서… 등등.

점수를 매기려면 정답이 있고 그 채점기준이 있어야 하는데 그것은 무엇인가? 그리고 "인생의 점수를 60점에서 80점으로 높이려면 무엇이 필요한가?" 라는 질문에는 아예 입을 다무는 사람들이 많다.

비슷한 질문이지만 이런 질문을 하기도 한다.

당신의 행복지수는 얼마인가? 행복지수를 높이려면 무엇이 필요한가요?

우리가 자신의 현실을 제대로 알고 이러한 질문에 답하려면 외면의 모습만이 아니라 적어도 자신의 삶의 목적이나 목표, 이상적인 삶의 모습 등 내면(마음)을 깊이 들여다보고 무엇이 진정 중요한지를 알아야 한다.

그러면 이제 우리의 현실이 어떠한지 살펴보자. 그것은 우리가 평소 느끼는 감정과 외면의 모습을 통하여 알 수 있다.

먼저 각자의 마음이 느끼는 감정에 주의를 기울여 보라. 그것은 내가 제 길을 가고 있는지 내적 피드백을 제공한다. 다음으로 내게 일어나는 상황이나 사건 등 외적인 삶의 모습에 주의를 기울이면 외적 피드백을 얻는다.

나의 마음이 설레고 즐겁고 행복하고 내 앞에 펼쳐지는 삶이 원하는 대로 이루어지고 있는가? 아니면, 나의 마음이 걱정과 불안과 스트레스로 가득하고, 아무리 애서도 제대로 되는 일이 없어 어렵고 힘이 드는가? 이러한 내적, 외적 피드백은 내가 바른 길을 가고 있는지 바른 길을 벗어나고 있는지 알려주는 확실한 신호다. 다시 말해서 나의 마음이 즐겁고 행복하며 외적 상황이나 일이 잘 풀려간다면 내가 원하고 꿈꾸는 방향으로 제대로 가고 있다는 것을 의미한다. 그러니 계속해서 그 길을 가도 좋다는 의미다. 반대로 나의 마음이 불안하고 두렵고 스트레스가 가득한 상황이며 삶이 제대로 풀리지 않고 있다면 그것은 내가 원하고 꿈꾸는 것과는 거리가 있는 생각과 행동을 하고 있음을 의미한다. 그것은 변화가 필요하다는 신호다.

꿈을 현실화하려면 무엇이 필요한가?

곰곰이 생각해보자.

- 나의 꿈과 현실은 어떤 차이가 있는가?
- 나는 힘겨운 현실을 사는 데 급급하여 꿈을 꾸기보다는 현실에 안주하고 있지는 않는가?
- 꿈은 큰데 노력이 제대로 뒷받침되지 못해 좌절하고 있는가?
- 냉엄한 현실에서도 꿈을 꾸고 뚜렷한 목적과 목표를 세워 현실을 원하는 것으로 만들어가고 있는가?
- 꿈과 현실이 균형을 이루려면 무엇이 필요한가?

우리가 꾸는 꿈도, 우리의 현실도 결국 우리의 마음이 빚어낸 것이다. 그리고 우리의 현실을 미래에 더 나은 모습으로 변화시키는 열쇠도 바로 마음이다. 꿈과 현실의 격차는 변화의 동력이 된다. 하지만 때로는 좌절과 실망의 원인이 되기도 한다. 우리의 마음을 이해하고 마음의 힘을 활용해서 꿈과 현실의 균형을 잡는 것이 이 책의 요체다.

꿈을 현실화하려면 우리의 마음속에 꿈과 열정을 불태우고 그것을 행동에 옮기기 위해 두려움과 안정지대에서 벗어나는 노력이 필요하다. 우리는 과연 어떤 꿈을 꾸고 현실을 변화시킬 것인가? 선택은 자유다. 현재에 머물 것인가? 아니면 원하는 미래로 변화할 것인가?

2

우리는 지금 어디에 있는가?

"삶에서 경험하는 모든 문제가, 물론 최악의 상황까지도 포함하여, 실은 가장 좋은 것의 씨앗이 될 수도 있다." – 웨인 다이어 –

우리는 얼마만큼 우리의 삶에 만족하고 있는가?

아래 그림은 삶의 수레바퀴라는 그림이다.

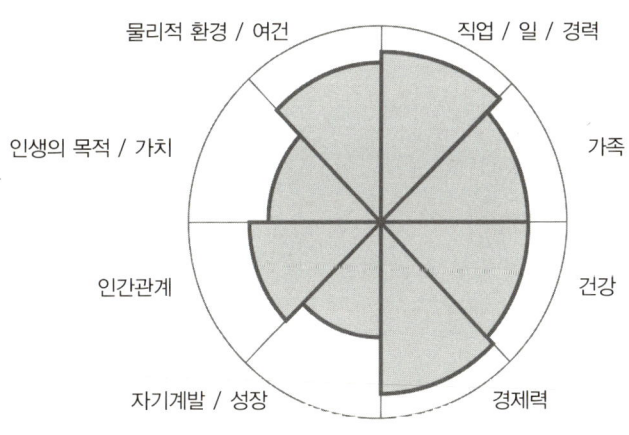

그림 1: 삶의 수레바퀴

인생의 8가지 대표적인 영역에 대해 당신이 만족감을 느끼는 정도에 따라 1에서 10까지의 단계로 나눈다. 가장 이상적인 경우는 모든 분야에서 만족도가 다 높아서 수레바퀴가 잘 굴러가는 상태일 것이다. 그러나 특정 부분의 만족도가 너무 낮으면 수레바퀴가 제대로 굴러가지 않을 것이다. 인생의 수레바퀴를 이용해서 각 항목에 점수를 표시해 보자. 각 분야의 성취도가 높을수록 바깥쪽 원에 가까워지고 균형이 잡힐수록 둥근 원의 모습이 될 것이다.

당신의 인생 수레바퀴의 모습은 어떠한가? 크면서 둥근가? 그렇다면 당신의 인생은 성취도와 균형도가 높아 만족한 삶을 살고 있다. 아니면 원이 작으면서 찌그러져 있는가? 이는 성취도가 낮고 균형도 잡히지 않아서 삶이 힘들 것이다. 이런 찌그러진 바퀴로 삶을 산다면 얼마나 덜컹거리겠는가? 그러나 이런 경우도 문제가 없다. 우리가 어디에 있는지 알게 되었으니 앞으로 어디로 갈 것인지 그리고 어떻게 갈 것인지 미래를 설계하고 행동에 옮긴다면 말이다.

자, 이제 우리 스스로에게 질문해 보자.

- 우리는 얼마만큼 자신의 삶에 대해 만족하고 있는가?
- 3년 후 또는 5년 후의 원하는 수레바퀴의 모습은 어떠한가?
- 우리의 삶의 분야 중 특히 개선하고 싶은 3가지 분야는?
- 예를 들어 인간관계의 만족도가 5라면 이를 8의 수준으로 높이려면 무엇이 필요한가?

나는 행복한가?

행복에 대해서는 여러가지 정의가 있을 수 있다.

사람마다 행복이 무엇인지 그리고 무엇이 자신을 행복하게 해주

느지에 대해 생각이 다를 것이다. 여기에서는 행복이란 "활기차고 건강한 생활, 즐거움과 사랑이 가득한 감정, 의미와 목적이 있는 삶"이라고 정의하고자 한다. 행복은 이처럼 우리 삶의 목적일 뿐 아니라 우리 삶의 의사결정 기준이고 평가기준이 된다.

　다시 말해 우리가 어떤 결정을 할 때 '이것이 나의 행복에 도움이 되는가?' 라는 질문이 중요한 목적이나 기준이 될 수 있다. 또한 행복은 나의 삶이 제대로 가고 있는지 파악할 수 있는 판단 기준이 된다. 많은 사람이 자신의 행복을 추구하는 것이 너무 이기적이 아닌가 생각할 수 있다. 그러나 행복을 추구하는 것은 결코 이기적인 행동이 아니다. 자신의 행복은 오로지 자신만이 다룰 수 있고 자신의 행복 추구가 남의 행복을 희생하는 것은 아니다. 행복한 사람은 성공할 수 있는 가능성이 높고 다른 사람의 행복도 가져다준다. 행복은 행복을 낳는다. 그리고 행복은 나 자신의 행복으로부터 다른 사람에게로 퍼져 나간다.

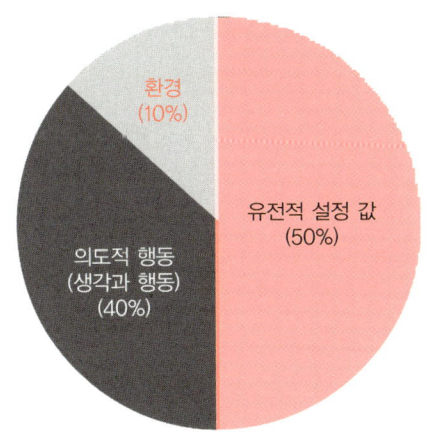

행복의 요소-소냐 류보머스키, How to be happy

그렇다면 무엇이 우리를 행복하게 하는가? 행복의 수준을 결정하는 것은 무엇인가? 많은 사람들이 행복은 얼마나 많은 것을 갖고 있고, 하고 싶은 것을 마음껏 하며 살고 있는가 등 외부의 모습에 달려있다고 생각한다. 그러나 우리는 이미 알고 있다. 부의 상징인 백만장자가, 권력의 상징인 대통령이, 명예의 상징인 헐리우드의 연예인이 반드시 행복하지 않다는 것을. 또한 우리가 행복하기 위해서 갖고 싶은 것을 가졌을 때, 그 행복감이 얼마나 빨리 사라지는지, 그 갖고 싶은 것을 얼마나 더 갖고 싶은지, 얼마나 많은 대가를 치러야 하는지 그리고 그것들이 얼마나 변화무쌍한지… 이 모든 것은 신기루다.

행복은 외부의 모습도 중요하지만 궁극적으로 내면의 상태에 달려있다. 행복은 '외부의 모습을 어떻게 받아들이는가?' 하는 마음의 상태에 달려있다. 다시 말하면 행복은 외부에 있는 것이 아니라, 우리 내부에 이미 존재하고 있다. 이것은 진리다. 그렇다면 행복을 외부에서만 얻으려고만 한다면 그것이 가능하겠는가?

우리가 행복했던 때를 기억해보라. 과연 많은 것, 좋은 것을 마음껏 누릴 때였는가? 아니면 자그마한 것에 만족하고 즐길 때였는가? 우리는 거대한 성공, 막대한 부, 금메달의 기쁨이 얼마나 빨리 사라지고 허무한지를 경험한다. 그리고 눈 덮인 산, 안개에 쌓인 강의 신비, 산 속에서 한 잔의 시원한 약수, 승리의 결과보다 승리를 위해 몰입하는 순간에서도 행복을 느낀다. 행복은 이와 같이 위대한 성공에 달려있는 것이 아니라 자기 자신이 누구이며, 자신의 존재를 드러내는 삶의 작은 선택과 행동에 달려있다. 물론 행복에 있어서 마음의 상태가 중요하다고 해서 물질과 형상을 무시하자는 것은 결코 아니다. 행복을 위해 물질적인 충족이 필요하듯이 내면을 들여다보는 것 또한 필요하다는 것이다. 우리가 행복해지기 위해서는 더 많은 돈, 대단한 성공이나 명예, 완벽한 건강 등이 필요한 것은 아니다. 우리가 어떠한 마음 상태를 가질 수 있느냐에 따라 완전한 행복을 얻을 수 있다는 것을 말하고 싶다.

이것은 결코 저자의 주관적인 생각이 아니다. 소냐 류보머스키는 그의 저서 『How to be happy』에서 심리학적인 연구조사를 통하여 이 사실을 객관적으로 입증하고 있다. 류보머스키에 따르면 행복의 요소는 유전적 설정 값 50%, 의도적 행동(생각과 행동) 40%, 환경 10%로 구성되어 있다고 한다. 행복을 결정하는 요소 중 유전적 요인이 50%를 좌우하는데, 즐거운 일이나 행복한 일이 일어난 순간에는 유전적 요인이 50%를 넘어서거나 또는 미치지 못하기도 하지만 일정 시간이 지나면 50% 수준으로 수렴한다고 한다. 그리고 행복의 요소 중 우리가 굉장히 높은 비중을 차지하리라고 생각하는 환경적 요소는 불과 10%에 불과하다. 행복의 결정요소로서 가장 중요한 것은 의도적 행동이 40%나 차지하고 있고 이것은 우리의 의지로 변화시킬 수 있다는 점이다. 다시 말해서 행복은 행복으로 이끄는 우리의 생각, 감정 그리고 행동에 달려있다는 것을 인식하는 것이 중요하다.

우리의 인식수준은 어떠한가?

관심이 물질적인 결과를 가져온다는 것을 가장 쉽게 설명한 것이 바로 『시크릿』이라는 책에서 설명하고 있는 끌어당김의 법칙일 것이다. 즉, 생각에는 끌어당기는 힘과 주파수가 있어서 어떤 것을 생각하면 그 생각이 우주로 전송되고, 이는 자석처럼 같은 주파수에 있는 것들을 끌어당기고 이러한 끌어당김의 법칙은 우리의 소원을 들어주게 된다는 것이다.

인간 삶의 핵심은 세상과 개인과의 상호작용일 것이다. 우리의 삶은 세상(환경과 다른 사람)과의 관계 속에서 원하는 것을 이루어가는 것이다. 세상 안에 내가 있고 내 안에 세상이 있다는 말이 있다. 내가 세상의 한 부분일 뿐이지만 한편으로 세상을 내 마음의 인식이나 사고의 틀로 바라보고 인식할 수 있다는 것이다. 우리가 더 나은 삶을 살기 위해서는 자신과 세상을 보다 폭넓게 인식하고 원하는 삶을 꿈꾸고 최선의 노력을 해야 하는 것이다. 이를 위해 나 자신과 세상에 대한 인식수준을 높여야 한다.

소크라테스가 "너 자신을 알라."고 말했듯이 내 자신을 아는 것이 무엇보다 중요하다. 나를 알아야 세상을 제대로 볼 수 있고 세상을 제대로 알아야 원하는 것을 이룰 수 있음은 자명하다.

아리스토텔레스는 자연의 사다리를 통해 인간이 자연의 다른 무생물, 식물, 동물과 다른 것은 인식능력의 차이라고 설명했다. 즉, 인간이 만물의 영장으로 자리 매김하는 것은 마음, 즉 이성이나 생각하는 능력의 차이라는 것이다.

로버트 딜츠(Robert Dilts)는 자연의 사다리와 비슷한 개념으로 우리의 인식 단계를 인식의 사다리로 설명하고 있다.

다음의 그림은 로버트 딜츠의 인식의 논리적 수준이라는 설명이다.

나의 인식수준은 어디일까? 예를 들어 관심 있는 사람을 알게 되

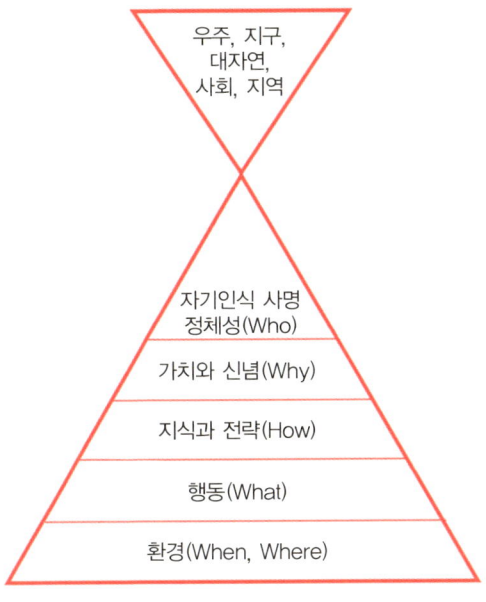

그림 2: 인식의 수준, 로버트 딜츠

었다. 그 사람에 대해 관심을 갖게 되면 나는 그 사람이 어디에 사는지가 우선 궁금하다.(예를 들면 도시에 사는지 시골에 사는지) 그렇다면 내 인식의 수준은 제일 아래 환경(Where)에 머물러 있는 것이다. 그렇지만 그 사람이 어떤 가치관을 가지고 있는지가 우선 궁금하다면 가지와 신념(Why) 딘게에 있는 것이다. 환경 수준의 인식으로는 우리의 행동을 바꿀 수 없다. 가치와 신념이 변화하지 않는 한 행동이 변하지는 않는다.

결국 우리는 제대로 인식하고, 올바로 사고하고, 최선의 노력으로 행동해야만 우리가 원하는 바, 즉 행복과 성공에 다가갈 수 있게 된다.

우리는 지금 어느 계절에 있는가?

잠시 자연의 계절을 생각해 보자.

때가 되면 계절이 순환하는 자연의 법칙은 어김이 없다.

새벽이 오고 낮이 되고 저녁이 되어 밤이 와 하루가 가고.

초승달이 생기고 달이 차고 이지러지고 그믐이 되어 한 달이 가고.

봄, 여름, 가을, 겨울 한 해가 가고.

세상의 모든 현상과 존재는 이렇듯 끊임없이 순환을 거듭한다. 일부 물리학자들은 우주도 태초에 대폭발(Big Bang) 이후 지금도 팽창하고 있으며 언젠가는 수축하기 시작하여 태초의 모습으로 돌아갈 것이라고 주장하고 있다.

자연도, 사람도 결코 이 순환을 벗어날 수 없다. 다만, 자연의 계절은 때가 되면 어김없이 순환하지만, 인생의 계절은 인간이 그 계절의 주기를 변화시킬 수 있는 선택과 자유가 주어져 있는 것이 다르다고 할까.

우리 인간의 계절은 어떤가?

이태리의 어느 성당 돌 벽에는 '인생의 4계절'이라는 벽화가 있다고 한다. 원의 위쪽 12시 방향에는 화려한 왕관과 성장을 한 여왕이 자리하고 있고(성공과 행복을 상징), 3시 방향에는 왕관이 떨어지고 차려 입은 옷이 벗겨지는 모습으로 바뀌고(상실을 의미), 6시 방향에는 발가벗은 거지의 모습이(고통의 순간), 그리고 9시 방향에는 새로이 이루어가는 모습이 그려져 있다(희망을 상징).

이렇듯 사람은 태어나서 성장하고 쇠퇴하며 죽음을 맞는다. 돈, 사랑, 권력 등 인생사도 마찬가지로 생기고 성장하고 상실하며 고통을 맞는다. 사랑을 만나 뜨거워지고 식어가서 언젠가는 이별을

맞는다. 사업을 일으키고 성장하고 기울어져 거둔다. 취직을 하고
성장하다가 밀리고 끝내는 떠난다.

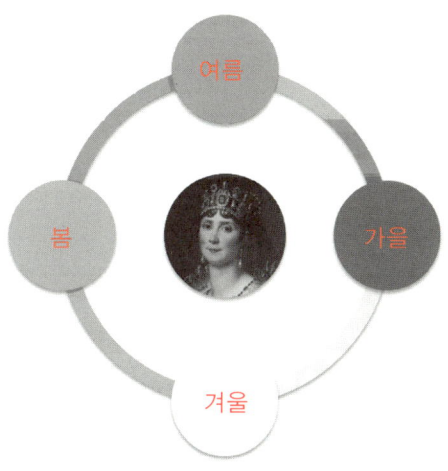

그림 3: 인생의 계절

금융위기, 무한경쟁 등 급격한 환경변화로 우리의 삶은 그 어느
때보다 어렵고 힘겹다. '우리는 지금 인생의 어느 계절에 있는가?'
한번 생각해 보자. 나는 지금 인생의 봄, 여름, 가을, 겨울 중 어느
계절에 있는가? 내 인생의 황금기는 어디인가?

인생의 계절을 생각해 보는 이유는 현재의 상태를 인식하고 더
나은 모습으로, 더 나은 방향으로 그리고 더 나은 결과를 향해 가기
위한 것이다.

유대교의 성서 주석서인 미드라시(Midrash)에는 의미 있는 이야기
가 담겨 있다. 다윗 왕이 전쟁에서 큰 승리를 거두고 궁중에서 파티
를 즐기던 중 문득 깨달은 바가 있어 궁중의 보석 세공인을 불러 지
시했다. "나를 위해 반지 하나를 만들어라! 거기에 큰 승리를 했을

때 자만하지 않도록 경계하는 글귀를 새겨 넣어라. 동시에 내가 절망에 빠져 있을 때도 용기를 북돋을 수 있어야 하느니라." 보석 세공인은 아름다운 반지를 완성했으나 마땅한 글귀가 떠오르지 않았다. 고민 끝에 그는 솔로몬 왕자에게 도움을 청했더니 말했다. "이렇게 써 넣으시오. '그것 역시 곧 지나가리라(Soon it shall also come to pass.).'"

이처럼 모든 것이 순간이고 곧 지나가 버리는 것을 알 때, 승리의 순간에도 겸손하고 절망의 순간에도 희망을 가질 수 있으리라.

성공과 행복은 어느 날 갑자기 오는 것이 아니다. 역경과 좌절의 겨울을 견디지 못하고, 아름다운 꽃을 피운 나무를 보았는가? 크나큰 시련 없이 큰 성공을 거둔 사람을 보았는가?

2010년 동계올림픽에 출전한 선수들을 보라.

메달을 목에 건 그들의 환한 미소 뒤에는 보이지 않는 원대한 꿈이 있었고 피와 땀이 있었다.

가을, 겨울 없이 봄, 여름은 결코 존재할 수 없다. 봄, 여름을 사는 사람은 가을, 겨울에 대비하고, 겨울을 사는 사람은 봄을 맞이할 수 있도록 준비해야 한다.

성공하고 행복한 순간에 있다면 겸손하게 어려울 때를 대비하고, 역경에 처해 있다면 절망하지 않고 새로운 꿈과 이상을 향해 나아갈 수 있는 마음의 힘을 키우자.

3

삶에서 가장 중요한 것은?

"인간의 가장 큰 적은 인간의 마음속에 존재한다." -세네카-

살면서 배운 중요한 교훈

사람은 누구나 살면서 큰 위기나 역경을 겪게 된다.

저자는 40세의 젊은 나이에 생사가 걸린 중대한 건강상의 위기를 맞았다. 꼬리를 물고 일어나는 불안과 두려움 그리고 절망감은 저자를 더욱 무력하고 한없이 가치없는 존재로 만들었다. 감당하기 어려운 환경에 굴복하여 이대로 주저앉을 것인가? 아니면 환경을 극복하고 제자리로 돌릴 것인가? 그 갈림길에서 환경이나 외부적인 모습보다는 내면의 심질을 통하여 존재와 삶의 본질을 깨닫는데서 그 길을 찾았다. 삶의 중대한 시련에서 교훈과 깨달음을 얻어 환경의 제약과 자신의 한계를 뛰어넘고 변화와 성장을 통하여 보다 나은 삶을 찾아가는 지혜를 깨쳤다.

많은 것이 무너진 인생의 밑바닥에서 삶을 제 궤도로 되돌리기까지 나는 시련을 통해 너무나 중요한 교훈을 얻었다.

그 하나는 인생은 누구에게나 어렵고 힘들고 그래서 공평하다는 것이다. 높은 성취에는 고통이 따른다. 그리고 높은 성취만큼이나 삶의 균형이 중요하다는 것이다.

또 하나는 나의 모습과 나에게 일어난 모든 것은 나 자신에게 달려있다는 것이다. 모든 것이 나 자신이 선택한 결과이고 책임도 스스로 질 수밖에 없다.

끝으로 현재보다 나은 미래를 위해서는 더 나은 선택을 해야 한다는 것이다. 시련에 직면할 때면 결코 넘어설 수 없을 것 같은 어려운 장애물에 갇힌 느낌이 들었지만 결국 현실을 받아들이고 당당하게 극복하는 것은 나만의 몫이다. 이것은 외부의 그 어떤 것도, 그리고 다른 어떤 사람도 아닌 바로 나 자신의 내면에서 찾을 수밖에 없다.

우리가 환경에 휩쓸리지 않고 우리의 삶을 지배하기 위해서는 우리 안에 깊이 존재하는 본성을 깨닫고 우리의 삶에서 그 본성인 지혜와 사랑을 활용하기 시작한다면 외면과 내면 모두에서 성공과 행복에 이르는 길에 들어서게 된다는 것을 깨달아야만 한다.

나는 현재의 상황을 걱정하기보다는 어떻게 하면 위기를 벗어날 것인지에 집중하면서 변화를 모색했다. 우선 내가 통제할 수 있는 것에 집중하고 할 수 없는 것은 하늘에 맡기기로 했다.

예를 들어 먼저 마음 관리부터 보면, 다음의 주요한 시인의 '습작'은 어려울 때도 욕심을 비우고 자유롭게 살아가겠다는 의지와 마음의 평화를 유지하는 데 큰 도움을 주었다. 틈틈이 하는 명상을 통하여 내가 제대로 살고 있는지, 나에게 중요한 것이 무엇인지 그리고 내가 무엇에 강한지, 나의 한계는 무엇인지 등 내가 누구인지

를 알아가는 깨달음의 과정은 삶의 긍정적인 변화에 크게 도움이
되었다.

세상은 세상대로
나는 나대로
맘대로 사는 터에
무엇이 무섭겠소
피는 듯 지는 人生이니
무서울 게 무에요
– 주요한, 습작 –

마음의 수련과 더불어 육체적 단련을 위한 산행을 시작했다.
괴테는 "영혼이 고독하거든 산을 찾으라."고 했다. 40세 초반에
서울 시내의 청계산, 관악산, 도봉산, 북한산을 시작으로 수도권의
화야산, 유명산, 명지산, 화악산을 오른 뒤 지리산, 한라산, 설악산,
금강산 등 거의 가보지 않은 산이 없을 정도로 20여 년간 이어오고
있다. 이제 산행은 나의 삶의 일부가 되었다. 산은 나에게 기쁨과
에너지와 선상을 충진해주는 의사요, 자연이 진리와 지혜를 깨닫
게 하는 스승이며, 심신의 균형을 잡아주는 도장이다.
또 하나 직업 전환의 예를 들어보자. 당시 저자가 근무하던 재무
부는 일이 많고 경쟁이 심했고 늘 시간에 쫓기며 봉급도 상대적으
로 적었다. 거기에 근무하는 한 이러한 환경을 벗어나기는 쉽지 않
았다. 그리고 내 가족에 대해 훌륭한 가장이 되기는 불가능했다. 저
자는 아무런 준비도 없는 상태에서 무턱대고 공무원을 자진 사퇴

했다. 당시에는 공무원이 50세 이전에 자발적으로 그만두는 경우가 거의 없었다. 그 후 저자는 재무부 25년 근무를 포함하여 현재 38년간 6번째 직장을 끊임없이 이어가고 있다. 어떤 상황에서도 늘 변화하고 성장하는 데 집중한다면 외부의 상황은 결코 장애가 될 수 없다는 것을 몸소 경험하고 있다. 지금도 늘 전 직장보다는 나중의 직장이 나았다는 생각에는 변함이 없다. 그리고 경제적으로도, 가족생활도, 여가생활에도 여유가 생겼다. 그리고 경제학 박사학위도, KAIST대학원, 한국예술종합대학의 배움도 가능했다.

지금은 내가 좋아하는 철학, 마음수련, 리더십, 자기계발 분야 공부에 열심이다. 청소년, 금융계 및 중소기업 분야 임직원의 인생길 동무가 되겠다는 비전을 갖고 국제코치자격도 취득하는 등 미래를 준비하고 있다. 지금 이 시간에도 이 책을 쓰느라 애쓰고 있다. 결코 나이 들어서도 그간에 모아놓은 것 갖고 편안하게 살기보다는 그동안 살아오면서 받아온 너무나 과분한 사랑과 은혜를 죽을 때까지 돌려주면서 살고 싶다. 돌이켜 보면 나에게 일어난 모든 것을 받아들이는 것이 내가 행복해지는 길이라는 것을 깨달았다. 나에게 일어난 모든 것은 축복이었고, 이 모든 것에 너무나 감사하고 있다. '내게 그러한 역경과 깨달음이 없었다면, 지금의 내가 이런 모습으로 존재할 수 있었을까?'

저자 중 또 한 사람 역시 전문가로서 탄탄대로를 걷던 38세에 인생의 나락에 떨어지는 경험을 했다. 인간은 누구나 좌절을 경험할 수 있다고는 하지만 그때까지는 사실 좌절의 의미를 모르고 살아왔다.

대학 4학년 겨울부터 다니기 시작한 삼일회계법인은 20년 직장이 되어 버렸다. 지금도 대학생들의 선망의 대상인 삼일회계법인에서 10년 만에 파트너가 되었다. 근무하는 중에 대학원, 미국회계사, 결혼, 뉴욕 근무, 경영학 박사 등 원하는 목표는 다 성취했다. 시련을 모르고 살아왔던 만큼 당면한 시련의 고통은 더 컸다. 지금 생각해 보면 그 당시 시련은 크나큰 축복이었다. 시련을 통해서 인생의 목적과 의미에 대해 깊은 성찰을 하게 되었다. 그리고 결국은 이 세상에서의 삶의 목적을 깨달았다. 어떻게 살아야 할지도 깨달았다. 사람은 결국 자기가 진정으로 원하는 것을 하게 되는 방향으로 살아가게 되는가 보다. 시련이 그를 새로운 방향으로 인도한 것이다.

지금은 전문 코치로서 코칭을 통해 사람들이 꿈을 발견하고 꿈을 성취하고 그 성과를 다른 사람들과 공유할 수 있도록 도와주고 있다. 그 과정을 통해서 사람들이 정신적으로 편안함을 느끼도록 도와주는 일을 하게 된 것이다. 정말로 보람 있는 일이다.

이제는 보다 여유 있게 삶을 바라보게 되었다. 스스로가 더 열심히 정진할수록 다른 사람들에게 더 도움이 될 수 있다는 것도 깨달았다. 이 모든 것이 늘 고맙다. 여러모로 부족한 자신이 나름대로 세상을 의미 있게 살 수 있는 세긴드리이프를 찾았다는 것에 대해 정말로 감사하며 살고 있다.

삶에서 배워야 할 가장 중요한 것은?

본질과 형상

사람이나 사물 등 모든 존재들은 형상과 본질의 2차원을 지니고 있다. 본질이 존재를 구성하는 비물질적인 본성이라면 형상이란 그 본질이 나타내 보이는 상이라고 할 수 있다. 우리가 사람이나 사물을 제대로 이해하려면 단순히 눈에 보이는 형상만이 아니라 보이지 않는 본질을 인식할 수 있어야 한다. 우리가 물을 이해하기 위해서는 수시로 변화하는 물, 얼음, 수증기 등의 눈에 보이는 모습만이 아니라 물의 본성을 알아야 하는 것과 같은 이치다. 도토리가 큰 참나무로 성장하는 것은 단순히 물질적인 요소만이 아니라 그것이 지닌 본성이 나타난 것이다. 하늘이란 무엇인가? 하늘은 금빛 찬란한 아침 하늘과 푸르른 한낮의 하늘 그리고 황금빛 저녁 하늘로 늘 형상이 바뀐다. 하늘의 참모습은 우주의 검은 빈 공간이다. 이렇듯 모든 사물과 형상들은 형상을 초월한 본성(본질)이 형상화한 것이다.

인간은 어떠한가? 우리가 사람을 제대로 이해하기 위해서는 육체나 그 소유물 등 형상으로서만이 아니라 본질에 대한 인식이 필요하다. 인간은 생명체인 동시에 사회적 존재이다. 인간은 생존본능에 근거하여 부, 명예, 권력 등 물질이나 형상 세계에 치우쳐 그것이 삶의 전부인 것처럼 사는 사람이 많다. 그러나 인간은 내면에 존재하는 존재와 삶의 본질을 이해하고 존재의 의미와 목적을 추구하는 것이 필요하다.

인간을 이해하는 방식에는 자연학적 태도와 해석학적 태도 2가지가 있다. 자연학적 태도는 자연물(동식물)과 비교해서 인간의 특성을 이해하려는 것이다. 해석학적 태도는 사람과 사물 그리고 자연과의 관계 그물망 속에서 인간의 고유성, 즉 의미와 목적을 이해하려는 것이다. 이러한 해석학적 태도는 인간을 단순한 본능과 욕구를 가진 자연의 생명체를 넘어 역사와 사회 속에 자유 의지와 책임 있는 인간으로 보려는 시대 조류에 부합된다. 이러한 해석학적 태도는 인간을 예전과는 다른 방식으로 보게 한다. 어떤 사람이 얼마나 높은 자리에 있느냐보다는 그가 어떻게 그 직무를 수행하는지를 본다. 또한 우리는 어떤 사람이 돈을 얼마나 많이 가지고 있느냐 보다는 그가 돈을 어떻게 사용하는지에 관심을 갖는다. 이제 형상을 넘어 본질을 주의 깊게 바라보고 알아차리는 넓은 의식의 전환이 그 어느 때보다 필요하다.

인간의 내면을 주의 깊게 바라보면,

첫째, 존재와 형상세계 사이에서 균형 잡힌 인생을 살 수 있다.

둘째, 자신의 존재의 가치와 목적을 통하여 긍정적이고 목표지향적인 삶을 살 수 있다.

우리는 생존하기 위해서 많은 것을 외부에 의존하고 있다. 공기, 물, 음식, 돈, 명예, 권력 등 형상과 물질이 필요하다. 우리는 살아가기 위해서 이러한 것들을 존중하고 추구할 필요가 있다. 생존하기 위해 형상과 물질이 중요하지만 존재와 삶의 본질을 이해하는 가운데 균형을 찾는 것이 중요하다. 그러면 결과는 몰라보게 달라질 것이다. 존재와 삶은 보다 풍만해지고 여유와 균형 그리고 마음의 평화를 누릴 수 있을 것이다.

한번 생각해보자. 우리는 살기 위해 돈을 버는 것인가? 아니면 돈을 벌기 위해 사는 것인가?

본질에 해당하는 것은 바로 '무엇을 위해 사는가?' 하는 목적이다. 그리고 그것을 실현하고 표현하는 방법은 '어떻게 살 것인가?' 하는 방법이다.

정신이라는 본질이 물질이라는 형상으로 나타난다. 보이지 않는 본질이 보이는 형상으로 나타난다. 형상은 본질을 표현하는 것 중의 하나이고 본질과 형상의 조화로운 균형, 즉 정신과 물질의 조화로운 균형이 우리가 삶을 지혜롭게 사는 모습일 것이다.

'무엇을 위해 사는가?' 라는 질문은 바로 '인생 목적' 에 해당하는 것이고, '어떻게 살 것인가' 라는 질문은 바로 실행의 문제인 '전략' 에 해당하는 것이다.

그렇다면 '무엇을 위해 어떻게 살 것인가?' 의 문제는 '인생목적과 전략' 이라는 말로 표현할 수 있다.

생존을 넘어 존재의 본질(의미와 목적)을 실현

사람은 자연의 생명체인 동시에 사회적 동물이다. 사람은 생명체인 한 생존을 위한 물질이나 형상을 필요로 하지만 생물적 본능이나 욕구에만 국한할 수는 없다. 우리의 의식을 보다 넓혀보면, 우리는 단지 본능적인 동물일 뿐 아니라 우주와 세상과 관계가 있는 의미지향적인 존재다. 사람은 자연성을 넘어 역사와 사회성을 지닌 존재다. 사람은 자신의 본능과 심리적인 욕구(형상)를 넘어 우주, 자연 그리고 사람들과의 관계그물망에서 의미와 목적(정신)을 지닌 존재다. 인간은 나만이 잘 사는 수준을 넘어 나와 남에게 의미 있는 세상을 여는 일에 관심을 가져야 하는 존재다. 그렇다고 삶에서 물질과 형상을 무시하고 정신만을 강조할 수는 없다. 사람도 생명체인 한 삶의 유지가 그 목표다. 삶에서 정신만을 강조할 것이 아니라 정신이 삶에 도움이 되어야 한다. 삶의 의미와 목적을 찾아가는 정신이 우리가 보다 나은 삶을 살아가는 데 기여해야 하고 그렇게 할 수 있다는 것이 우리의 관점이다.

삶에서 가장 중요한 것은 생존의 추구(물질과 형상)와 존재의 본질(의미와 목적)의 균형을 잡는 것이다. 마치 한 그루의 나무가 튼튼한 뿌리를 내려야 튼실한 가지와 잎을 키워 알찬 열매를 맺을 수 있듯이.

생존방식과 존재 의미와 목적

눈을 감고 우리의 삶을 생각해보자. 우리는 왜 사는가? 우리는 무엇을 위해 사는가? 삶에 있어서 가장 중요한 질문은 바로 이것이다. 세상에 우연한 일은 없다. 우리가 이 세상에 존재하는 것은 목적이 있어서다. 당신은 왜 사는지 무엇을 위해 사는지 생각해 본 적이 있는가? 내가 진정 누구인지 모르고서 성공적이고 행복한 삶을 살 수 있다고 생각하는가? 그럼에도 많은 사람들이 우리가 진정 누구인지, 무엇을 위해 이 세상에 왔는지 알지 못한 채 흘러가는 대로 살아가고 있는 것은 아닐까? 목적 있는 삶을 살지 않으면서 삶을 제대로 살고 있다고 말할 수 있을까? 우리는 누구나 살아가면서 수많은 고통과 문제 그리고 도전에 직면하고 있다. 늙거나 병에 걸리거나 죽음을 맞이하며 성공하기 위한 생존경쟁 등으로 인해 우리의 삶에는 필연적으로 고통이 뒤따른다. 그리고 때로는 문제를 회피하거나 때로는 끊임없이 투쟁하면서 고통스런 삶을 살고 있는 것이 우리들 대다수의 모습이다. 우리는 살아가는 수단과 방법에만 치우쳐 삶의 목적을 생각하는 것이 왜 필요한지, 그것이 삶에 무슨 도움을 주는지 제대로 알려고 하지 않는다. 앞에서 보듯이 튼튼한 뿌리(본질) 없이 나무가 제대로 자랄 수 있는가? 우리가 목적을 무시하고 수단에만 치중하는 것이 과연 옳은가?

그러나 스스로 인식하든 인식하지 못하든 우리 모두는 마음속 깊이 삶의 목적을 지니고 있다고 믿는다. 서로 다른 세포가 하나의 인간을 위해 기능하듯이 우리는 모두 고유한 역할을 하면서 우주 전체로서 하나로 이어져 있다. 삶의 목적은 우리가 이 세상에 존재하고 살아가는 이유이자 삶의 모든 것을 결정하는 핵심이다. 또한 우리 삶의 방향과 목적지를 제시하고 우리가 살아가고 꿈을 꾸고 이루어가는 동기를 부여하는 근원적인 힘이다. 따라서 우리가 진정한 삶의 목적을 인식하고 그것을 삶의 중심에 둔다면 우리의 삶은 보다 효율적이 되고 보다 행복해진다. 그러면 우리에게 필요한 사람과 자원 및 기회 그리고 우주의 힘이 우리를 향해 끌려올 것이다.

반면 삶의 목적이 분명하지 않다면 우리의 삶은 아무 것도 성취하지 못하고 불행하고 힘들 것이다. 어떤가? 너무나 당연하지 않은가? 어떤 목표를 달성하고자 할 때 왜 그 목표를 달성하고자 하는지 아는 것보다 중요한 것이 있는가? 그것이 분명하지 않는 사람이 진정한 성공과 행복을 누리는 경우를 알고 있는가?

더 나은 삶의 지혜

더 나은 삶을 위해 배워야 할 지혜는 여러 가지가 있겠지만 그 중에서도 존재와 삶의 본질에 대한 깨달음, 깨달음을 바탕으로 한 꿈과 목표의 발견, 그리고 그 꿈을 이루기 위한 실행을 들고 싶다.

삶이란 무엇인가?

이 질문에 대해서는 너무나도 많은 대답이 있을 것이다.

그러나 삶이란 무엇보다도 세상(환경, 다른 사람 등)과 나 사이의 상호작용이라고 할 수 있다.

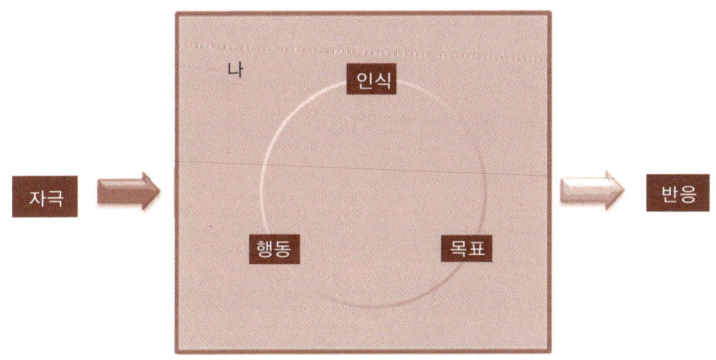

그림 4: 보다 나은 삶의 지혜

삶이 세상과 나 사이의 상호작용이라고 한다면 먼저 나 자신이 누구인지를 제대로 아는 것이 우선이다. 나를 제대로 알지 못하고 어떻게 세상을 바라보고 이해하며 다른 사람을 이해할 수 있겠는가?

- 나는 누구인가?
- 나를 규정하는 것은 나의 이름인가? 직업인가? 재산인가? 가족인가? 인격인가? 명예인가? 몸인가? 마음인가?
- 나 즉, 자신의 본래 자아를 어떻게 인식할 것인가?
- 나의 존재 의미와 목적은 무엇인가?
- 나는 어디에 있으며 어디로 가는가?

우리는 나 자신이 누구인지 그 본질을 알아가는 만큼 존재의 의미와 목적, 무엇이 중요한지, 그리고 사물을 제대로 이해하게 되어 마음의 만족과 평화를 갖게 되고 물질과 형상도 다가온다.

오른쪽 그림에서도 알 수 있듯이 사람은 몸과 마음을 가진 존재로서 물질, 직업, 명예, 권력 등을 추구하며 정체성, 신념, 가치관, 지식, 능력 등을 지닌다. 우주와 자연, 다른 사람과 사회와도 서로 연결되어 있다. 그리고 종족 번식을 통해 과거와 미래와도 서로 연결된다.

그렇다면 세상을 어떻게 인식할 것인가?

- 세상 안에 내가 있는 것인가? 아니면 내 안에 세상이 있는 것인가? 아니면 세상 안에 내가 있고 내 안에 세상이 있는 것인가?
- 세상은 무엇으로 이루어졌는가? 물질인가? 에너지인가? 아니면 의식(생각)인가?

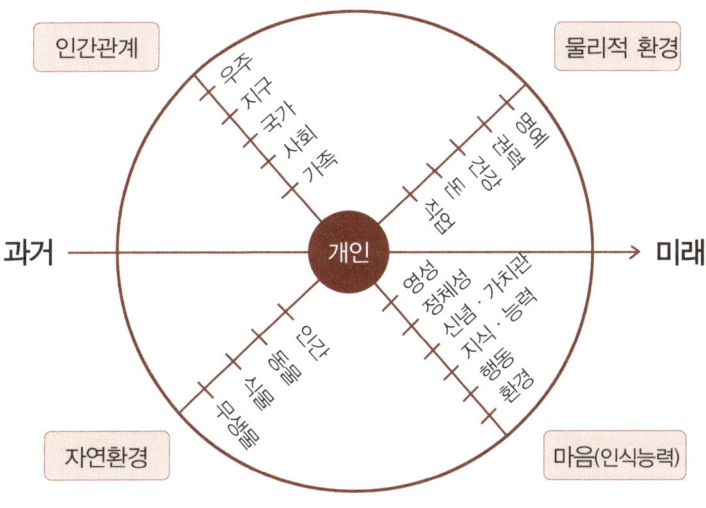

그림 5: 인간과 자연과의 연결고리

- 세상을 움직이는 법칙은 무엇인가? 물리학의 법칙인가? 인과의 법칙
  인가? 끌어당김의 법칙인가?

꿈과 목표의 중요성에 대해서는 앞서 설명한 바 있다.

우리의 본질(의미와 목적)을 실현하기 위해서는 우리가 원하는 꿈
과 목표가 분명해야 한다. 꿈이 있기에 원하는 것을 이룰 수 있고
삶의 어려움과 역경을 견뎌낼 수 있다.

모든 것은 꿈에서 시작된다. 꿈은 인생목적의 표현이다.

즉, 인생목적-꿈-목표-실행-결과(성공)의 과정을 거치게 되는
것이다.

목표를 세우면 끌어당김의 법칙이 목표를 향하여 작동하게 되고
우주의 힘과 하나가 되게 된다. 꿈과 목표란 이렇게 중요한 것이다.

삶에 대한 깨달음을 바탕으로 우리의 꿈과 목표를 세웠다면 이제

오직 실행만이 중요하다.

미국의 심리학자 윌리엄 제임스는 "우리 세대의 가장 위대한 발견은 인간이 자신의 태도를 바꿈으로써 인생을 바꿀 수 있음을 알게 된 것이다."라고 말했다.

태도는 우리 자신과 다른 사람 그리고 세상에 대한 우리의 생각이다. 행동주의 심리학자들은 태도가 우리가 살면서 하는 생각이나 행동에 중요한 영향을 미친다는 연구 결과를 내놓고 있다. 즉 우리 인생에서 성공의 약 85%는 태도, 나머지 15%는 능력에 의해 이루어진다. 모든 성공은 바른 태도를 형성하는 데서부터 비롯된다는 것이다.

우리는 우리의 삶에 도움이 되는 태도를 지니고 있는가?

- 내가 하는 모든 생각과 행동이 나의 미래를 만든다고 생각하는가?
- 나는 주도적인 삶을 살고 있는가?
- 현재에 집중하는가? 진정한 힘은 바로 이 순간에 있다.
- 긍정적인가?
- 있는 그대로의 나를 수용하고 사랑하고 존중하는가?
- 내가 대접 받고 싶은 대로 다른 사람을 대접하는가?
- 끊임없이 배우고 지속적으로 개선하고 유연하게 행동하는가?
- 마지막으로 최선을 다한 후에는 초연한가?

4

인생목적과 전략

"나는 의식적인 노력으로 자신의 삶의 질을 높이고자 하는 인간의 확실한
능력보다 더 고무적인 사실을 알지 못한다." -헨리 데이비드 소로-

앞에서 살펴본 바와 같이 '인생이란 내가 누구인지를 깨닫고 현실을 바라는 모습으로 바꾸어가는 여정'이라고 말할 수 있다. 그것은 '무엇을 위해 살 것인가?'(인생의 목적)와 '어떻게 살 것인가?'(인생의 전략과 실행)로 나눌 수 있다. 그리고 인생의 목적과 실행을 위해서는 마음을 움직여야 한다. 그런데 마음은 내 뜻대로 쉽게 움직여지지 않는다. 마음은 눈에 보이지도 않고 말로 설명하기도 어렵다. 이렇듯 성공과 행복을 위해 움직여야만 하는 마음을 어떻게 하면 현실에서 잘 쓸 수 있을까? 이런 측면에서 우리는 마음을 움직이는 능력을 키워주는 도구로서 코칭을 마음과 연결시키고자 한다.

코칭은 자기 성찰을 더 잘 할 수 있도록 도와주는, 마음을 움직이게 하는 데 유용한 방안이다. 이러한 코칭을 잘 활용한다면 우리가 이루고자 하는 목적, 우리가 원하는 방향에 보다 효과적으로 갈 수 있게 될 것이다.

결과적으로 '인생목적-꿈과 목표-전략(실행)' 사이클에 마음과

코칭을 연결하였다. 즉, '인생목적-꿈과 목표-전략(실행)-마음-코칭'의 '인생목적과 전략 모델'을 통하여 우리가 원하는 행복과 성공으로 더 쉽게 다가갈 수 있도록 시도하였다.

여기에서 인생목적과 전략 모델을 활용하여 삶의 목적과 목표를 찾고 실현해가는 전략과 방법을 경험해 보자.

꿈과 목표는 되고자 하는 모습, 이루고자 하는 것, 그리고 갖고 싶은 것 등 눈에 보이는 물질이나 형상이기 때문에 비교적 찾기가 쉽다. 그러나 인생의 의미나 목적은 보이지 않을 뿐 아니라 내면 깊숙이 존재하기 때문에 평생을 찾아도 찾기 어려울 수 있다. 그러므로 인생목적을 찾기 위해서는 그것이 우리 인생 곳곳에서 스며있는 꿈 등에서 단서를 찾아가는 귀납적인 방법과 내면을 바라보는 사색과 명상을 통한 연역적인 방법을 병행할 필요가 있다.

우리 인생 주변 곳곳에서 우리 삶의 목적의 단서를 찾아보자.

먼저 꿈에서 시작하는 것이 좋다. 모든 것은 꿈에서 비롯되고 꿈을 생각하면 현실 보다 열정과 에너지가 생기고 눈에 보이기 때문에 그렇다. 되고 싶고, 하고 싶고, 갖고 싶은 꿈을 제한 없이 마음껏 적어보라. 30가지, 100가지도 좋다. 다음으로 분야별로 분류해 보라. 또한 과거 보람 있고 행복했을 때 무엇을 했고 중요한 것은 무엇이었나?

그리고 어려운 시기를 잘 극복한 힘은 무엇인가? 나의 능력과 재능은 무엇인가? 다른 사람이 인정하는 나의 장점은 무엇인가? 등을 찬찬히 살펴보면 우리 삶의 목적의 단서를 충분히 찾을 수 있다.

다음으로 조용히 눈을 감고 긴장을 풀고 마음의 평화를 느끼는 상태에서 명상해보자.

'나는 진정 누구인가?' '내가 살아가는 목적은 무엇인가?' '나의 삶에서 중요한 것은 무엇인가?' '나에게 이상적인 삶이란 무엇인가?' '나는 무엇을 유산으로 남길 것인가?'

최대한 상상의 나래를 펴 보자. 생각나는 대로, 그리고 꼭 짧은 문장으로 정리해보자.

이렇게 내면을 바라보는 명상을 통하면 내가 누구인지 무엇이 중요한지 등 진정한 자아와 지혜에 이르고 우주의 지성과 연결될 수 있다. 그렇게 함으로써 내면 세계와 외면 세계를 결합하여 우리가 원하는 것을 이루고 사랑과 기쁨, 평화를 얻을 수 있는 길을 찾을 수 있게 된다.

인생목적은 미래의 비전, 소명, 가치관 등이 포함되는데 위의 내용을 종합 분석해보면 인생의 목적을 찾을 수 있을 것이다.

참고로 저자의 인생목적서를 예를 들어보면 다음과 같다.

인생의 목적

나는 마음속 깊은 곳에 신이 내린 꿈이 있다고 믿습니다.
그 꿈을 향해 그 길이 아무리 험난해도, 어떤 고난이 닥칠지라도
참고 준비하며 헤쳐나갈 것입니다.

지금까지 자아(ego) 중심의 삶을 살아왔다.
이제는 깨달음과 코칭을 통해 내 마음의 중심에 머물면서 좀 더 초연해지고
나 자신의 욕구를 섭고 사랑과 가슴으로 다른 사람에게 다가가는 삶을 살고 싶다.

이를 위해
■ 일을 통하여 지속적으로 헌신할 것이다.

'금융 및 기업경영 컨설턴트 겸 코치로서 금융 및 중소벤처기업 분야 임직원의 성공과 행복에 도움을 주고 싶다.'

■ 다른 사람들에게 코칭을 통하여 그들의 본성을 깨닫고 잠재력을 최대한 발휘하도록 도움으로써 사랑과 감동의 씨앗을 뿌리고 싶다.

■ 정신적 · 감정적 · 영혼의 성장을 위해 배우고 또 배울 것이다.

또 다른 저자의 인생목적서는 다음과 같다.

> 내 인생의 목적은 꾸준한 정진을 통해 대 자유인이 되는 것이다.
> 그 과정에서 코칭을 통하여 나 자신이 즐겁고 의미 있는 생활을 하면서 동시에 사람들이 더 행복해질 수 있도록 기여한다.
> 이를 위해 명상과 코칭을 꾸준하게 실천하고 성장하여, 그 성장의 결과를 사람들을 위해 활용할 것이다.

이러한 과정은 물론 쉽지 않다. 오랜 시간이 걸릴 수도 있고 오랜 시간이 걸려도 찾지 못할 수도 있다. 그러나 해답을 찾지 못하고 질문을 하고 생각만 해도 인생은 크게 달라질 수 있다는 것을 많은 사람들은 경험하고 있다. 그런데 우리들 대다수는 이러한 생각을 하는 데 인색하기 그지없다. 심지어는 그것이 필요하다는 것을 부인하기도 한다. 그래서 우리가 진정 누구인지, 우리가 살아가는 이유와 목적을 알지 못한 채 살아가는 사람이 많다. 그러나 우리가 목적 있는 삶을 살아가지 않는 한, 자신의 잠재력을 최대한 발휘하면서 온전한 삶을 산다고 할 수는 없다.

'인생목적–꿈과 목표–전략(실행)–마음–코칭' 의 '인생목적과 전략 모델' 을 이해하기 쉽게 나타내면 아래 그림과 같다.

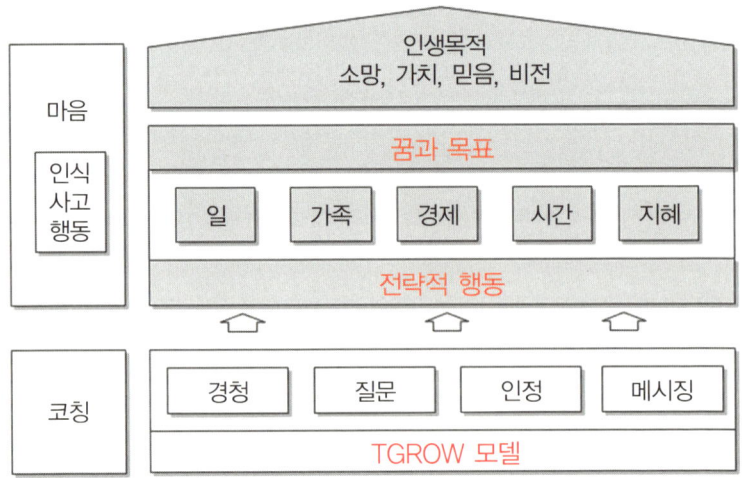

마음,
성공과 행복에
이르는 열쇠

2

"신의 창조에는 아무런 잘못도 없다. 풀리지 않는 미스터리와 고통은 인간의 마음속에만 존재할 뿐이다." –라마나 마하리쉬–

삶에서 가장 중요한 것은 무엇인가? 그리고 그것이 무엇인지 알았다면 어떻게 그 방향으로 나아갈 수 있는가? 이런 질문들은 우리가 인생에서 풀어야 할 근본적인 문제들이며 결국 마음의 문제들이다. 우리가 마음을 어떻게 쓰느냐에 따라 우리의 인생은 달라지게 된다. 따라서 2장에서는 마음의 문제를 살펴본다.

우선은 마음이 왜 그렇게 중요한 지를 먼저 살펴본다.

그리고 나서 마음에 대한 역사적 고찰을 위한 여행을 같이 떠나보자. 마음에 대한 역사적 고찰을 통해 우리는 마음의 문제가 고도로 문명화된 이 시기에 새롭게 부각된 문제가 아니라 인류 역사와 함께 해 온 근본적인 문제였음을 다시 한 번 확인할 수 있다. 인류의 가장 오래된 함무라비 법전에도 "요즘 젊은이들은 버릇 없다."는 얘기가 있다고 하지 않는가?

아울러 마음의 문제가 이 시기에 나만 겪는 특별한 문제가 아니라는 것도 확인해 보자. 일단, 마음의 문제가 인류의 역사와 함께 누구나 고민해 왔던 문제라는 생각에 도달하게 되면, 내가 현재 겪고 있는 마음의 문제도 결코 특별하거나 유난스러운 것이 아니라는 것을 깨닫게 될 것이다. 더 나아가 마음의 문제를 조금 더 깊이 이해하여 내가 원하는 바람직한 방향으로 나아가기 위해 인식, 사고, 행동을 어떻게 변화시켜야 할지에 대해 관심을 갖게 될 것이다. 이를 위해 인식, 사고, 행동에 대해 상세하게 살펴보자.

1

인간과 마음의 이해

"우리에게 필요한 것은 단 하나, 분노나 미움, 짜증과 적대감이 없는
순수한 마음이다." -레프 톨스토이-

마음이란 무엇인가?

마음이 모든 것의 원천이고 인간은 마음이 지배하는 동물이다.
그리고 우리의 성공과 행복도 마음에 달려있음을 알았다.

그렇다면 도대체 인간의 마음은 무엇인가? 그것은 어디에 있고
실체는 무엇이며 무엇이 마음을 움직이게 하는가? 이는 아마도 광
대한 우주의 신비를 아는 것보다 더 지난한 과제가 아닐까 싶다.

마음은 종교나 철학에서 주요한 주제로 다루어져 왔다. 마음은
현상은 존재하나 실체는 보이지 않는다. 유사 이래 수많은 철학
자나 종교가 마음의 실체를 밝히려 했으나 아직도 신비에 싸여
있다.

최근 심리학, 의학, 해부학 등의 발전으로 마음에 대한 과학적인
연구가 큰 진전을 보이고 있고 인지과학, 컴퓨터 등 여러 분야에 활
용되고 있다. 그러나 이 역시 마음에 관한 그간의 철학적 인식의 일
단을 밝히는 수준에 머물고 있어 신비에 다가가기에는 앞으로도

많은 시간이 걸릴 것이다. 심리학은 인간이란 무엇인지, 특히 마음을 과학적으로 탐구하는 학문이다. 인간의 모든 행동, 육체적인 변화의 이면에는 반드시 마음이 있다. 따라서 겉으로 나타나는 행동이나 육체적인 변화를 통하여 뇌(신경)-마음(생각, 감정)-행동의 관계에 관한 과학적 연구를 통해 마음의 실체를 밝히려는 노력은 계속되고 있다.

마음의 사전적 의미는 지각, 기억, 감정, 의지, 지적, 영혼의 활동으로 정의된다. 일반적으로 정신(mind), 감정(emotion), 영혼(spirit)과 동의어로 쓰인다. 마음은 눈에 보이지 않는 인간의 정신활동이라 할 수 있고 심리학에서는 의식이라는 뜻으로 사용되기도 한다.

심리 과학적으로 '마음은 정보를 수집, 처리, 보관하는 뇌의 고등기능'이라고 정의된다.

아리스토텔레스는 영혼을 '자연계 유기체의 첫 번째 실재'라고 하면서 영혼은 심장에 존재한다고 주장하였다. 실제로 많은 사람들이 마음의 고통을 느낄 때 마음이 가슴에 있다고 생각하고 가슴이 아프다고 말한다. 그러나 최근 뇌 과학과 컴퓨터 공학의 발전으로 마음은 뇌의 작용이며 뇌에 존재한다는 것이 널리 받아들여지고 있다. 그리고 마음은 뇌를 구성하고 있는 100억 개의 신경세포와 10조에서 100조에 달하는 시냅스간의 작용임도 밝혀졌다.

마음에 관한 깊은 통찰은 불교에서 특히 뛰어나다. 불교에서는 생명을 육체와 정신이 합쳐진 것으로 본다. 그러나 불교는 화엄경에 나오는 일체유심조(一切唯心造)의 의미처럼 '모든 것은 마음이 지어낸 것이다.' '마음이 세계를 창조하는 주체다.' 라는 유심론적 입장을 취하고 있다.

저자들은 이 책에서 마음은 이성, 지성, 감정, 본능, 영혼 그리고 불교에서 말하는 진아(眞我)를 망라하는 종합적이고도 다중적인 개념으로 사용하고자 한다. 그리고 경우에 따라는 정신, 감정, 생각 등의 용어와 함께 쓰이기도 할 것이다.

마음의 개념을 알기 쉽게 다음과 같은 모습으로 그려볼 수 있을 것이다.

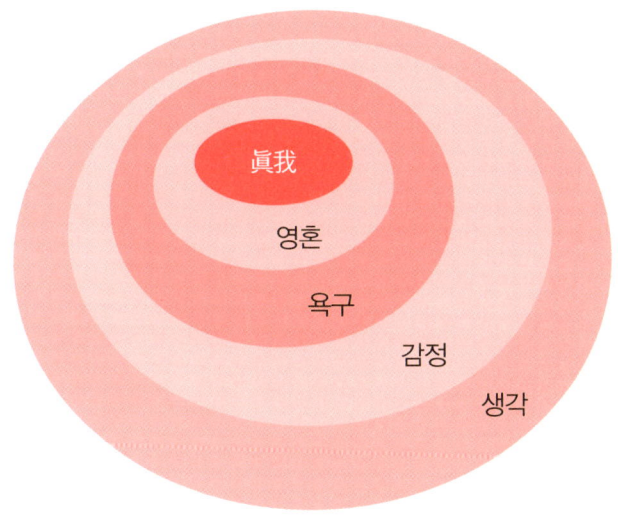

그렇다면 인간의 마음이란 어떻게 구성되어 있는가? 마음의 실상(본래의 참모습)은 무엇인가? 다음 장에 나오는 "2.2마음에 대한 역사적 고찰'에서 보다 깊이 있게 살펴볼 것이다.

왜 마음이 중요한가?

인간은 육체(물질)와 마음(정신)을 동시에 지니고 있다. 인간이란 무엇인가? 인간은 마음인가? 육체인가? 아니면 불이(不二)인가? 인간과 마음의 본질에 관한 문제는 종교, 철학과 심리학의 중요한 주제이다. 또한 다양한 견해가 존재한다. 유물론적 입장에서는 보이는 육체적인 또는 물질적인 세계만이 실제라고 주장한다. 반면 종교계나 유심론적 입장에서는 물질적인 것을 단순히 정신에서 비롯된 현상으로 보고 정신을 궁극의 실상으로 본다. 또 한편으로 서로가 없으면 존재할 수 없는 불가분의 관계로 상호작용하는 입장도 유력하다.

물질세계와 정신세계

우리가 살고 있는 세상의 본질은 무엇일까? 물질세계와 마음의 세계는 분리되어 있는 것인가? 아니면 서로 연결되어 있는 것인가? 이런 질문들에 대해서는 역사적으로 많은 설명들이 있었다.

앞에서 말한 대로 아리스토텔레스는 영혼을 '자연계 유기체의 실재'라고 했다. 근대철학의 아버지로 불리는 데카르트는 세상을 과학법칙의 지배를 받는 물질세상과 정신세상으로 나누고 인간은 생각하는 존재로서 정신(생각)이 물질보다 우월하다는 이원론을 주창하였다. 데카르트의 뒤를 이은 아이작 뉴턴에 의해 물리적으로 존재하는 사물들은 불변의 법칙들에 따라서 움직인다는 소위 '객관적 기계적 세계관'이 확립되어 고전물리학이 꽃을 피웠다.

20세기 들어 물리적인 세계에서 최소 단위인 원자도 쪼개질 수 있고 원자보다 작은 단위에서는 지금까지와는 다른 완전히 새로운 현상이 작동하고 있다는 것이 밝혀지면서 고전물리학은 기초부터 허물어졌다. 이에 따라 세상이 작동하는 방식에 대한 인간의 인식 또한 급격하게 변화되었다.

현대물리학의 선구자인 알베르트 아인슈타인은 상대성 원리의 개념을 도입하였다.

'E=MC²' 즉, 에너지는 질량에 빛의 속도의 제곱을 곱한 것과 같다.

'에너지와 물질은 독립적이라기보다는 서로 연관되어 있고 서로 변형될 수 있다.'는 것이다. 다시 말하면 '모든 것은 에너지다.'

이로부터 20년 후 양자물리학이라는 또 하나의 혁명이 이루어졌다. 원자 이하의 물질(아원자)을 연구하는 양자물리학은 아원자 차원에서 실체는 고정된 '물질'로 존재하는 것이 아니라 규정할 수 없는 '가능성의 장(場)'으로 존재한다는 사실을 밝혔다. '물질은 에너지다.'에서 더 나아가 에너지 차원 아래에 그 보다 더 기본적인 차원이 존재한다는 것이다. 그것은 바로 의식(물리학에서는 정보장(場)이라 함)이다. 즉, 의식은 우주의 구성요소이고 물질과 에너지는 의식이 취하는 2개의 형태다.

"물리적인 세상에 존재하는 모든 것은 원자로 만들어졌다. 원자는 에너지로 만들어졌다. 그리고 에너지는 의식(마음)으로 만들어졌다."
－존 이사라프, 『The Answer』－

"눈에 보이지 않는 생각의 세상과 눈에 보이는 물질의 세상은 결코 분리되어 존재하는 것이 아니다. 눈에 보이는 이 세상은 그 환경이나 사건의 근원이 아니다. 눈에 보이는 물질세계는 우리 의식의 표면 위로 드러난 빙산의 일부분일 뿐이다. 이 세상은 눈에 보이지 않는 드러나지 않는 빙산에 의해 좌우된다. 눈에 보이지 않는 부분이 우리의 인생의 성공과 행복을 이끄는 원동력이다." —디팩 초프라—

놀랍지 않은가? 수천 년 동안 물질세계와 정신세계에 관한 우리의 인식과 논의는 첨단과학 덕분에 최근에서야 그 일단이 베일을 벗게 되었다. 신비의 영역으로 머물던 물질과 마음(정신)의 실체가 이제 그 모습을 드러내고 있다.

이러한 통찰은 지금까지 우리 자신과 세상에 대해서 가지고 있었던 인식을 심오하게 바꾸었다. 그리고 이것은 우리의 인생과 일에 접근하는 방식도 획기적으로 바꾸고 있다. 생각이 물질을 앞선다. 생각은 모든 것이 비롯되는 원천이고 물질을 창조하기도 한다. 또한 우리의 생각은 우리의 삶과 일이 비롯되는 원천이다.

우리 앞에 보이는 현상 세계의 이면에 순수 의식의 장이 펼쳐져 있고 그것이 무한하고 전지전능한 우주의 궁극적인 본성이며 원천이다.

우리는 이런 근본적인 원리를 얼마나 알고 있는가?

우리는 보이는 세상만을 좇느라 그 근원인 보이지 않게 존재하는 세상의 중요성을 잊은 채 살고 있다. 우리의 환경이나 사건의 근원은 보이지 않는 부분이다. 이 보이지 않는 부분이 우리의 인생을 성공으로 또는 실패로 이끈다.

결과적으로 모든 물질과 현상은 생각에서 비롯된다. 우리가 이루고자 하는 성공과 행복은 보이지 않는 마음(생각)의 차원에서 시작된다.

인간이란 무엇인가?

인간과 영성(신)과의 관계는 어떠한가? 인간은 신의 창조물인가?

신적 존재인가? 아니면 진화의 결과물인가?

그것은 각자의 믿음에 관한 문제로 그대로 존중되어야 할 것이다.

나는 "겨우 싹트는 단계지만 진실로 우리는 다 신이다. 자신에게서 신의 모습을 보라."는 시인 로버트 브라우닝의 말을 좋아한다. 이러한 믿음은 나에게 내가 원하는 것을 이룰 수 있는 힘과 에너지, 그리고 마음의 평화를 가져다준다. 긍정적인 생각은 성공과 행복을 부르고, 부정적인 생각은 불행과 실패를 부른다. 우리가 신적 존재라거나 신이 깃들어 있다는 생각은 우리의 존재와 삶을 더욱 존엄하고 가치 있게 만들고 무한한 가능성과 지혜 그리고 마음의 평화를 불러오는 데 도움을 주지 않겠는가? 우리가 원하는 것을 끌어당기려면 그것을 창조하는 우주의 정신이나 신과 하나된 나를 바라보는 우리의 마음가짐(생각)이 필요하지 않을까?

인간이란 무엇인가? 마음과 육체 일원론이든 이원론이든 인간이란 존재, 말과 행동의 변화를 거슬러 올라가면 근저에는 항상 마음이 있다. 인간을 이해하고 인간의 행동을 이해하려면 마음을 알아야 한다. 마음을 이해하다 보면 인간을 이해하게 된다. 마음을 이해하지 못하면 인간의 행동도 인간도 결코 이해할 수 없다. 결국 마음과 육체의 일원론, 이원론을 막론하고 인간은 마음이 지배하는 동물이고 마음이 모든 것의 원천이라고 할 수 있다.

그렇다. 현재의 모습을 미래의 더 나은 삶의 모습으로 바꾸는 열쇠는 분명 우리의 마음에 있다. 이 얼마나 다행인가? 우리가 찾는 열쇠가 그 어디에도, 그 누구도, 그 무엇도 아닌 바로 우리 자신에게, 우리의 마음에 있다는 것이!

모든 것은 마음이 만드는 것, 다시 말하면 우리의 마음이 우리 삶의 창조자다. 마음이 성공과 행복의 열쇠다. 마음(생각)을 바꾸면 인생이 바뀐다. 인간은 누구나 자기가 생각한 대로 된다. 믿기지 않는가? 이것이 바로 '일체유심조'라는 절대진리다.

나의 현실을 내가 원하는 더 나은 삶의 모습으로 변화시키기 위해서는 무엇이 필요한가? 우리 모두는 깨닫고 있다.

- 우리는 스스로 우리의 삶을 창조하고 있으며 결과에 대해서도 책임지고 있다는 것을
- 우리의 삶을 변화시키려면 우리 자신부터 변화해야 한다는 것을
- 그리고 그것은 우리의 마음이 먼저 변화해야 한다는 것을

마음의 법칙

앞서 '마음이란 무엇인가?' '마음이 왜 중요한가?'를 요약해서 달리 표현해 보면 '마음의 법칙'이라고 할 수 있다.

이러한 마음의 법칙은 여러 책에서 설명되고 있지만 이해하기 쉽게 잘 정리된 것은 브라이언 트레이시의 저서인 『성취 심리』이다. 『성취 심리』에서는 7가지 마음의 법칙을 설명하고 있는데 중복되는 부분을 제외하고 핵심 내용을 소개하면 다음과 같다.

통제의 법칙(The Law of Control)

통제의 법칙은 '자신이 삶을 제어하고 있다고 생각하게 되면 스스로에 대해 긍정적인 느낌을 갖게 되고, 반면 삶을 제어하지 못하고

있다고 생각하거나 외부의 어떤 것이 자신의 삶을 제어한다고 생각하게 되면 스스로에 대해 부정적인 느낌을 갖게 된다.'는 것이다.

심리학에서는 이 이론을 널리 인정하고 있다. 일반적으로 거의 모든 스트레스와 불안, 긴장, 그리고 이로 인한 신체질환은 자신이 삶의 주요한 영역을 제어할 수 없다고 느끼거나 실제로 제어하지 못할 때 초래되는 결과라고 알려져 있다.

그렇기 때문에 내가 내 인생의 주인공이라고 생각하면 행복, 긍정성, 자신감을 느낄 수 있다. 즉 특정 상황에 대해 생각하는 방식은 우리의 느낌을 결정하고 느낌은 다시 행동을 결정한다.

인과의 법칙(The Law of Cause and Effect)

'우주의 철칙'이라고도 하는 인과의 법칙은 '모든 결과에는 분명한 이유가 있다.'는 것이다. 이 법칙에 의하면 모든 일은 특정 원인 때문에 발생한다. 따라서 이 세상에 우연한 일이란 있을 수 없다. 즉 결과만 보고 말할 때는 우연이 있을 수 있지만 우리가 알 수 없었던 원인까지도 고려한다면 결코 우연이란 있을 수 없다는 것이다.

인과의 법칙에 따르면 모든 행복, 성공에는 분명한 원인이 있고, 모든 불행, 실패에도 분명한 원인이 있다. 그러므로 삶에 원치 않는 어떤 결과가 생겼다면 원인을 추적해서 찾아내어 제거해야 한다. 그럼에도 불구하고 어떤 사람들은 스스로 불행하거나 불만스럽다는 느낌이 드는 행동을 계속 반복하면서 다른 사람이나 사회 또는 문제 자체의 탓으로 돌린다. 자신이 처한 어려움에 대해 울분을 토하고 화를 내는 것보다는 조용히 앉아 그 원인을 주의 깊게 분석하는 것이 훨씬 바람직하다.

신념의 법칙(The Law of Belief)

신념의 법칙이란 '무엇이든 느낌을 갖고 믿으면 그것은 현실이 된다.'는 것이다. 될 수 있다는 믿음이 강할수록 이루어질 가능성은 그만큼 커진다. 성경에서는 '자신이 믿는 대로 이루어진다.'라고 이야기한다. 이 말을 다르게 표현하면, "우리는 자신이 보는 것을 믿는 것이 아니라 자신이 믿는 것을 본다."라고 할 수 있다.

예를 들어 크게 성공할 것이라고 자신을 완벽하게 믿으면 어떤 어려움에 처해도 좌절하지 않고 목표를 향해 계속 전진할 수 있다. 그 무엇도 이를 막지 못한다.

끌어당김의 법칙(The Law of Attraction)

끌어당김의 법칙이란 '인간은 살아 있는 자석이다.'라는 것이다. 우리는 자신의 생각과 일치하는 사람을 우리의 삶으로 끌어들인다. 끼리끼리 어울리게 마련이다. 삶에 있어 모든 것은 생각 때문에 생긴다. 이 법칙은 우리 주변에서도 쉽게 확인할 수 있다. 한 친구를 생각하고 있는데 마침 그 친구가 전화를 해 온다. 무엇인가를 하려고 결정했더니 즉시 아이디어가 떠오르고 도움을 줄 사람이 나타난다.

우리는 생각과 감정이 대개 일치하는 사람과 상황을 반복해서 만나게 된다. 긍정적이든 부정적이든 모든 세계는 스스로 만든 것이다. 어떤 생각에 더 많은 감정을 이입할수록 그 생각과 조화되는 사람이나 상황을 더욱 빨리 삶 속으로 끌어들이게 된다.

행복한 사람들은 행복하고 즐거운 다른 사람들을 끌어당긴다. 풍요로움을 생각하는 사람은 돈을 벌 수 있는 아이디어와 기회를 끌어당긴다. 다른 마음의 법칙들과 마찬가지로 끌어당김의 법칙은 중립적이다. 이 법칙은 우리에게 도움이 될 수도 있고 해를 끼칠 수도 있다.

인력의 법칙을 긍정적으로 사용하는 사람들은 보통 운이 좋다는 말을 듣는다. 자신의 목표를 정확하게 정하고 그것을 성취할 수 있다고 지속적으로 낙관적인 태도를 견지하는 사람들에게 왜 수없이 좋은 일이 생기고 도움을 주는 사람들이 나타나는지를 설명하려고 하는 시도 중의 하나가 바로 운이 좋다는 것이다.

2

마음에 대한 역사적 고찰

"기적과도 같았던 내 인생 30년은 역사까지는 아니라고 해도
한 편의 시나 우화 같았다고는 할 수 있다." –토마스 브라운–

축의 시대

축의 시대(axial age)란 기원전 8세기에서 기원전 2세기까지 즈음
을 가리킨다. 축의 시대는 독일의 실존주의 철학자 칼 야스퍼스
(Karl Jaspers, 1883~1969)가 말한 것으로 이 시대에 중국, 인도 그리
고 그리스 · 로마 등의 지역을 중심으로 고전종교와 고전사상이 일
어났다고 한다. 축의 시대를 조금만 더 연장하여 기원 전후까지로
보면 동양의 석가모니, 공자, 노자 그리고 서양의 소크라테스, 플라
톤, 아리스토텔레스, 예수 그리스도를 비롯한 여러 사상가들이 모
두 이 시대에 태어났다. 현재까지 인류가 가진 제반 사상과 중요한
가치관들은 모두 이 시대 인물들이 만들어 놓은 것에서 별다른 진
전을 보지 못하고 있다고 한다.

이 시대의 성현들은 각기 다른 주제들과 함께 마음의 문제에 대
해 많은 가르침을 남겼다. 또한 그 제자들과 추종자들이 다양한 해
석과 설명을 덧붙였다. 그리고 그 가르침들이 오늘을 사는 우리들

에게 전해지는 것은 주로 문헌을 통해서일 것이다.

문헌상으로 볼 때 마음의 문제를 가장 체계적으로 잘 분석해 놓은 것 중의 하나는 아마 유식론일 것이다.

유식론

유식론(唯識論)이란 일체가 오직 식(識) (인식의 표상, 마음의 작용)일 뿐이라는 것이 주된 설명이다. 유식론의 팔식설(八識說)에 따르면 우리 인식의 주체는 여덟 가지로 나누어진다. 제1식에서 제5식까지는 안이비설신(眼耳鼻舌身) 즉, 눈, 귀, 코, 혀, 피부 다섯 가지 감각능력(전5식)이다. 전오식 뒤에 의식(意識)이 있다. 우리가 일상적으로 사용하는 의식이라는 말은 사실 유식(唯識)의 용어라고 한다. 제6식인 의식은 전오식을 지휘하면서 대상 세계에 대해 인지하고, 감정을 일으키기도 하고, 의지를 일으키기도 하고, 기억하기도 하는 등 많은 작용을 일으킨다. 또한, 주객, 자타의 사려 분별을 일으키게 되는데 그 이유는 자신을 의식내용과 구분되는 것으로 이미 의식하고 있기 때문이다. 예컨대 내가 사과를 바라보면 사과가 내 의식을 채우고 나는 사과를 의식하게 되지만, 그렇다고 나는 내가 곧 사과라고 생각하지는 않는다. 즉, 자아의식을 이미 갖고 있다. 제6의식의 기반이 되는 자기의식을 '제7말나식' 이라고 한다. 즉, 어떤 생각을 할 때, 그 생각의 내용은 제6의식의 대상으로 주어지며, 그 아래 깔려있는 '생각하는 나' 의 의식이 바로 제7말나식이다. 우리는 이 제7식 때문에 대상을 있는 그대로 볼 수 없고, 항상 자기중심적으로 곡해해서 바라본다고 한다.

그런데 오늘 한 순간 나의 의식에 떠오르는 생각은 바로 그 이전 순간의 생각이 일으킨 것일 수도 있지만, 어제 했던 생각, 아니면 1

년 전 우연히 했던 생각이 일으킨 것일 수도 있다. 즉, 우리 의식에 떠오르는 의식내용들은 의식에서 사라져도 어딘가 저장되어 존재하다가 다시 의식을 불러일으키는 원인으로 작용할 수 있다는 말이 된다. 이는 사유(제6의식)나 자아의식(제7말나식) 너머 더 심층의 마음이 있다는 것을 의미한다.

사유나 자아의식의 활동으로 인해 어떤 에너지가 만들어지고, 그 에너지는 유지되다가 인연이 갖추어지면 결과를 일으키게 된다. 이러한 에너지의 흐름이 마음 가장 심층에 '제8아뢰야식'을 형성하며 흐르고 있다고 한다. 아뢰야식은 내 마음의 창고라는 의미에서는 심리학의 잠재의식 개념과 비슷하다고 할 수 있다. 그러나 아뢰야식은 심리학의 잠재의식보다도 훨씬 넓은 개념이다. 아뢰야식에는 이생에서 쌓은 의식의 축적뿐만 아니라 오랜 세월 윤회를 통해 쌓은 모든 식의 축적이고 나아가 한 개인의 경험뿐만 아니라 인류가 공통적으로 지니고 있는 집단 무의식도 같이 있다고 한다.

이와 관련하여 심리학자인 융은 신화란 무의식적인 인식과 의식적인 인식 사이에 존재하는 없어서는 안 되는 지극히 자연스러운 중간단계라고 지적했다. 그는 집단 무의식 이론을 통해 현대를 살아가는 개개인의 의식 저 깊은 곳에는 인류 전체의 보편적인 정신적 유산들이 숨쉬고 있다고 주장했다.

아뢰야식은 전오식과 육식과 칠식 뒤에서 모든 인식을 규정하는 틀로서 작용한다. 같은 꽃을 보고도 어떤 사람은 아무런 감동 없이 그냥 지나가고, 어떤 사람은 헤어진 연인을 떠올리고 눈물을 흘리기도 하고, 어떤 사람은 그 꽃을 통하여 우주의 신비를 느끼기도 한다. 이렇게 인식의 차이가 나는 것은 각각의 아뢰야식 속에 축적된 삶의 체험이나 깊이가 다르기 때문이다.

그런데, 우리가 보고 생각하는 세계는 우리의 눈, 귀, 코, 혀, 피부, 생각(眼耳鼻舌身意)에 의해 그렇게 보여지고 들리고 분별된 세계이다. 그러나 시력이 없는 박쥐의 세계는 우리의 세계와 완전히 다를 것이며, 눈도 없고 귀도 없고 촉각만 있는 지렁이의 세계 역시 다를 것이다.

언제나 물 안에 살면서 한 번도 물 밖에 나가본 적이 없는 물고기는 물을 가장 잘 알고 있으면서도 또 바로 그렇기 때문에 자신이 물을 안다는 사실을 알지 못한다. 물고기에게는 물이 곧 전체이며 자신을 물로부터 분리시킬 수 없기에, 물고기는 물 아닌 것을 경험한 적이 없으며, 따라서 물을 물로 분별하여 알지 못한다. 그렇듯 일체가 오직 식(識) (인식의 표상, 마음의 작용)일 뿐이기에 우리는 식 바깥으로 나아가지 못하고 식을 분별하여 알지 못한다. 우리가 나의 외

부에서 실재한다고 여기는 대상 세계는 모두 인식의 표상에 불과하다는 것이다.

앞의 그림은 르네 마그리트가 1928년에 발표한 '이것은 파이프가 아니다' 라는 작품이다.

이 그림에서 표현하는 것은 유식론에서 주장하는 것과 비슷하다. 파이프 그림이 실물 파이프가 아니라는 것이다. 우리가 눈으로 인식한 그림은 실물 그 자체가 아니라는 것이다. 더 나아가 우리가 지각하는 세계는 현실 그 자체가 아니라는 것이다. 이것을 다른 방법으로 잘 표현한 말이 있다.

바로 "지도는 실제 땅의 모습이 아니다.(The Map is not the territory)"

유가와 도가

축의 시대 동양, 특히 중국의 유가와 도가에서의 마음에 대한 대표적인 설명은 다음과 같다.

유가의 창시자인 공자의 마음에 대한 가르침은 주로 인(仁)에 집중적으로 표현되어 있다고 할 수 있다. 인은 흔히 '자기가 하고 싶지 않은 일을 남에게 시키지 말라(己所不欲 勿施於人)'라는 말로 대표된다. 이는 현실에서 마음을 어떻게 써야 할지에 대한 실용적인 가르침을 주고 있다. 공자의 사상을 체계화 한 맹자는 한 단계 더 들어가 마음의 성품(心性)을 수양하는 것에 대해 가르침을 주고 있다. '군자가 본성으로 지니는 인의예지는 마음에 뿌리를 두고 있다.'고 하여 '마음'을 강조하고 있다. 이로부터 저 유명한 "측은하게 생각하는 마음이 인(仁)의 시작이요, 부끄러워하는 마음은 의(義)

의 시작이요, 사양하는 마음은 예(禮)의 시작이요, 옳고 그름을 가리는 마음은 지(智)의 시작이다."라고 하는 사단지심(四端之心)을 설명하고 있다.

도가의 창시자인 노자의 사상이 담겨 있다고 하는 도덕경은 전체가 오천여 자에 불과하다. 다만, 그 가운데 칠십여 차례나 도(道)를 언급하고 있어, 도에 집중하고 있음을 알 수 있다. 또한 언어와 문자를 심하게 부정하고 있다. 따라서 '도를 가히 도라고 한다면 그것은 영원한 도가 아니다.' '아는 사람은 말하지 아니하고 말하는 사람은 모른다.' 라고 하며 시종일관 언어의 한계를 강조하고 있다. 그래서 도가에서는 언어로 표현된 마음의 가르침을 찾기가 쉽지 않다. 그렇지만 굳이 찾고자 한다면 '상대성'에 관한 설명을 하고 싶다. 아인슈타인은 운동의 상대성을 바탕으로 설명하고 있지만 도덕경에서는 운동뿐만 아니라 인식되는 모든 것이 상대적이라고 본다.

"천하 사람들이 다 아름다운 것을 아름답다고 알지만 그것은 추악한 것이 있기 때문일 뿐이다. 다 착한 것을 착하다고 알지만 그것은 착하지 않은 것이 있기 때문일 뿐이다. 그런 까닭에 있는 것과 없는 것은 서로가 낳는 것이고, 어려운 것과 쉬운 것은 서로가 성립시키는 것이다." 즉, 어떤 존재이든 다른 것과의 관계없이 그것 자체로서의 고유한 특성을 가질 수 없다는 것이다. 이것은 바로 여타와의 관계 상황에서 일시적으로 나타나는 성질들은 실재가 아니며 영속적인 것이 아니라는 것이다.

이런 마음의 성질을 이해할 때 우리는 비판적인 입장에서 멀어지고 도에 더 가까워질 수 있다는 것이다.

인간관계의 황금률

기독교에서는 마음을 어떻게 써야 할지에 대한 황금률이 있다. 바로 '남에게 대접받고자 하는 대로 남을 대접하라.' 이다. 인간관계에서 가장 중요한 상대방에 대한 존중을 이렇게 간결하고 알기 쉽게 설명한 내용은 찾기가 쉽지 않다. 그래서 인간관계의 황금률이라고 하는 것 같다. 이 말은 또한 '자기가 하고 싶지 않은 일을 남에게 시키지 말라.' 라는 가르침과도 일맥상통한다. 이렇게 보면 성현들의 가르침에는 보편적인 타당성이 숨어 있는 것 같다.

황금률에는 세 가지 과정이 있다. 첫째는 자기의 욕구를 알아차리는 것이다. 남에게 대접받고자 하는 것은 나의 욕구다. 나의 욕구를 정확히 알아차려야 한다. 알아차리지 못해서 충족되지 못한 욕구는 심층심리에 저장되어 있다가 언젠가는 다시 나타나게 된다. 따라서 나의 욕구를 잘 파악하고 소중하게 여기되 현명하게 충족시켜야 한다. 둘째는 공감의 능력, 역지사지(易地思之)의 정신이다. 즉, 진정한 의미는 나 위주의 생각이 아니라 다른 사람이 잘 되고 행복해지기를 원하는 마음이다. 다른 사람의 입장을 고려해서 남이 대접받기를 원하는 대로 남을 대접하라는 숨은 의미다. 마지막은 행동과 실천이다. 특히 대가를 바라고 행하는 행위가 아니다. 상대방을 존중하고 배려하는 행동이다.

황금률을 마음이라는 관점에서 한 단계 더 깊이 생각해보면 그 의미는 바로 인생과 사업에서 일어나는 모든 일의 원인은 자기 자신에게 있다는 것이다. 즉, 인과 법칙이 적용된다는 것이다. 내가 남을 대접하는 것이 '원인'이며, 다른 사람이 나를 대접하는 것이 '결과' 이다.

인과의 법칙을 제대로 인식하지 못할 때 사람들은 자기 자신을 어떤 일들의 '결과'로만 바라본다. 즉, 우리 자신이 이런 일들을 만든다고 바라보기보다는 그런 일들이 우리에게 우연히 생긴다고 바라보는 것이다. 이럴 때 사람들은 흔히 피해의식에 빠지기 쉽게 된다.

중요한 것은 내가 남을 먼저 대접하는 '원인'을 행해야 한다는 것이다. 다시 말해서 바람직한 방향으로 생각하고 행동을 먼저 해야 그 결과를 누릴 수 있게 된다는 것이다.

플라톤과 아리스토텔레스

그리스의 대표적인 철학자인 소크라테스는 "너 자신을 알라."고 말했다. 즉, 자기 자신이 진리에 대해 아무 것도 모른다는 것을 자각하는 것이 무엇보다 중요하다는 것이다. 나를 알아야 세상을 제대로 볼 수 있고 세상을 제대로 알아야 원하는 것을 이룰 수 있음은 자명하다. 소크라테스의 높은 이상과 정신세계에도 불구하고 문헌상으로 쉽게 접할 수 있는 설명들은 그의 제자인 플라톤에 의해서일 것이다.

플라톤에 의하면 인간의 영혼은 이성, 의지(기개) 및 욕망의 세 부분으로 이루어져 있다. 이성이 추구하는 것은 지혜이며 의지가 추구하는 것은 명예이고 욕망이 추구하는 것은 쾌락이다. 인간은 이성적으로 선이 무엇인지 알아도 그것이 욕망과 갈등을 빚을 수 있으며 이성과 의지력의 강화를 통해 육체적 욕망을 통제해야 한다고 생각했다. 즉, 육체와 욕망을 이성의 아래에 두고 이성의 지배하에 둘 것을 요구했다. 이에 반해 아리스토텔레스는 육체와 욕망이 이성과 서로 협력해야 한다고 보았다. 즉, 최고선이란 지적인 측면뿐 아니라 욕망과 감정의 측면까지도 포괄하는 인간의 본성 전체를 완전히 발휘하는 것으로 보았다. 플라톤의 입장은 이성과 육체라는 서양의 이원론적인 형이상학에 큰 영향을 끼쳤다.

계몽주의 시대

축의 시대 이후 중세와 르네상스 시대를 지난 17,18세기를 흔히 계몽주의 시대라고 한다. 중세와 르네상스 시대에도 마음에 대한 가르침과 설명들이 없었던 것은 아니지만 우리가 잘 알다시피 중세는 인간의 이성과 마음이 신(神) 아래에 놓여진 시대였다. 그리고 르네상스 시대는 신 중심에서 인간중심으로 이동하는 시기였다. 따라서 축의 시대 이후 본격적으로 인간의 마음을 다시 탐구하기 시작한 시기는 계몽주의 시대라고 할 수 있다.

데카르트, 로크, 버클리

계몽주의 시대를 연, '나는 생각한다 고로 존재한다.' 는 '나란 정확히 말해 다름 아니라 생각하는 것' 이며, 생각하는 것이란 곧 정신, 영혼, 지성, 이성이라고 풀이하고, 나(자아)=생각(의식)하는 것=정신(마음)이라고 규정하는 한편, 이것과는 다른 물질적인 것(신체) 또한 존재한다고 말한다. 이른바 데카르트의 심신이원론이다.

데카르트는 세상이 어떻게 작동하는지 가장 잘 이해할 수 있는 방법은 세상을 두 부분으로 나누는 것이라고 천명했다. 그가 나눈 두 부분은 과학법칙의 지배를 받는 객관 세상 혹은 물질 세상과 교회의 영역이 될 수도 있는 정신과 영혼의 주관 세상이었다. 사실 이원론은 당시의 시대상황을 고려한다면 기독교적 전통 사고와 새로운 수학적 자연과학의 지식을 화해시키려는 시도의 산물이었다고 한다. 갈릴레오 갈릴레이가 코페르니쿠스의 지동설이 옳다고 주장한 그의 저서『두 개의 주요 세계 체계에 관한 대화』가 금서로 지정되고 그가 죽을 때까지 가택연금되었던 그런 시대였다.

아무튼 플라톤에서 영향을 받아 데카르트로부터 시작된 심신이원론은 이후 많은 철학자들로부터 '정신(精神)'이라는 주제로 논의되어 왔다. 그리고 우리는 상식적으로 혹은 직관적으로 우리의 생각이 우리 존재의 나머지 부분과 어떤 연관이 있다고 느낀다. 이에 대해서는 뒤에 양자론의 시대, 결정론의 한계에서 조금 더 자세하게 살펴본다.

한편 계몽주의 시대에 영국을 중심으로 한 경험론에서는 자연과학의 발전에 힘입어 감각적인 경험에 충실하고자 했다. 이 중에서 오관(五官)에 의해 지각되는 것과 존재하는 것의 관계에 대해 철학자들간에 견해가 달랐다. 즉, 로크는 물체는 인간의 인식에 독립하여 실재로 존재하며 이 존재를 사람마다 다르게 인식한다고 주장했다. 이에 반해 버클리는 지각되지 않고 정신 외에 존재하는 물질세계는 있을 수 없다는 입장이었다. 상당히 재미있는 주제다. 과연 누구의 입장이 더 설득력이 있을까?

아무튼 계몽주의 시대에는 정신(마음), 존재, 인식이라는 주제들이 축의 시대 이후 다시 본격적으로 논의되기 시작했다.

여기서 잠시 인간의 감각을 통한 인식에 대해 살펴보자. 우리는 주로 시각, 청각, 후각, 미각, 촉각의 다섯 가지 감각기관을 통해서 세상을 받아들인다. 그러나 오관을 통해서 직접적으로 받아들이는 외부세계에 대한 정보란 생각보다는 훨씬 제한되어 있다. 예컨대 눈은 넓은 파장영역의 빛(전자기파) 중에서 아주 좁은 파장 구간인 가시광선(可視光線) 영역밖에 볼 수 없다. 그 나머지 파장의 전자기파에 대해서는 눈은 아예 인식하지 못한다. 즉, 이 우주공간에 있는 전자기파 중 라디오파, TV파, 마이크로파, 적외선 등과 같이 파장이 길거나, 자외선, X선, 감마선 같이 파장이 짧은 전자기파에 대해서는 인간의 눈으로는 인식할 수 없다. 관찰대상의 크기도 무한정 작은 물체까지 볼 수 있는 것도 아니다. 기껏해야 백분의 1㎜ 정도까지 볼 수 있을 뿐이다. 한편 인간의 귀가 들을 수 있는 소리도 고막이 40에서 2만 싸이클의 진동수 영역에서만 반응하므로 40싸이클 이하의 저주파나 초음파와 같은 고주파에 대해서는 인간은 역시 인식할 수 없다.

그런데 반해 사람과 다른 시각과 청각의 조직을 가지고 있는 동물이나 곤충의 경우는 사람이 볼 수 없고 들을 수 없는 파장의 전자기파나 음파를 감지할 수도 있다. 가령 박쥐나 돌고래는 초음파로 사물을 감지하거나 서로 교신을 하는데 인간은 그 대화에 낄 수가 없다. 그러므로 본능적 지각에 관한 한 만물 중에서 인간이 결코 뛰어나지도 않으며 동물이나 곤충만도 못한 경우가 허다하다. 따라서 오관을 통한 세상과 사물에 대한 인식이 완벽하다고 할 수 없는 것은 분명해 보인다.

양자론과 상대성이론 시대

계몽주의 시대를 지나 19세기, 20세기에는 크게 봐서 유물론, 실존주의, 정신분석학 등에서 마음의 문제를 다루어 왔다고 할 수 있다. 그렇지만 마음의 문제에 있어 이들만큼 중요한 이론들이 이 시기에 물리학에서 이루어졌다. 그것은 바로 상대성이론(相對性理論)과 양자이론(量子理論)이다. 이 두 이론은 마음과 인식의 문제에 대해 큰 영향을 미쳤다.

우리는 물질을 만지고 보고 오감으로 느끼며 실재하는 것이라 믿고 있다. 그러나 핵심을 파고들어 가면 갈수록 우리가 생각하는 상식과 맞지 않는 일이 일어난다. 양자장 이론에 의하면 모든 물질은 원자로 구성되어 있다고 한다. 이 원자는 다시 양자, 전자 등 더 작은 입자로 이루어진다. 우리는 원자가 원자핵이나 전자 그 이하의 소립자들로 꽉 차 있다고 생각하지만 실제로는 원자의 90% 이상은 비어 있다고 한다. 원자핵을 중심으로 전자가 회전하고 있지만 그 사이의 공간은 비어있는 것이다. 즉, 원자는 고체가 아니다.

원자는 모든 가능한 상태의 정보와 에너지로 가득한 진공 속에 있는 정보와 에너지 상태의 체계라는 것이다. 따라서 물질과 물질의 차이는 물질적인 차원이 아니라는 것이다. 가령 금과 납을 예로 들어보자. 금과 납을 구성하는 원자를 구성하는 더 작은 입자들은 정확하게 똑같다고 한다. 우리가 입자라고 불러서 그렇지 이것들은 물질이 아니다. 이들은 에너지와 정보의 충동이다. 금과 납이 다른 것은 바로 이 에너지와 정보의 충동이 만드는 배열과 양 때문이라고 한다. 이런 에너지와 정보의 충동이 우리가 물질이라고 간주하는 만물을 구성하는 비물질이다.

그런데 우리의 생각은 말이 되고 언어로 체험되기 전에는 하나의 의도일 뿐이다. 즉 우리의 생각은 에너지와 정보의 충동이다. 그렇기 때문에 우주 만물의 본질적 물질은 비물질적인 동시에 생각하는 비물질이다. 이를 확장하면 모든 것은 생각에서 비롯된다고 할 수 있다. 우리의 생각이 일과 삶이 비롯되는 원천이다.

물리학자들은 원자를 구성하는 아원자 입자를 시험하고 이해하려 하지만 이런 입자들은 너무 작아서 절대 측정할 수 없다고 말한다. 이 입자들의 미세함을 측정하는 데 이용될 수 있는 기구는 없고 그저 생각만 할 뿐이라고 한다.

(참고로 최무영 교수의 『물리학 강의』에 보면 물질을 구성하는 기본입자는 현재까지 대략 260가지쯤 된다고 한다. 그리고 양성자, 중성자, 전자를 비교하면 각각 질량이 무겁고, 중간이고, 가벼우므로 이름을 무거운 입자(바리온), 중간자(메존), 가벼운 입자(렙톤)로 분류한다고 한다. 최근에는 쿼크이론에 의해 상기 입자들도 쿼크로 구성되어 있다는 것을 알아내고 기본입자를 쿼크 가족, 렙톤 가족, 게이지 가족 3그룹으로 분류한다고 한다. 어쨌든 복잡하고 난해하다.)

그렇다면 눈에 보이지도 않는 기본입자들이 존재한다는 것을 어떻게 아는가? 그것은 바로 이들이 입자 가속기에 남긴 흔적을 통해서이다. 이 흔적들을 통해서 우리는 이들이 존재하고 있다는 사실을 알게 된다.

그런데, 이 입자들에 대해 흥미로운 사실이 있는데 그것은 바로 이 입자들이 우리가 관찰할 때에만 존재하게 된다는 사실이다. 즉, 양자장에서 볼 때 우리가 이 입자들을 볼 때마다 그들의 존재는 깜박거린다. 우리가 관심을 멀리할 때마다 이들은 허공 속으로 사라진다. 이들은 어두운 방 안의 작은 불빛처럼 나타났다 사라진다. 어두운 방을 우주로 상상한다면 입자는 장(場)에 대해 관심을 기울이는 단순한 행동에 의해서 존재하게 된다. 우리가 이 장(場)에 대해 관심을 기울이지 않으면, 이들은 모든 가능성의 장에 놓인 확률 속의 일부분에 지나지 않게 된다.

각 입자는 하나의 파동이다. 파동은 공간이나 시간 속의 한 위치에 한정되지 않는다. 이것은 관찰의 순간에 어떤 장소에서 입자를 발견할 통계적 가능성이다. 가능한 측정을 위해 파동, 확률 속의 개연성을 시간의 한 함수로 변형시키는 것이 바로 관찰, 즉 관심이다. 관찰이라는 것은 당연히 관심을 기울이는 것이며, 관심이라는 단순한 행위는 파동이라는 수학적 가능성을 물질적인 존재로 바꾸는 것이다. 그러니까 하나의 입자는 말 그대로 관찰이라는 행동을 통해 만들어내는 것이다. 무한한 가능성의 장에 있는 어떤 가능성을 물질적인 존재로 바꾸는 것이 바로 우리 관심의 질이다. 우리의 관심이 흩어지면 우리도 흩어지게 된다. 우리 관심이 완전함에 머무르면 우리도 완전하게 된다.

디팩 초프라는 그의 저서 『풍요로운 삶』에서 이를 '관심의 마술'로 표현하고 있다. 결국 마음이 모든 것을 이끌어내고 모든 것을 변화시킨다는 것을 물리학의 이론으로부터도 유추할 수 있게 되었다.

절대성의 부정

상대성이론에서는 절대좌표계의 존재가 부정되므로 시공간(時空間)은 관측자의 운동상황에 따라 다르게 인식된다고 한다. 인간은 보통 시간과 공간에 대해 고정관념을 가지고 산다. 시간이란 인간의 삶이나 자연현상과는 무관하게 이 우주 속에 흘러가는 그 무엇이라고 생각하고 있다. 즉, 한 시간은 모든 사람에게 똑같은 한 시간이라고 생각하고 1미터는 모든 사람에게 똑같은 1미터라고 생각한다. 그러나 그러한 고정관념은 옳지 않다는 것이 밝혀졌다.

예를 들어, 다리 위에서 흘러가는 강물을 내려다보거나 잔디밭에 누워 떠가는 구름을 볼 때 사실은 강물이나 구름이 흘러가는지 내가 흘러가는지 분명하지 않고, 또 나란히 서있던 두 차 중 어느 하나가 움직일 때 옆 차가 움직이는지 내 차가 움직이는지 모를 때가 있다. 엄밀한 의미에서 절대좌표계가 없기 때문에 어느 것이 움직이고 어느 것이 정지해 있다고 말할 수는 없고 다만 두 물체는 상대적으로 움직인다고 밖에는 볼 수 없다. 이러한 사고방법은 모든 물체의 운동에 대하여 참고하고 비교하여 이것은 움직인다, 저것은 정지해 있다고 말해 줄 절대좌표계가 우주 어디엔가 존재할 것이라고 믿고 싶은 인간의 집착에 커다란 변화를 강요하게 된다. 모든 자연현상에 대한 상대성의 인식과 절대좌표계의 포기는 실로 인간 사고의 혁신적인 진전이다.

우리의 일상생활의 대부분에서 일어나는 일들은 빛의 속도와 비교할 때 너무나도 느리기 때문에 상대론적 효과를 거의 느낄 수 없어 그 중요성이 드러나지 않는다. 그러나 아주 빠르게 운동하는 소립자의 미시세계에서는 물론 거시세계에서도 상대론적 시공간은 어김없이 확인되고 있다고 한다.

그리고 가끔씩은 우리도 일상생활에서 감각적으로 한 시간이 다르게 느껴지기도 한다. 사랑하는 아름다운 여자와 같이 있는 1시간과 뜨거운 난로 옆에 있는 1시간은 당연히 다르게 느껴진다. 또한 똑 같은 크기와 길이도 가끔 다르게 느껴진다. 다음의 그림을 보자.

ebbinghause착시

가운데 원의 크기는
실제로 같다.

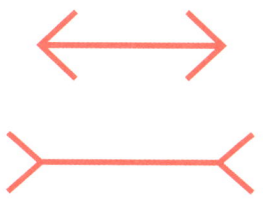

Mulier−Lyer착시
한쪽이 길어보이지만 실제로
선분의 길이는 같다.

검은 사각형들 사이에 검은 점이
있는 것처럼 보이지만
실제로는 없다.

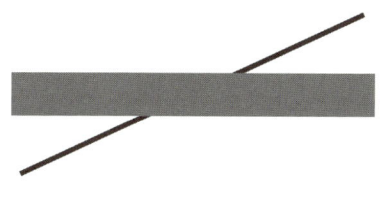

poggendorf착시

검은 선이 직선이 아닌 것처럼 보이지만
실제로 검은 선은 곧게 직선으로
이어져 있다.

사물의 존재와 인식

서양의 전통적인 사고방식에서는 모양, 크기, 위치 등은 순전히
물리적 대상 자체에 귀속되는 객관적 성질이고 색, 소리, 냄새, 맛,
감촉 등은 인간 고유의 주관적 성질로 보아 철저히 분리해 왔다. 그
러나 현대물리학에서는 바로 여기에 이렇게 존재하고 있다고 믿었
던 위치라든가, 크기, 시간, 속도, 에너지와 같은 모든 구체적인 단

위들을 이제는 그것을 혼자 떼어서는 생각할 수 없게 되었다. 이를 확대해서 해석하면 이 우주의 한 모퉁이에서 펼쳐지는 조그마한 사건도 우주 전체의 관계에서 만들어지고 다시 또 우주 전체로 파급되는 것이다. 중국 양자강에서 노니는 나비 한 마리의 날갯짓이 수천만 리 떨어진 뉴욕에 폭풍우를 몰고 올 수 있다는 소위 '나비효과(butterfly effect)'가 그 단적인 예를 보여준다.

또한 양자이론에서는 모든 물질은 근본적으로 입자성과 파동성을 동시에 지니고 있다는 사실이 밝혀졌다. 입자란 돌멩이와 같은 물질의 작은 덩어리이며 파동이란 물의 파도와 같이 흩어져 퍼질 수 있는 비물질적 떨림으로, 이 둘은 본질적으로 다른 성질을 갖고 있다. 그런데 양자역학적 실험상황에서 반복적으로 확인되는 것처럼, 모든 물질의 존재모습은 그 자체로 고유하게 확정되어 있는 게 아니라 그것을 둘러싼 환경, 즉 그 존재를 관찰하기 위한 실험상황 또는 인식행위에 따라서 입자로서의 모습으로 보이기도 하고 파동으로서의 특성으로 나타나기도 한다. 즉, 우리가 입자의 성질을 보기 위한 실험을 행하면 입자의 얼굴을 보여주고, 파동의 특성을 보려는 실험상황에서는 파동의 얼굴로 나타난다. 이것은 오랜 동안 서양철학의 기본이 된 관찰자와 분리되어 존재하는 객관적 실재가 따로 있다는 전제가 무너졌음을 의미한다.(참고로 데카르트는 인식하는 나를 주관으로, 내가 인식하는 세계를 객관으로 설정하였다.)

그러므로 관찰자는 이 두 가지 속성 가운데 어느 것을 관찰할 것인가를 먼저 선택해야 하고, 따라서 관찰자 스스로가 관찰대상의 속성을 함께 지어낸다는 뜻이 된다.

그러니까 궁극적으로 물질현상은 고정된 실체가 아닌 끊임없이 출렁거리는 상호작용과 관계만이 존재하며 인간의 인식행위도 필연적으로 그 관계 속에 개입된다는 것이다.

주체와 객체와의 통합은 현대 물리학이 이룩한 가장 위대한 통찰력 중 하나라고 흔히 말한다. 관찰되는 현상은 실험자나 지켜보는 자와 분리될 수 없으며, 보는 방식에 따라 다르게 나타난다는 것이다.

이에 대한 구체적인 예로 '비트겐슈타인의 오리-토끼'가 있다. 오른쪽 방향을 보고 있는 토끼인지, 아니면 왼쪽 방향을 보고 있는 오리인지는 보는 사람의 마음에 달려 있다. 즉, 어떻게 인식하느냐가 중요하다는 것이다. 또한 양자역학의 해석과도 비슷하게 우리가 오리를 보는 경우에는 동시에 토끼를 볼 수 없고, 토끼를 보는 경우에는 동시에 오리를 볼 수 없다. 이것은 입자와 파동을 동시에 볼 수 없다는 설명과 일치한다. 그러므로 이 세상은 보는 관점에 따라 얼마든지 달리 해석할 수 있으며, 완전히 다른 세상들이 존재할 수 있고 실제로 존재한다는 것이다. 모든 것은 지각하는 의식에 따라 달라진다.

결정론의 한계

20세기 이전의 기계론적인 세계관에 의하면 정신과 육체 또는 물질은 서로 별개의 세계에 속한다고 보았다. 소위 심신이원론이다. 또 개개의 입자들도 서로 완전히 독립적인 존재로 인정하면서 물질세계는 그 입자들의 단순한 집합체로 생각하였기 때문에 그 구성요소들의 움직임과 인과적인 연결만 정확히 관찰하여 기술하면 완벽한 이해가 가능하다고 믿었다. 데카르트가 추론해 낸 이와 같은 분석적이고 기계론적인 발상은 물질세계를 다루는 데 대단히 편리한 방법으로 근대과학의 기초가 되었다. 뉴턴 역학 역시 기계론적 세계관에 입각한 물질세계의 이해이며 우주의 운명에 대한 결정론(決定論)적 사고를 낳게 한 배경이 되었다.

이와 같이 우주의 모든 현상들이 이미 사전에 역학적으로 결정되어 있고 단지 그대로 진행되고 있을 뿐이라는 결정론이나 모든 우주의 운행과 개체들의 행위까지도 우리들의 권한 밖의 어떤 초월적인 힘에 의해 움직여지고 있다는 운명론은, 너무 경직되어 있어서 인간의 마음이나 주변상황을 개선해보고자 하는 노력에 부정적인 영향을 주어왔다. 한 개인이 아무리 노력해도 모든 것은 예정된 대로 흘러갈 것이며, 혹 변화의 선택 가능성이나 자유의지를 말하더라도 그것조차도 이미 결정되어 있는 사항으로 볼 것이다.

그러나 결정론이나 운명론에 반하여 인간들에게 자유의지가 들어설 자리를 만들어준 것은 소위 '불확정성원리'와 '상보성원리'이다. 불확정성원리에 의하면 개개의 입자들로 볼 때는 원인 없는 사건들이 있을 수 있으며 그래서 엄격한 인과율보다는 많은 수의 입자들에 대해서만 확률적 인과율이 적용되어 현상화한다고 본다.

그리고 바로 여기에 자유의지가 끼어들 수 있다고 본다.

또 상보성원리는 물질이 입자성과 파동성의 이중성을 지니고 있고, 관찰자가 보고자 하는 것을 보여준다는 설명과 같이, 어떤 현상이 나타나는 데는 그 물질 자체의 고유성으로만 결정되는 것이 아니라 그것을 관찰하는 의식주체의 선택의지도 포함되어 함께 만들어간다는 것을 말해주고 있다. 따라서 양자론적인 물리세계에서는 하나의 원인과 그의 결과로 딱 떼어낼 수 있는 그렇게 단순하고 직선적인 인과관계는 찾아보기 어렵다.

결국, 우리의 인생은 절반은 우리의 의지와 관계없이 결정되어 나왔지만, 나머지 절반은 우리의 노력에 의해 변화시킬 수 있다는 것이다. 흔히 말하기를 각자 타고난 운명의 그릇 크기는 정해져 있지만 그 그릇을 채우는 것은 본인들의 노력에 달려 있다고 한다.

인지과학 시대

20세기 후반에 형성된 인지과학은 인간과 동물, 그리고 컴퓨터의 인공지능시스템과 같은 인공물이 세상에 대한 각종 정보를 어떻게 얻는지, 어떻게 개별 정보기 조직화된 지식으로 변화되는지, 그리고 어떻게 각종 정보가 기억에 저장되어지며, 그 지식이 사고와 행동을 결정짓는 데 어떻게 쓰여지는가를 다루는 학문이다.

인지과학은 심리학, 철학, 언어학, 신경과학, 인공지능, 인류학, 사회학, 경제학, 로보틱스 등 신경과학 측면에서 사회과학 측면까지 여러 학문들을 연결하여 포괄적인 접근을 제시한다.

인지과학에서의 마음

인간이나 동물이나 인공지능시스템이 지식·정보를 다룬다고 할 때, 실제 대상을 우리의 머릿속으로 가져와서 다루는 것이 아니다. 그보다는 실제 대상을 우리의 뇌가 다룰 수 있는 어떤 상징(기호)이나 다른 형태로 변환하여 재구성하거나 재표현하여 다룬다. 이러한 점에서 우리의 마음이 다루는 이러한 지식·정보를 '표상(representation)'이라고 한다. 다시 말해서 실물 자체를 우리 머릿속에서 가져오는 것이 아니라, 다시 나타낸 결과가 우리 마음의 내용이라는 것이다. 예컨대 우리가 맛있는 음식을 생각한다고 할 때, 우리의 마음속에 맛있는 음식 실물이 들어 있는 것이 아니라 그 음식에 대한 이미지라든가 다듬어진 생각이나 그 음식과 관련된 기억이 들어 있는 것이다.

최근의 인지과학적 논의들은 전통적 관점인 주체-객체 이분법적인 데카르트의 체계(마음과 몸의 이원론적 구분인 심신이원론)를 벗어나고 있다. 또한 마음을 뇌 안에서 일어나는 신경적 과정으로 보는 '뇌=마음'이라는 관점에서도 벗어나고 있다. 오히려 인간의 마음은 단순히 뇌의 활동에서 출현하는 것이 아니라 뇌, 몸, 환경의 상호작용적 총체에서 출현한다고 보고 있다. 즉, 마음은 뇌 속에서 일어나는 신경적 상태나 과정이라고 보기보다는 신경적 기능구조인 뇌, 뇌 이외의 몸, 그리고 환경의 3자가 상호작용하는 시스템에서 이루어지는 행위중심으로 개념화되고 있다.

이런 개념에서 본다면 마음은 뇌 속에 캡슐화되어 있는 것이 아니라, 인간과 물리적 혹은 사회적 환경과의 상호작용의 역동선상에서 자연환경을 비롯하여 인공물 환경에 확장, 분산되어진 것이다. 이러한 마음에서는 많은 내용을 기억 속에 명시적으로 표상하지 않으며, 암묵적 상태로 환경에 내재화하게 내버려둔다.

즉 분산된 표상, 확장된 인지의 특성이 강한 것이다. 따라서 환경자극의 주 역할은 표상의 지표로서의 역할 및 재구성의 역할을 하는 것이다. 상황이 주어지면 이러한 환경자극 맥락 단서에 근거하여 최대한으로 즉석에서 변통하여 사용하는 전략을 활용하는 체계인 것이다.

정리하면 최근의 인지과학에서 마음은 한 사람의 뇌 속에만 갇혀 있는 그 무엇, 한 개인의 그 무엇이 아니라, 환경과 통합되며 여러 다른 사람의 마음, 그리고 다른 인공물들에 의하여 지원을 받거나 상호작용하면서 그들과 함께 조형되고, 진화되며, 사회적으로 구성되고 공유되는 것에 의해 특징지어지는 활동으로서의 마음으로 개념화한다.

이와 유사한 입장의 재미있는 주장들이 있다. 일부 과학자들은 사람들의 기억은 뇌에만 저장되는 것이 아니라 상당부분 사람의 외부에 존재하는 양자장에 저장된다고 한다. 예를 들어 텔레비전으로 어떤 프로그램을 보는 상황을 한번 생각해보자. 텔레비전을 켜기 전에 그 프로그램은 어디에 있었을까? 텔레비전 안에 있었을까? 아니다. 그것은 우리를 둘러싼 공기 속에 흐르고 있었다.

비슷한 맥락으로 과학자들은 지금, 사람이 어떤 경험을 하거나 어떤 생각을 했을 때 이 경험이나 생각은 양자장으로 송출되어서 파형으로 존재하며 누구에게나 접근이 가능하게 된다고 주장한다. 물론 공명을 하는 사람부터 공유하게 될 것이다.

이렇게 생각하면 우리의 무의식은 인류의 역사를 공유하고 있다는 융의 주장이나 우주의 아카식 레코드(Akashic Records; 우주도서관)에는 모든 영혼의 생각과 경험이 저장되어 있다는 힌두교의 얘기들이 어느 정도 수긍이 간다.

그리고 보니 요즘 IT기술이 발달할수록 모든 저장을 웹에 하려고 하는 사람들의 노력도 인지과학의 기억 측면에서 볼 때 이해가 된다. 모든 기록들을 개별 PC에 저장하면 얼마나 불편한지는 우리가 더 잘 알고 있지 않은가?

언제 어디서나 원하는 기록을 저장장치에서 보기를 원한다면 당연히 웹에 저장을 해야 하는 것이다.

신경과학에서의 마음

한편 인지과학 중에서 특히 신경과학을 이용하여 인간의 마음을 이해하고 변화시키는 능력에 큰 진전이 이루어졌다. 신경과학(neuro-science)이라는 새로운 과학 분야는 신경생물학(두뇌의 작동에 관한 연구)과 컴퓨터과학이라는 전혀 다른 두 분야가 통합하여 만들어 낸 학문이다.

신경과학에서는 우리가 처음 어떤 행동을 할 때 가느다란 신경섬유를 통해 신체와 연결된다고 한다. 신경회로는 다음에 그와 똑같은 감정이나 행동을 다시 경험할 수 있도록 도와준다. 그리고 그 행동을 반복할 때마다 연결회로가 강화된다. 대단히 여러 번 반복하거나 강렬한 감정을 가지고 행동하면 더 많은 신경섬유가 합쳐지게 된다. 이렇게 되면 이 감정 또는 행동습관과 관련된 신경연상회로는 점점 강도가 높아진다. 이유도 없이 자꾸만 뭔가 하고 싶거나 어떤 감정이 생길 때가 바로 이런 경우이다. 다시 말해서 이런 회로 연결은 자동으로 어떤 행동을 자꾸 반복하게 만드는 아주 굵은 신경연상회로인 셈이다. 신경연상회로 연결은 생물학적인 실체, 즉 신체적인 현상이다.

캘리포니아 대학의 마이클 머츠니크는 우리가 습관적인 행동에 빠져들수록 그 패턴은 더욱 강화된다는 것을 과학적으로 증명했다. 즉, 원숭이의 손가락에 어떤 것을 접촉시키면 원숭이 뇌의 특정 부위가 활성화된다는 것을 알아냈다. 그는 원숭이가 먹이를 먹을 때 특정 손가락만 사용하도록 훈련시켰다. 나중에 원숭이의 뇌를 촬영해 보니 활성화된 부분이 거의 여섯 배나 커져 있는 것을 확인했다. 원숭이는 그 후에도 신경연상회로가 아주 강하게 자리 잡혀 있었기 때문에, 그 손가락을 사용할 때 먹이를 주지 않아도 습관적으로 그 손가락 운동을 반복했다.

금연하겠다는 마음이 있는데도 여전히 담배를 피우고 싶은 충동을 느끼는 것도 같은 경우이다. 그 사람은 신체적으로 담배를 피우고 싶도록 신경회로가 연결된 것이다. 이런 까닭에 어떤 감정을 바꾸거나 행동을 변화시키는 것이 어려운 것이다. 우리는 그냥 하나의 습관을 가진 것이 아니다. 신경계의 강한 신경연상회로와 연결된 것이다. 우리는 무의식적으로 어떤 감정이나 행동을 반복함으로써 신경연상회로의 연결을 더욱 강화한다. 예컨대 가까운 사람에게 화내고 소리지르는 행위를 할수록 그만큼 신경연상회로가 강화되어 다음에도 그와 같은 일이 되풀이될 가능성이 커진다. 우리 속담에 "제 버릇 개 못 준다"라는 말도 있지 않은가?

그러나 다행스러운 결과도 있다. 앞서의 실험에서 원숭이가 사용하던 손가락을 강제로 사용하지 못하게 하였다. 그러자 활성화되었던 뇌의 부위가 점차 줄어들기 시작했고 연결회로도 약화되었다. 습관을 변화시키려는 사람들에게 희망적인 소식이다. 만일 특정 감정이나 행동을 오랫동안 자제한다면 그 연결이 약화될 것이다. 과거에 사용하던 신경연상회로를 오랫동안 사용하지 않는다면 그 연결 역시 약화될 것이다. 따라서 좋지 못한 감정습관이나 행동을 사라지게 할 수도 있다. 그렇다. 우리는 이미 용불용설에 익숙하지 않은가?

이와 같은 신경연상회로의 조율방법을 이해하고 나면 행동을 변화시키는 가장 효과적인 방법이 드러난다. 버리고 싶은 행동은 즉시 참을 수 없는 고통과 연결하고, 새로운 행동은 엄청날 정도의 크나큰 즐거움과 연결하는 것이다. 예컨대 어떤 사람에게 전화를 자주 하게 하려면 어떤 방법이 좋겠는가? 바로 그 사람이 전화했을 때 아주 기쁘게 반겨주는 것이다. 그리고 그 사람을 얼마나 그리워했는지, 얼마나 사랑하는지 이렇게 얘기를 나누게 되어 얼마나 기쁜지 얘기해 주는 것이다. 그렇게 하면 그 사람은 자주 전화하고 싶지 않겠는가? 상대가 해 주길 바라는 행동과 즐거움을 연결시키는 것이다.

3

어떻게 마음을 써서 원하는 바를 이룰 수 있는가?

"자신의 마음을 변화시키지 못하는 사람은 그 무엇도 변화시킬 수 없다."
–조지 버나드 쇼–

우리는 마음의 문제에 대한 역사적 고찰을 통해서 마음의 문제가 인류의 역사와 함께 계속되어 온 중요한 주제라는 것을 알았다. 그리고 마음의 문제는 종교, 철학, 물리학 등 다양한 분야에서 연구하고 설명해 온 것도 알았다. 앞서 살펴본 바와 같이 마음은 개념적으로는 생각, 감정, 본능, 진아(眞我) 등 다층 구조로 구성되어 있다.

결국 우리가 우리의 마음을 제대로 알아차리기 위해서는 우리의 생각, 감정, 욕구, 그리고 영혼의 차원을 넘어서 우리의 진아(眞我)까지 알아차리기 위한 노력을 해야 할 것이다. 그렇지만 현실적으로 그게 어디 그렇게 쉬운 일인가? 물론 우는 아이가 엄마 찾듯이 진정으로 원하는 사람들은 끝까지 도달할 수 있을 것이다. 그렇지만 우리의 현실적인 목표는 생각, 감정, 욕구를 제대로 파악하고 잘 활용하는 수준일 것이다. 그 수준에 도달하는 것도 상당한 노력 없이는 쉽지 않을 것이다.

그러나 우리가 이렇게 할 수만 있다면 우리의 세상이 얼마나 아름답고 조화로울까 하는 생각이 든다.

지금부터는 마음을 움직여서 행동으로 옮기는 문제, 즉 인식, 사고, 행동의 문제를 다루어 보자.

인식의 문제

"인식하는 것이 모든 것의 첫 걸음이다."

인식이란 인식의 대상인 세상을 인지(認知)·식별(識別)하고, 기억·사고(思考)하는 작용 및 그 결과를 말한다. 광의로는 인지·식별하고 판단·선택하여 반응하는 것까지 포함하기도 한다. "역사와 개별 주체의 발전은 자극에 대해 반응하는 인식능력에 달려 있다."는 말처럼 인식능력은 중요하다. 인식론은 철학이나 심리학의 주요 분야로 다뤄진다.

세상을 제대로 인식하기 위해서는 내 자신을 아는 것이 우선이다. 내가 누구인지, 나의 존재 가치와 목적은 무엇인지, 나의 지식과 능력은 어떠한지 등 자아 인식력이 중요함은 이미 지적한 바 있다. 인식능력을 높이려면 나 자신과 세상을 바라보는 패러다임이나 사고방식의 전환이 필요하다. 나 자신을 어떻게 보는가? 나의 삶을 무엇이라고 생각하는가? 세상을 어떻게 보는가? 다른 사람을 어떻게 보는가? 신을 어떻게 보는가….

그림에서 보는 것처럼 세상의 모든 상황이나 존재는 사람의 인식과 사고 그리고 행동과정을 통해 이루어지고 그것이 결과를 좌우한다.

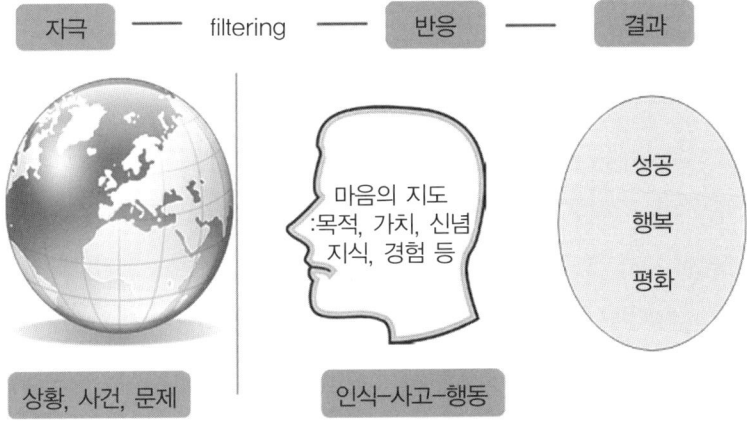

그림 6: 인식-사고-행동의 과정

인식의 문제에 있어 우리는 우선 사물을 어떻게 인식하는가에 대한 다양한 사례를 통해 우리의 인식 능력을 되돌아 볼 필요가 있다.

다음의 그림은 시사만화가 W. E. Hill이 1915년에 그린 '아가씨와 할머니'라는 유명한 그림이다. 이 그림을 보고 있으면 마음에 따라서 나이든 할머니로 보일 수 있다. 매부리코에 입이 좀 심술궂게 생기고 턱이 긴데 연세가 많아서인지 눈이 좀 찌푸려져 있다. 그런데 발상의 전환을 하면 예쁜 아가씨의 옆 뒤 모습으로 보이기도 한다. 긴 속눈썹과 코가 살짝 보이고 예쁜 턱이 있고 목걸이도 보인다. 우리가 어떻게 보느냐에 따라 아름다운 아가씨로 보이기도 하고 노파로도 보인다. 그리고 사실 두 가지가 그리 다르지 않다고도 할 수 있다. 예쁜 아가씨도 늙으면 할머니로 변하지 않는가?

그림 7: 아가씨와 할머니

오른쪽 그림은 네덜란드 화가 에셔(Escher) 의 1960년 목판, '원의 극한(천국과 지옥)' 이다. 이 그림을 보면 마음에 따라서 천사도 볼 수 있고 악마도 볼 수 있다.

우리가 살고 있는 세상을 어떻게 인식하고 받아들일 것인가? 즉, 우리는 감각과 지각능력을 통해 세상을 받아들이며 이것을 통해 세상을 인식한다. 그렇지만 실제 존재하는 세상은 우리가 인식하는 세상과 같지 않을 수 있다. 우리는 있는 그대로를 올바르게 인식하는 능력을 키워야 하며, 마음(감정이나 지각)에 따라 세상을 달리 인식하게 되는 오류를 줄여야 한다.

이와 관련하여 우리가 너무나 잘 아는 원효의 유명한 일화가 있다.

원효가 당나라에 유학 가는 길에 밤이 늦어 부득이 야산에서 노숙을 하게 되었다. 잠을 자다 목이 말라 근처에 있는 물을 꿀물처럼

달게 마시고 다시 잤다. 아침이 되어 깨어 보니 어젯밤에 자신이 마신 물 그릇은 사람의 해골이었고, 시원하게 마셨던 물도 해골에 담긴 빗물이었다는 사실을 알았다. 이에 원효는 세상의 모든 것이 보이는 그대로가 아니라 자신의 마음에 따라 나타나고 변화한다는 일체유심조(一切唯心造)를 깨달았다고 한다.

또한 우리가 어려서 읽었던 어린왕자에 나오는 유명한 그림을 떠올려보자. 어린왕자는 코끼리를 삼킨 보아뱀을 그렸다.(위의 그림) 그리고 어른들에게 그림이 무섭지 않냐고 물어보았다. 어른들은

모자가 뭐가 무섭느냐고 대답한다. 그래서 어른들이 이해하기 쉽도록 보아뱀의 속을 그렸다.(아래 그림)

이제 인식의 문제를 유명한 인상파에서 사례를 찾아보자. 곰브리치 저 『서양미술사』에 보면 인상주의자들의 사례가 있다.

오른쪽 그림은 '모네의 발코니, 1868'라는 유명한 유화다.

지금은 너무나도 자연스럽게 느껴지는 이 그림이, 모네가 이 그림을 그렸던 당시에는 매우 큰 반향을 일으켰다고 한다. 그것도 훌륭한 그림이었다는 평가가 아니라 형편없었다는 평가로서 말이다. 모네가 그린 인물들의 머리는 평면적이다. 그림 속의 오른쪽 여인은 확실한 코도 없이 그려져 있다. 모네의 의도를 이해하지 못하는 당시의 사람들에게는 이러한 처리들이 무지의 소치로 보였을 것이다. 그러나 사실은 야외의 환한 빛에서 보면 둥근 형태들은 때때로 평면적으로 보인다. 모네가 탐색하려 했던 것은 바로 이러한 효과

였다. 그 결과 그의 그림은 그 이전의 그림들보다 훨씬 더 사실적으로 보인다. 모네를 비롯한 인상주의자들은 종래의 어떤 시대의 화가들보다도 더욱 더 의도적으로 윤곽선을 흐릿하게 하는 방향으로 나아가게 되었다. 이를 이해하지 못했던 당시 비평가들의 기사를 보면 아주 흥미롭다. "예술가인 양 하는 작가들은 스스로를 인상주의자들이라고 떠들고 있다. 캔버스 위에 물감을 대강 붓질해서 발라놓고는 거기에 자신들의 이름을 써놓은 것이다. 이런 짓은 정신병자들이 길바닥에서 주운 돌을 다이아몬드라고 우기는 것처럼 웃기는 일이다."

실제로 사람들의 눈에 무엇이 보이는지에 대한 판단을 방해하는 것은 그림은 어떠해야 된다고 알고 있는 기존의 지식이다. 인상주의 그림을 감상할 때 몇 걸음쯤 뒤로 물러서서 보면 혼란스러운 색점들이 갑자기 우리의 눈 앞에서 제자리를 차지하고 생기를 띠게 되는 기적과 같은 기쁨을 맛보게 된다는 사실을 대중들이 알기까지는 어느 정도의 시간이 필요했다. 이러한 기적을 성취하고 화가가 실제로 겪었던 시각적 경험을 관객에게 전달해주는 것이 인상주의자들의 진정한 목표였다.

있는 그대로

결국 바람직한 인식은 '있는 그대로' 인식하는 것이다. 모든 존재현상에 대해 있는 그대로 보고 느끼며 그것에 분별의식을 일으키지 않는 것이다. 모든 분별의 근본이 되는 분별, 다시 말해 다른 분별을 일으키는 원천이 되는 분별은 나 자신과 바깥세상 사이의 분별이다. 달리 말하면 주객의 구분이다. 즉, 자기를 위주로, 나 자신을 '주(主)'로 삼고 바깥세상의 모든 것을 '객(客)'으로 삼는 것이다. 가장 과학적인 학문이라고 하는 물리학에서도 이미 관찰(인식)하는 자와 관찰(인식) 대상의 구분이 무의미하다고 하지 않았는가? 주객의 구분에 따라 우리는 자신의 느낌과 판단을 사물에 덮어씌워 그것이 사물 자체의 속성이라고 철석같이 믿는다. 그렇지만 우리가 사물에 대해 알고 있는 내용은 사물 자체와는 별도로 모두 그렇게 우리가 사물에 덮어씌운 인식일 뿐이다.

이것을 앞서 설명한 유식론에서는 '공(空)'이라고도 표현한다. 흔히 느끼는 인생의 번뇌라는 것도 이처럼 당연히 실체인 듯 여겨져도 어디까지나 우리가 그렇게 여기는 것일 뿐이라는 것이다.

예를 들어 '당신은 무엇으로 사물을 보십니까?'라고 질문을 하면 아마 대부분은 '눈으로 보지요.'라고 대답할 것이다. 맞는 대답이다. 하지만 보다 정확하게는 눈을 통해서 사물을 보는 것이다. 눈을 통해서 얻은 정보를 바탕으로 뇌에서 일어나는 신경학적 양상에 따라 사람마다 다양한 인식 내용이 나타난다. 똑같은 사물이나 상황을 여러 명이 함께 보는 경우에도, 나중에 이 사람들을 따로 불러서 물어보면 제각기 다른 내용을 진술하는 모습을 흔히 볼 수 있다. 이들 가운데 한 사람만 진실을 말하고 다른 사람은 거짓말을 하는 게 아니다. 단지 각자 자기의 경험, 감정, 느낌, 판단 등에 따라 다른 것을 보았을 뿐이다.

물론 선가에서는 이 단계를 넘어서 결국 누가 보느냐가 중요한 화두가 된다고 한다.

여기 당나라 때의 청원유신 선사의 이야기는 참 의미심장하다.

"노승(老僧)이 삼십 년 전 아직 참선(參禪)하지 않았을 때, 산을 보면 산이고, 물을 보면 물이었다. 뒷날 선지식(善知識)을 친견하여, 입처(入處)가 있어, 산을 보니 산이 아니고, 물을 보니 물이 아니었다. 그러나 오늘 휴식처를 얻어, 전과 같이 산을 보면 단지 산이고, 물을 보면 단지 물이다."

그렇게 보면 문제의 초점은 우리의 인식이다. 나 자신은 다른 개체들과 서로 철저히 구별되어 독립된 존재로만 보이지만 사실은 다른 모든 개체들, 나아가 세상 전체에 철저하게 의존하는 존재라는 것이다. 양자역학의 사물의 존재와 인식에서도 비슷하게 설명하고 있다.

가슴에 와 닿는 얘기처럼 들리지만 너무 이상적이라고 느낄 수도 있다. 보통 사람들이 얼마나 열심히 노력해야 그러한 인식수준에 도달할 수 있을 것인가? 물론 이것을 평생 동안 인생의 목적으로 삼고 사는 사람들은 언젠가는 가능할 수도 있을 것이다.

그렇지만 대다수의 사람들이 현실적으로 쉽게 받아들일 수 있는 인식 방안, 즉 긍정적이고 바람직한 방향으로 사고하는 방안들에 대해 이제부터 설명하고자 한다.

사고의 문제

우리는 생각을 통해서 행동을 결정한다. 평소 무의식적으로 하는 행동도 자세히 살펴보면 그 밑바닥에는 생각이 깔려있음을 알 수 있다. 다만, 워낙 자동화되어 쉽게 알아차리지 못할 뿐이다. 생각이 완전히 사라지는 일은 있을 수 없다. 그러므로 수행을 통해서 생각을 완전히 지우려고 하거나 늘 무념무상의 상태를 유지하려는 것은 실제로 불가능하다. 그보다는 생각을 잘 알아차려서 그 힘을 발전시키는 것, 긍정적인 생각을 통해서 우리가 원하는 방향으로 변화를 이루는 것이 바람직하다고 할 수 있다.

그렇다. 긍정적인 반응이나 부정적 반응, 스트레스적 반응이나 비스트레스적 반응을 일으키는 것은 우리에게 무슨 일이 일어나느냐가 아니라, 우리에게 일어나는 일에 대해 우리가 어떻게 생각하느냐에 달려 있다. 그리고 어떻게 생각하느냐는 우리의 결정이고 우리의 책임이다. 스트레스 연구의 선구자이며 스트레스라는 용어를 만든 한스 셀리는 스트레스를 '내적 혹은 외적 자극에 대한 모든 비구체적인 반응'이라고 했다.

중요한 것은 '반응'이다. 스트레스는 우리에게 일어나는 일에서 비롯되는 것이 아니라 그 일에 대한 우리의 반응에서 나오는 것이다. 같은 상황에 대해 우리는 스트레스적인 반응을 보일 수도 있고 그렇지 않은 반응을 보일 수도 있다. 선택은 우리의 몫이다.

예를 들어 두 사람이 출근길에 교통이 막혀서 길에서 꼼짝도 못하고 있다고 하자. 한 사람은 조바심을 내고 화를 내는데 다른 사람은 차분하고 여유가 있다. 같은 상황인데도 서로 다른 반응을 보이고 있다. 스트레스를 일으키는 것은 반응이지 상황이 아니다. 혹은 같은 사람이 월요일에는 화를 내는데 금요일에는 화를 내지 않을 수 있다. 같은 사람인데도 같은 상황에서 전혀 다른 반응을 보일 수 있다. 선택권은 우리에게 있다.

우리가 변화하고자 할 때 필요한 것은 바로 지금 당장 변할 수 있다는 신념이다. 우리는 모두 본능적으로 변화를 두려워하고 피한다. 세상이 그대로 머물러 있기를 바라면서 동시에 더 나아지기를 바란다. 즉 양립 불가능한 바램을 갖는 것이다. 잘 알다시피 세상의 모든 성장과 발전, 진보는 변화 없이는 이루어지지 않는다.

변화는 피할 수 없다. 그리스의 철학자 헤라클레이토스는 일찍이 이를 간파하고 "만물은 유전(流轉)한다."고 말했다. 그렇다. 세상에 변하지 않는 진리는 세상은 변한다는 것이다. 세상 모든 것이 변한다면, 우리의 생각도 변화시킬 수 있는 것이다.

긍정적인 태도

우리의 마음은 동일한 존재현상에 대해 긍정적으로 볼 수도 있고, 부정적으로 볼 수도 있다. 따라서 가능한 긍정적인 방식으로 인식할 수 있도록 노력해야 하며, 그렇게 인식하는 데 도움이 되는 방법이 있다면 적극적으로 활용해야 한다.

그런데 어떻게 하면 부정적인 생각을 하지 않고 긍정적인 생각을 할 수 있을까? 내 마음이 어디 내 마음대로 잘 움직여주나?

사람들은 과연 하루에 얼마나 많이 생각을 할까? 우리말에 '오만 가지 생각이 다 난다.' 라는 표현이 있다. 하루에 오만 가지 생각을 하려면 한 시간에 약 2천 가지, 일 분에 약 34가지, 2초에 한번 꼴로 생각이 난다는 것이다. 조금 과한 측면도 없지 않지만 실제 눈을 감고 5분간 가만히 있어 보자. 정말 엄청나게 많은 생각들이 꼬리에 꼬리를 물면서 나타났다 사라지곤 한다. 그런데 문제는 그 많은 생각들 중의 상당수가 부정적인 생각들이며 긍정적인 생각들은 얼마 되지 않는다는 것이다. 이러한 부정적인 생각들이 얼마나 많은 괴로움을 재생산하고 그 결과 우리의 삶이 영향을 받게 되는지는 굳이 설명할 필요조차도 없을 것이다. 그렇다면 어떻게 우리의 생각들, 마음을 조절할 수 있는 것인가?

여기 자기가 하는 일의 의미를 어떻게 긍정적으로 생각하는지에 대한 좋은 사례가 있다.

한 사람의 여행객이 어떤 길에 도착하여, 3명의 벽돌장이를 만났다.

여행객은 3명에게 '지금 뭐하고 계십니까?' 하고 물어 보았다.

첫 번째 사람은 무뚝뚝하게 이렇게 대답했다.

"보시는 대로, 벽돌을 쌓고 있습니다."

두 번째 사람은 작업을 하면서, 담담하게 대답했다.

"벽돌을 쌓아서 벽을 만들고 있지요."

그리고, 마지막 사람은 생기 있는 표정으로 이렇게 대답했다.

"저는, 벽돌을 쌓아서 벽을 만들고, 그리고 그것은 결국 대성당이 될 것입니다. 내년 봄에는 반드시 아이들의 웃음 소리와 찬송가가 들리게 되겠지요. 저의 아이들이 자라면, 이 교회를 보여 주기 위해 지금 열심히 벽돌을 쌓고 있지요."

또 다른 사례가 있다. 환경미화원이 자신이 하는 일을 단순히 생계를 위한 수단이라고만 생각한다면 자신이 하는 일이 하찮고 힘들게만 느껴질 것이다. 그러나 자신이 하는 일이 거리를 깨끗하게 만들고 이로 인해 사람들에게 즐거움을 주고 나아가 사람들의 건강을 지키는 소중한 일이라고 생각한다면 그는 사명감을 가지고 즐겁게 일할 수 있을 것이다.

보험 설계사의 경우도 실직을 올리기 위해 다른 사람에게 보험가입을 권유해야만 하는 일로 인식한다면 스스로를 다른 사람들에게 부담스러운 존재라고 느끼게 될 것이다. 그렇지만 보험을 통하여 다른 사람을 재난으로부터 지켜주는 일을 한다고 생각한다면 그야말로 사명감을 가지고 보험업무를 할 것이다. 그래서 보험 계약을 체결하고 나면 "보험계약을 체결해 줘서 고맙습니다." 라는 인사 대신에 "당신이 보험 가입을 통해 미래의 재난에 대비할 수 있게 된 것을 축하합니다." 라고 인사하게 되는 것이다.

이와 같이 우리가 어떻게 생각하느냐에 따라 우리의 일은 전혀 다른 양상으로 발전하게 된다.

이 대목에서 톰소여의 모험 중 톰이 울타리에 페인트 칠을 하면서 친구들에게 재미있다고 떠넘기는 장면이 생각난다. 톰이 토요일에 울타리를 칠하는데 친구 벤이 와서 주말에 일을 해야 한다고 놀린다. 그러자 톰은 "이건 일이 아니야, 내가 좋아서 하는 거야." 라고 말한다. 그러면서 얼굴에는 행복한 웃음을 지었다. 그러자 벤이 "나도 페인트 칠을 하게 해줘." 라고 부탁한다. 그러나 톰은 울타리 칠은 어려운 일이기 때문에 안 된다고 거절한다. 이번에는 벤이 손에 쥐고 있던 사과를 건네면서 페인트 칠을 하게 해 달라고 부탁한다. 톰은 잠시 고민하는 표정을 지은 뒤 마지못해 승낙한다. 그 후 다른 친구들도 울타리를 칠하기 위해 톰에게 선물을 줘야 했다.

우리가 즐겁게 일한다면 이렇게 변하게 된다. 현재 하는 일이 즐겁지 않다면 긍정적인 측면에 집중해서 즐거운 점을 찾아보자.

긍정적인 사고를 하기 위해 필요한 두 가지 질문을 스스로에게 해보자. 사실 이 질문은 어떤 상황에서도 적용될 수 있으며, 저자들도 이 질문을 자주 사용해 그 효과를 톡톡히 보고 있다.

• 이 상황의 긍정적인 측면은 무엇인가?
• 이것을 기회로 활용하기 위해 어떻게 해야 하나?

우리가 안 좋은 일이 생겼을 때 부정적인 측면을 생각하면 한이 없다. 그렇지만 아무리 안 좋은 일이라도 긍정적인 측면이 있기 마련이다. 부정적인 측면의 생각은 잠시 중단하고 긍정적인 측면에 집중해 보자. 그리고 그런 긍정적인 측면을 기회로 활용하기 위해서는 어떻게 해야 하는지 생각해 보자. 그렇게 되면 우리가 흔히 말하는 '위기가 바로 기회다.' 라는 격언의 의미를 제대로 이해하게 될 것이다.

채널 바꾸기

흔히 웃음은 최고의 보약이라고 한다. 이것은 누구나 알고 있는 상식이다. 15초의 박장대소가 100m 달리기의 효과와 동일하다는 연구결과도 있다. 웃을 일이 없는 상태인데도 그냥 웃어버리면 우리의 뇌는 엔돌핀이나 세라토닌 같은 긍정적인 호르몬을 분비한다. 상상과 현실을 제대로 구분하지 못하는 뇌가 취하는 행동이지만, 어쩌면 이것은 신이 인간에게 내린 최고의 축복일지도 모른다.

정말로 웃을 만한 일이 있을 때 웃는 것은 누구나 다 할 수 있다. 그러나 보통 사람들은 웃을 상태가 아니면 뇌의 생각대로, 뇌의 상황대로 철저히 뇌에 순종하고 만다. '현재 나의 뇌는 별로 기쁘게 하는 것도, 웃을 만한 일도 없다. 뿐만 아니라, 현재 뇌 상태대로 살면 별 희망도 없다.' 이런 상태가 계속되면 육체의 건강도 나빠지게 된다. 왜냐하면, 뇌는 척수를 통해 몸의 모든 것과 연결되어 있어 몸의 상태를 고스란히 반영하기 때문이다.

웃을 일이 있어야만 웃는 사람은 뇌를 제대로 운영하지 못하는 사람이고 수동적인 사람이다. 뇌를 잘 운영하는 사람은 금세 자신의 상태를 변화시킨다. 부정적인 감정에 빠져 있는 자신을 발견하면 한바탕 그냥 웃어버린다. 웃을 때는 항상 똑같은 호르몬이 분비되기 때문에 웃고 나면 기분이 좋아진다. 그때 변화된 뇌의 상태를 갖고 새로운 행동을 취하는 것이다. 뇌에 순종하는 것이 아니라 뇌를 운영하는 것이다. 뇌의 주인은 다름 아닌 바로 '나'이기 때문이다.

때로는 우리의 감정상태가 현실을 인지하는 방법과 그에 따른 판단과 행동을 결정한다. 다시 말해서 우리의 행위가 우리 능력의 결과가 아니라 그 순간 우리의 감정상태가 만든 결과라는 것이다. 그렇다면 어떻게 자신의 감정상태를 바꿀 수 있을까?

감정상태를 마치 TV 채널을 바꾸는 것처럼 생각해 보자. 자신의 감정상태가 원하는 상태가 아니라면 보고 싶지 않은 채널을 바꾸듯이 그냥 바꾸면 된다. 예전에 중학생인 딸아이와 얘기를 한 적이 있었다. 그날은 왠지 딸아이가 기운이 너무 없어 보였다. 나는 무슨 일이 있느냐고 물어보았다. 사실은 우울증으로 고생하고 있는 후배가 전화를 걸어와 딸아이가 좋지 않은 일을 당하는 꿈을 꾸었다고 말했다는 것이었다. 그 말을 듣고는 딸아이는 상당히 기분도 안 좋았고 일종의 두

려움도 느끼고 있었다. 나는 즉시 딸아이가 좋아하는 TV 채널 번호를 물어보았다. 딸아이는 채널 6번, 9번, 13번 등을 좋아했다.

채널 6번은 가장 좋았던 추억을 떠 올리는 채널로 정해주었다. 채널 9번은 현재 가장 소망하는 목표를 달성했을 때의 기분을 느끼는 채널로, 채널 13번은 평소 고마움을 느끼는 분들과 대상에 대해 고마움을 느끼는 채널로 정해주었다. 그리고 현재 느끼는 부정적인 감정을 없애기 위해 그 감정을 더 이상 생각하지 말고 그냥 채널 6번, 9번, 13번 등 보고 싶은 채널로 돌리라고 말했다. 보고 싶은 채널을 잘 보고 있으면 보기 싫은 채널은 생각나지 않는다. 그리고 그냥 자연스럽게 지나가 버린다. 아무렇지도 않게 흘려보낼 수 있는 것이다. 딸아이는 금방 기분이 좋아졌다. 그리고 내게 아래의 그림을 그려 주었다. 내가 보기에도 아주 훌륭한 그림이었다.

이후 나와 딸아이는 이 방법을 '채널 바꾸기'로 부르고 있다.

채널 바꾸기는 누구나 즉시 할 수 있는 방법이지만 그 효과를 지속시키는 힘이 약해서 습관화할 필요가 있다. 왜냐하면 채널 바꾸기를 해야 할 상황인데 채널을 바꿔야 한다는 생각이 나지 않을 수가 있다. 너무 당황했거나 놀라서 미처 채널 바꾸기 생각이 나지 않았기 때문일 것이다. 이런 상황을 극복하기 위해서 평소 채널 바꾸기를 습관화할 필요가 있는 것이다.

채널 바꾸기가 이렇게 쉽게 사용할 수 있는 좋은 방법이지만 근본적으로 부정적인 생각 자체를 없애지는 못한다. 즉, 채널 바꾸기를 해도 원래의 좋지 않은 생각들이 다시 떠오를 수 있기 때문이다. 그렇지만 채널 바꾸기를 한 이후에 다시 떠오르는 원래의 부정적인 생각들은 이미 긍정적인 생각들을 충분히 한 이후이기 때문에 혹시 다시 떠오른다 해도 원래의 강도보다는 훨씬 더 약해지기 마련이다.

　부정적인 생각들이 떠오를 때마다 채널 바꾸기를 해 보자. 특히, '고마움 채널'은 그 어떤 채널보다도 효과가 크고 저자도 매일 애용하는 채널이다. '고마움 채널'로 생각을 고정시키면 마음이 편안해지고 기쁨이 솟아나게 된다. 고마움 채널 안에서 내가 존재하는 것에 대한 고마움, 살아 숨쉬고 있다는 것에 대한 고마움, 함께 할 가족이 있다는 것에 대한 고마움, 보수가 많든 적든 일 할 곳이 있다는 것에 대한 고마움 등 너무 당연한 것 같지만 소중한 것들에 대한 고마움을 느껴보자. 마음이 정말 따뜻해지고 겸허해지는 것을 느낄 수 있게 된다.

　학창시절 맹자의 3락(樂)에 대해 배운 적이 있다. '군자에게는 세 가지 즐거움이 있는데 천하에 왕노릇하는 것은 거기에 들어 있지 않다. 부모가 살아계시고 형제들이 아무 탈 없이 무사한 것이 첫 번째 즐거움이고, 하늘을 우러러 보아 부끄럽지 않고 사람들에게 부끄럽지 않은 것이 두 번째 즐거움이며, 천하의 뛰어난 인재를 얻어 교육하는 것이 세 번째 즐거움이다.' 사실 학창시절에는 맹자의 3락, 특히 첫 번째 즐거움이 잘 이해되지 않았다. 맹자는 왜 이렇게 사소하고 당연한 것에 대해 인생의 첫 번째 즐거움이라고 했을까? 세월이 흘러 세상을 다시 보니 맹자는 정말 훌륭한 분이었구나 하는 생각이 저절로 든다. 우리가 사소하다고 생각하는 것, 당연하다고 생각하는 것에 대해 고마워하는 것이 인생의 즐거움, 즉 행복을 느끼는 지름길이라는 것을 맹자는 설명하고자 했던 것이라는 생각이 든다.

바라보기

'채널 바꾸기'가 익숙해졌다고 느껴지면, '채널 바꾸기'보다 더 사용하기 편하고 효과도 지속적인 방법인 '바라보기'를 사용할 수 있다. 바라보기는 채널 바꾸기보다 강력한 방법이지만 우리 몸에 배게 하기 위해서는 꾸준한 연습이 필요하다.

'바라보기'는 마음 챙김과 알아차림이라고도 말하는 방법이다. 즉, 바로 지금 여기에서 순간순간의 현상들을 포착하여 놓치지 않고 명료하게 알아차리는 것이다. 예를 들어 대인관계에서 의견충돌로 화가 치밀어 오를 때, 대부분의 사람들은 순식간에 성냄의 노예가 되어버린다. 이 때 화가 일어나면 화라는 것을 알아차리면 된다. 알아차리게 되면 생겨난 화가 어떻게 변화해 가는지 스스로 알게 될 것이다. 습관화가 되지 않은 경우에는 알아차려도 다루는 법에 익숙하지 못하므로 순간적으로 몰려오는 성냄의 불길에 휩싸이게 된다. 하지만 바라보기의 힘을 어느 정도 갖추게 되면 성내는 순간 알아차릴 수 있게 되고, 그렇게 되면 성냄의 세력은 약해져 마침내 사라지게 되는 것이다.

바라보기를 습관화하기 위해서는 처음에는 자기의 호흡을 바라보는 것에서부터 시작하는 것이 쉽다고 한다. 바닥이나 의자에 편하게 앉되 척추를 기대지 않고 앉는다. 심호흡을 통해 몸의 긴장을 풀고 나서 가슴이 아니라 배로 천천히 호흡하면서 자신의 들숨과 날숨을 바라본다.

처음 하는 사람들은 들숨과 날숨마다,

"지금(들숨), 이 순간(날숨), 행복한(들숨), 순간(날숨)"

혹은 "지금(들숨), 여기(날숨), 바라(들숨), 보기(날숨)"

를 속으로 새기면서 하면 더 쉽다.

매일 일정 시간을 이렇게 연습하다 보면 자신의 호흡을 바라보는 것이 익숙해지게 된다. 다음은 자신 안에서 일어나는 생각들을 마치 제3자가 바라보는 것처럼, 영화를 보듯이 보는 훈련을 한다. 이것이 습관이 되면 부정적인 생각들을 조절하는 데에도 큰 도움이 된다. 즉, 부정적인 생각이 떠오르면 그 생각들을 즉시 알아보고 바라볼 수 있게 된다. 그러면 그 생각들은 더 이상 꼬리에 꼬리를 물고 생기는 것이 아니라 그냥 흘러가서 없어지게 된다. 물론 많은 연습이 필요하다.

바라보기가 어느 정도 습관이 되었는지 확인해 보기 위해서는 오만 가지 생각이 얼마나 줄어드는지 스스로 확인해볼 수 있다. 즉 5분간 아무 생각 없이 있어보자. 평소 같으면 상당히 많은 생각(1분에 30가지면 5분이면 150가지 생각)이 들 것이다. 그렇지만 일어나는 생각을 마치 제3자가 바라보는 것처럼 바라보고 있으면 일어나는 생각이 금세 스스로 사라지게 되어 일어나는 생각 자체가 확실히 줄어들게 됨을 느끼게 될 것이다. 오랜 정진을 통해 이것이 몸에 익으면 미세한 생각들조차 즉시 알아차릴 수 있게 된다고 한다. 저자는 아직 미세한 생각까지 즉시 알아차리는 단계는 아니지만, 스스로 판단하건대 일어나는 생각들의 많은 부분을 알아차릴 수 있는 단계인 것 같다. 이 정도의 수준은 누구나 쉽게 도달할 수 있다고 본다.

참고로 이 분야에 관심이 많은 분들을 위해서 바라보기보다 더 빠르고 효과가 큰 접근방법이 있다는 것도 알려주고 싶은데, 화두를 근거로 수행하는 참선법인 간화선이 바로 그것이다.

행동의 문제

행동의 문제는 크게 보면 인식, 사고, 행동으로 이어지는 문제이다. 그리고 쉽게 얘기하면 결국 생각, 감정, 욕구의 문제이다. 사실, 생각을 행동으로 바로 옮기기란 쉽지 않다. 특히, 책이나 다른 사람으로부터 들은 이야기에 의해 키워진 생각을 행동으로 옮기기는 더욱 더 어렵다. 의지가 아주 강한 사람이면 몰라도 대부분은 작심삼일로 끝나는 경우가 많다. 생각은 주로 뇌의 바깥 부분인 대뇌피질에서 일어나는 반면 행동을 지배하는 것은 뇌의 안쪽에 있으며 주로 감정과 욕구를 다스린다고 한다.

따라서 머릿속에는 좋은 생각이 맴돌지만 마음에는 욕심이나 두려움, 게으름이 가득해서 행동으로 옮겨지는 것이 방해된다. 이 경우 단순한 표피의 생각은 힘이 없지만, 마음 깊은 곳에 뿌리 내린 생각은 행동으로 옮겨지는 힘이 있다. 즉, 마음 깊은 곳에서 생각, 감정, 욕구들이 정리되고 나면 정리된 생각들은 행동으로 쉽게 옮겨질 수 있다.

살면서 무언가에 관심의 초점을 계속 맞추게 되면, 그것이 무엇이든 얻게 된다는 사실을 우리는 알고 있다. 좋아하는 것이든 싫어하는 것이든 우리가 계속 신경을 쓰면 바로 그것을 더 많이 얻게 된다. 따라서 변화를 창조하는 첫 단계는 자신이 진정으로 추구하는 것이 무엇인지 찾아내는 것이다. 추구하는 것이 구체적일수록, 더욱 빠르고 명확하게 성취할 수 있는 힘을 더 많이 갖게 된다. 지금 당장 변화할 수 있는 강력한 방법은 그 감정이 너무 강렬해서 변화하지 않고는 못 배길 정도로 '해야 한다.'는 강력한 동기를 부여하는 것이다. 즉, 버리고 싶은 행동은 즉시 참을 수 없는 고통과 연결하고, 새로운 행동은 엄청날 정도의 크나큰 즐거움과 연결하는 것이다. 새로운 행동이 가져올 즐거움을 질문을 통해서 연결시킬 수 있다.

- 만일 변한다면 어떤 느낌이 들까?
- 그렇게 된다면 내 인생에서 어떤 계기를 마련하게 될까?
- 지금 당장 변한다면 가족과 친구들이 어떻게 생각할까?
- 나는 지금보다 얼마나 더 큰 행복을 느끼게 될까?

중요한 것은 이 질문들을 통해서 지금 당장 행동의 변화가 일어나야 하는 이유를 파악하는 것이다. 그리고 행동의 변화를 이룬 후 변화가 장기적으로 지속할 수 있도록 하기 위해 이 과정을 반복하는 것이다. 반복해서 연습하게 되면 우리의 뇌는 새로운 신경연상 회로를 형성하게 된다. 이런 상태를 충분히 더 많이 반복하다 보면 습관적인 행동으로 자리잡게 될 것이다.

감정의 주인이 되기

행동의 변화를 일으키기 위해서는 감정을 잘 다스려야 하는 경우가 많다. 돌이켜 보면 역사의 발전과 더불어 생각은 계속 확장되고 축적되어 왔다. 그렇지만 기쁨, 슬픔, 사랑, 미움, 두려움, 분노 등 기본적인 감정은 고대인이나 현대인이나 별 차이가 없는 것 같다. 이렇게 종류도 별로 많지 않은 감정이 마음대로 잘 다스려지지 않는다.

우리 사회는 이성이나 사고력, 지식을 중요시한 나머지 감정을 소홀히 다루는 경향이 있다. 특히, 마음의 감기라고 표현하는 우울증의 경우, 감정 문제는 스스로 해결해야 한다고 생각하고 병원에 가는 것을 꺼린다. 그렇지만 감정의 병, 마음의 병도 치료를 받아야 한다. 그리고 우울증까지는 아니더라도 감정을 다스리는 방법을 우리는 배울 수 있다.

앞서 '고마움 채널'에 대해 언급했다. 존재하는 것 자체에 대한 고마움은 존재하는 것 자체에서 우러나오는 기쁨으로 연결될 수 있다. 고마움 느끼기를 통해서 또는 바라보기를 통해서 우리는 존재의 기쁨을 느낄 수 있다. 꼭 성취를 통해서만 혹은 본능적 욕구의 충족을 통해서만 기쁨을 느낄 수 있는 것이 아니다. 멀리서 들려오는 새소리에서, 아장아장 걷는 아기의 모습에서, 황홀한 저녁노을에서, 푸른 가을 하늘에서 우리는 존재의 기쁨을 느낄 수 있고 그 능력을 키워 나갈 수 있다.

슬픔의 감정을 잘 못 느끼는 사람은 기쁨을 느끼는 데도 어색해한다고 한다. 한쪽의 감정을 억압하면, 다른 쪽의 감정도 억압되는 것이다. 특히, 한국 남자의 경우 눈물은 나약함의 상징이다. 아무리 힘들어도 눈물을 보이지 않으려고 애쓴다. 그렇지만 힘들고 슬픈 일이 있을 때 너무 오래 참지 않는 것이 좋다고 한다. 슬플 때는 슬퍼하고 가까운 사람에게 위로 받고 눈물을 흘리는 것이 좋다.

화도 자연스러운 감정의 일부분이다. 우리가 경계하는 것은 화를 스스로 주체할 수 없게 되어 본인과 다른 사람에게 상처를 주는 것이다. 그렇지만 화를 무조건 참는 것도 올바른 방법이 아니다. 우리는 화를 참기만 해서 발생하는 화병이 무엇인지 잘 알고 있지 않은가? 평소 화가 잘 통제되지 않아 함부로 화를 내는 사람, 참기는 참지만 엉뚱한 데 화풀이를 하는 사람들은 우선 마음 수양을 통해서 화를 가라앉히는 방법을 배워야 한다. 화가 불쑥 치밀어 오를 때는 우선 심호흡을 통해 가라앉히고 급한 불부터 꺼야 한다. 앞서 설명한 바라보기가 어느 정도 내공이 쌓이면 화가 나는 순간에도 자신의 호흡과 몸의 느낌을 읽을 수 있게 된다. 즉, 화를 내면서도 판단력이 흐려지지 않고 점차 화에서 자유로워진다.

욕망을 멋지게 성취하기

인간의 욕망은 결코 부정하거나 버려야 할 것이 아니다. 아주 저급한 생명체로부터 고도로 발달한 생명체에 이르기까지 모든 생명체는 욕망을 추구한다. 욕망은 모든 생명체의 삶의 원동력이다. 그리고 사실 자연계가 유지되는 원동력은 바로 욕망이라고 할 수 있다. 우리가 사는 자본주의 체제 안에서는 더 말할 나위도 없다. 그러므로 욕망 그 자체가 추한 것은 아니다. 단지 그것이 전체와의 조화를 이루지 못할 때 추하게 보이는 것이다. 이런 맥락에서 어느 영적 지도자는 2008년 발생한 금융위기는 사람들의 지나친 탐욕에 대한 경고라고 했다.

우리는 흔히 욕망을 너무 추구하여 욕망의 노예가 되거나 혹은 지나치게 억누르는 양 끝에 있기 쉽다. 즉, 눈앞에 보이는 물질적 욕망에만 허덕이며 살아가는 것도 한쪽으로 치우친 것이지만, 초월의 세계를 얻고자 금욕적인 삶을 추구하는 것 또한 한쪽으로 치우친 것이라고 할 수 있다.

우리는 흔히 욕망을 버리면 완전히 초월할 수 있다고 생각하지만 욕망이란 그것을 이루고 난 뒤에야 내려놓을 수 있다. 무조건 버리는 방법으로는 뿌리를 자를 수 없는 것이다. 이솝 우화에 나오는 여우는 포도가 자신의 손에 닿지 않자 "저 포도는 실 거야."라고 중얼거리면서 돌아섰다. 과연 여우는 포도에 대한 미련을 버렸을까?

그렇다면 어떻게 해야 욕망을 제대로 조화롭게 충족시킬 수 있을까? 이를 위해서는 우선 욕망의 속성을 제대로 파악해야 한다. 욕망 속에는 우주의 섭리를 따르는 자연스러운 부분이 있는가 하면 무지와 탐욕으로 인해 부풀려진 부분도 많다.

식욕을 예로 들어 보자. 식욕은 생명체가 자신의 생명을 유지하는 데 필수적이다. 적당량의 음식을 몸에 맞게 잘 먹는 것은 욕망을 자연스럽게 충족시키는 것이다. 그러나 입맛의 즐거움만을 위해 자극적이고 탐욕적인 음식을 추구하는 것은 부풀려진 욕망이다. 성욕도 마찬가지다. 성욕은 생명체의 자기 복제를 위해 필수적이다. 사랑하는 사람 간에 사랑을 확인하는 성욕은 자연스러운 것이다. 그러나 섹스 그 자체만을 추구하는 것은 부풀려진 욕망이다. 부풀린 욕망을 추구하는 것의 종말이 어떠한지는 굳이 설명할 필요가 없다.

욕망의 수준은 의식의 수준에 따라 다양하다. 의식이 성숙될수록 욕망은 더욱 다양해지고 세련되어진다. 욕망 가운데는 내면의 바람만으로 이루어지지 않고 다른 사람들과의 관계 속에서 이루어지는 것들이 있다. 재물욕, 권력욕, 명예욕 등과 같은 사회적 욕망들이 바로 그러한 것들이다. 이러한 욕망을 충족시키는 것이 바로 다름 아닌 성취라는 주제다. 결국 사회적 욕망들을 어떻게 제대로 성취할 수 있을까가 중요한 문제이다.

욕망의 성취를 위해 무리한 목표를 세우고 버둥거리는 것이나 무조건 기대치를 낮추는 것 둘 다 극단적인 방법이다. 전자는 거문고의 줄을 너무 세게 조인 것이고, 후자는 너무 느슨하게 풀어놓은 것이다. 거문고는 적절한 장력을 유지하고 있을 때, 가장 아름다운 소리를 낸다. 지금 우리 인생의 줄은 어떤 소리를 내고 있는가?

이를 알기 위해서는 우선적으로 자기를 제대로 알아야 하고 아울러 세상을 제대로 알아야 한다.

이와 관련하여 "사람은 자신의 마음속을 들여다볼 때 비로소 시야가 트인다. 밖을 보면 꿈을 꾸게 되지만, 안을 보면 깨어나게 될 것이다."라는 융의 말은 의미심장하다.

자신의 욕망을 제대로 파악하고 아울러 올바르게 파악된 자신의 사회적 욕망을 제대로 성취하기 위해서는 행동과 연결시켜야만 한다. 그것도 열정과 용기를 갖고 전략적으로 행동하도록 연결되어야만 한다.

마음의 변화를 통한 삶의 변화

잠시 눈을 감고 우리의 존재와 삶의 모습을 살펴보자.

우리를 둘러싼 세상은 더욱 빠르게 변화하고, 무한경쟁이 펼쳐지며, 불확실성으로 가득하다. 마치 세상은 온통 부족한 것 투성이고, 사람의 가치는 오로지 가진 것에 의해 평가되는 듯하다. 이러한 세상에서 우리의 삶도 결핍의식에 빠져 더 많이, 더 빨리, 더 높이 쌓느라 여념이 없지는 않는가? 우리의 삶은 돈, 지식, 명예 등 물질에만 치우쳐 내면은 삶의 의미와 목적 없이 방황하고 불안하며 우울과 스트레스 등으로 힘겹지는 않은가? 과연 우리가 살아가기에 물질이 그토록 부족한가? 이러한 물질에 대한 지나친 집착이 마음의 평화와 행복에 장애가 된다고 생각지는 않는가? 그렇다면 우리의 현재의 삶과 존재방식을 다르게 바라볼 필요를 느끼지는 않는가? 지금까지 맹목적으로 추구해온 것들과는 다른 성공과 행복의 근거를 찾을 수는 없을까?

노자의 도덕경 48장은 이렇게 말하고 있다. "학문은 하루하루 쌓아가는 것이고 도는 하루하루 덜어내는 것이다(爲學日益 爲道日損)." 학문이 정보와 지식의 축적에 관한 것이라면 도는 지혜에 관한 것이라 할 수 있다. 마음의 본성에는 관심조차 없고 돈과 명예에만 얽매이면 결코 제대로 사는 삶이 아니다. 인생이란 생존의 수단과 방법을 위해 무언가를 더해가는 과정과 내면에 자리한 존재의 본질을 찾아 이를 뿌리로 삼아 살아가는 여정의 균형이 중요하지 않을까?

저자는 어느 정도 안정된 삶을 살고 있지만 힘겨운 상황은 늘 찾아 왔고 앞으로도 그럴 것이라고 생각한다. 특히 현대의 삶은 고통과 문제의 연속이고 그것을 어떻게 받아들이고 극복하느냐에 따라 삶의 질이 좌우된다. 저자는 누구든 아무리 어려운 상황에 처하더라도 마음속에 해결책이 있음을 인식하고 생각을 바꾸고 실천하면 삶이 변화한다는 확신을 공유하고 싶다.

어려운 상황을 겪으면서 내가 배운 깨달음의 과정을 소개해보겠다.

나이 40세에 위암 선고를 받은 나는 죽을지도 모른다는 두려움과 절망감, 남겨질 가족에 대한 걱정과 죄책감을 벗어나기가 정말 어려웠다. 캄캄한 동굴에 혼자 갇힌 느낌이었다. 왜 이런 동굴이 있는지, 왜 내가 이런 동굴에 갇히게 되었는지, 누가 나를 동굴에 빠뜨렸는지 불만과 두려움 그리고 자책감이 꼬리를 물고 일어나며

나를 괴롭혔고 나 자신을 가치 없는 존재로 만들었다. 한참의 방황 후에야 내면의 소리가 들려오기 시작했다. 나 자신이나 남을 탓하면서 주어진 시간을 불안과 불행 속에 낭비할 것인가? 아니면 동굴에 갇힌 이상 벗어날 길을 찾을 것인가? 내면의 답은 명백했다. 어두운 동굴 속에서 출구를 찾으려면 어둠 속에서 헤맬 것이 아니라 희망을 갖고 빛을 찾아야 한다는 것이었다.

그렇다면 어떻게 해야 동굴에서 벗어날 수 있을까? 그 답은 "그 어느 곳도, 그 누구도 아닌 내 마음속에 있다. 내 마음에게 물어봐."였다.

그리하여 먼저 명상(마음수련)을 시작했다.

첫 번째 질문은 '내게 닥친 이 상황이 내게 주는 의미는 무엇일까?' '나는 제대로 살고 있는가?' '나는 앞으로 어떻게 살 것인가?' 즉 삶의 방법에 관한 것이었다.

"내게 닥친 이 상황은 그 누구의 잘못도 아닌 만물이 변화하고 순환하는 하나의 과정일 뿐이야. 그리고 폭풍우처럼 곧 지나갈 것이고 다시 밝은 날이 올 거야. 그러니 있는 그대로 받아들이자. 내게 일어난 이 상황은 결국 내가 불러들인 것이라고 볼 수밖에 없다. 내가 자신의 본성을 외면하고 일이나 남의 인정 등에 치우쳐 크게 균형을 잃었기 때문이야. 그렇다면 생각을 바꾸고 삶을 바꾸라는 신의 계시가 아닐까? 신이 내게 역경과 시련을 주신 것은 이러한 경험을 통하여 변화와 성장 그리고 깨달음을 주고자 한 것은 아닐까?' 하는 생각에 이르렀다.

그 다음은 보다 깊이 있고 근본적인 존재의 본질에 관한 질문으로 이어졌다. '나는 누구인가?' ' 내게 중요한 것은 무엇인가?' '나는 어디에 있으며 어디로 가는가?' '삶의 의미와 목적은 무엇인가?' 이러한 질문과 명상의 힘은 대단했다. 질문의 답을 제대로 찾기에는 턱없이 미흡하지만 이러한 질문과 명상만으로도 삶은 달라지기 시작했다.

'모든 것에는 근원이 존재한다. 그것을 신이라 하든, 창조주라 하든, 우주의 지성이라 하든.(나는 그것을 종교적이 아닌 보통사람이 믿는 절대자 '신'이라 부르고 싶다.)

신은 그 언제나 모든 곳에 존재한다. 신이 창조한 세상은 하나로 연결되어 있다. 나에게도 마음 깊은 곳에 신이 깃들어 있다. 그래서 나는 신의 본성인 무한한 가능성, 지혜, 사랑 그리고 평화 등을 내면에 지니고 있다고 믿는다. 또한 나에게 일어난 모든 상황은 신에서 비롯되었고 그 이후의 상황도 신이 그 해결책을 갖고 있을 것이라고 확신한다.

나는 이제 삶에서 어려운 문제에 맞닥뜨릴 때에는 있는 그대로 받아들이고 '신이라면 어떻게 할까?'라고 물어보고 신이 나를 인도하는 대로 따르고자 노력한다. 내가 할 일이란 내 마음의 본성이 곧 신의 본성임을 깨닫고 그 본성에 따라 생각하고 행동하는 것이다. 그러면 우주의 힘과 연결을 통하여 내가 소망하는 대로 이루어지도록 신이 도와줄 것이다.

오늘도 내 마음속에 존재하는 무한한 가능성과 지혜와 사랑인 '신성'을 표현하기 위해서 나는 무엇을 생각하고 행동할 것인가?

나는 이러한 깨달음을 마음속에 깊이 담고 생활에 적용하려고 노력하고 있다. 이러한 나의 노력으로 나의 삶은 몰라보게 나아지고 있다. 헤어날 길 없었던 내게 길을 제시해 주었고 내 삶에 많은 긍정적인 변화와 마음의 평화와 행복을 가져다주고 있다. 다른 사람들의 나에 대한 평가나 인정은 잘은 몰라도 적어도 내가 아는 내 자신은 크게 달라지고 있으며 앞으로도 더욱 그러할 것이다.

다시 생각해보면 이것은 너무나 당연한 결과가 아닌가 싶다.

우리 자신의 존재와 삶을 결정하는 것은 환경도, 가진 소유물도 아닌 우리 자신의 마음 상태임이 분명하다. "우리는 스스로 인식하는 만큼 위대해질 수 있으나 많은 사람들이 자기 존재의 가치를 제대로 인식할 줄 모른다. 그러나 모든 사람은 이미 그 자체로 위대한 존재다."는 말이 있다. 우리가 스스로를 바라보는 마음의 인식과 사고방식이 우리 존재와 삶을 결정한다. 우리들 자신의 위대한 존재 가치를 깨닫는 순간, 우리는 위대한 존재로서 위대한 삶을 살 수 있을 것이다. 반대로 무능하고 가치 없는 존재라고 생각하는 순간, 그러한 인생이 되고 말 것이다. 우리가 자신의 참 모습을 찾고 스스로의 가치를 믿는 순간, 주위 환경이나 다른 사람의 눈치를 살필 필요가 없어지고 우리의 인생도 보다 분명하고 풍요로워진다. 신의 본성과 연결된 자신의 참모습을 있는 그대로 실현하기만 한다면 우리에게 놀라운 가능성의 세계가 열릴 것이라고 생각되지 않는가? 내 마음속에 무한한 가능성, 지혜, 사랑, 풍요, 평화 등이 존재함을 알고 느끼고 행동한다면, 우리의 삶은 얼마나 달라질까? 그러나 이것은 참으로 어려운 일일지도 모른다. 하지만 우리는 전기에 대해서 잘 몰라도 코드를 꽂아 전기를 활용한다. 우리는 신성도 마음의 본성도 잘 모르지만 이처럼 할 수 있지 않겠는가?

저자는 이러한 깨달음을 일에서도 실천함으로써 큰 도움을 받고 있다. 저자가 6번째 직장에 이르기까지 38년 동안 직장생활을 이어오고 있는 비결이 있다. 그것은 어느 직장, 어느 자리에서든 '어떻게 하면 조직이나 다른 사람에게 헌신하고 도움을 줄 수 있을까?' 하는 마음으로 일을 해온 데 있다.

저자는 지금 M&A(기업 인수합병) 관련 일을 하고 있다. 기업을 인수하거나 매각하는 과정에서 어려운 결정에 직면하여 고민하고 있는 기업가들이 많이 있다. 이런 중요한 결정을 함에 있어서 눈에 보이는 이익과 손실을 비교하는 것은 기본이다. 하지만 눈에 보이지 않는 기업가 자신의 목적과 가치 그리고 능력, 열정 등은 물론 기업 자체의 목적과 가치, 비전 등을 보다 멀리 그리고 깊이 있게 볼 수 있도록 스스로에게 질문을 던지고 답할 때 보다 좋은 결과를 얻게 될 것이라고 확신한다.

'자, 마음의 본성에 접속하고 실천하라!'

13세기 페르시아의 시인 루미의 시를 음미해보자.

당신은 가능성을 가지고 태어났습니다.
당신은 선하고 믿음직한 마음을 가지고 태어났습니다.
당신은 이상과 꿈을 가지고 태어났습니다.
당신은 위대한 가치를 가지고 태어났습니다.
당신은 날개를 가지고 태어났습니다.
당신은 기어 다니려고 태어나지 않았습니다.
당신에겐 날개가 있으니,
날갯짓을 배워서 날아오르십시오.

이제 생각의 변화를 통한 스트레스 관리법을 알아보자.

우리는 스트레스가 많은 세상을 살고 있다. 그렇다면 스트레스는 어디에서 오는가?

스트레스 또한 환경이나 다른 사람과의 관계, 외부 상황의 문제가 아니라 마음의 상태다. 예를 들면, 컵의 물이 반이 남아 있을 때, 없어진 반을 아쉬워하며 스트레스를 받는 사람이 있는가 하면, 반이나 남았다고 즐거워하는 사람도 있다. 또한 실직을 당했을 때, 온갖 걱정과 두려움에 스트레스를 받는 사람이 있는가 하면, 새로운 변화의 기회가 생겼다며 반기는 사람도 있을 것이다. 또한 길을 가다가 아는 친구가 인사도 없이 지나쳐 갔을 때, 나에게 감정이 있어 일부러 못 본채 하고 지나갔다고 생각하고 밉다고 생각하는 사람이 있는가 하면, 다른 생각을 하느라 잘 못보고 지나갔구나 생각하고 덤덤하게 받아들이는 사람도 있을 것이다.

스트레스를 가져오는 마음의 상태는 여러 가지가 있을 수 있다. 걱정이나 불안, 실패 또는 거절의 두려움, 삶의 의미와 목적의 결여 등.

어떻게 하면 스트레스를 관리할 수 있을까?

어떤 상황이나 사건으로 인해 스트레스를 느낄 때, 스스로 어떤 생각(신념이나 사고)을 하고 있는지 주의 깊게 살펴보라. 혹시 비합리적인 사고나 신념 때문에 그런 것은 아닌지 생각해보고 어떤 사고나 신념이 스트레스를 벗어나는 데 도움이 되는지 생각해보라. 사고나 신념을 바꿈으로써 스트레스를 느끼는 감정에 변화를 가져올 수 있다.

코칭,
마음을 움직이는
능력을 키워주는
도구

3

"코칭은 과거의 잘못이 아닌 미래의 가능성에 초점을 맞춘다.
자각과 책임 그리고 자신감을 불러일으키는 것이 코칭의 본질이다."
－존 휘트모어－

우리는 2장에서 마음의 문제를 다뤄보았다. 우리가 마음의 문제를 다룬 것은 마음을 움직여서 행동으로 옮기고 우리가 원하는 바람직한 성취를 이루고자 함이었다. 그리고 우리가 원하는 방향으로 마음을 제대로 쓰기 위해 인식, 사고, 행동 등을 살펴보았다.

제3장에서는 인생목적과 전략 모델에서 마음과 인생목적을 연결시켜 주는 코칭에 대해 아래와 같이 설명하고자 한다.

코칭이란 무엇인가? 에서는 코칭의 정의, 코칭이 필요한 상황, 코칭을 통해 어떻게 달라지는가 등 코칭에 대한 개괄적 이해를 먼저 하게 된다.

코칭 대화 모델(TGROW모델)에서는 실제 코칭을 할 때 유용하게 사용할 수 있는 주제 선정－원하는 결과－현재 상황 인식－대안의 선택－행동 모델에 대해 설명한다.

코칭 스킬에서는 코칭의 진수라고 할 수 있는 경청, 질문, 인정, 메시징 등 자세한 코칭 스킬에 대해 설명한다.

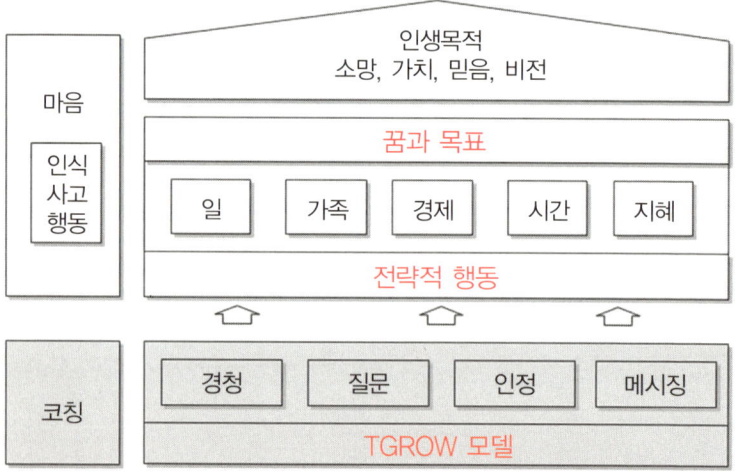

1

코칭이란 무엇인가?

"누구도 다른 사람에게 그 무엇을 가르칠 수 없다. 다만, 그가 자기 자신에게서
그 무엇을 발견하도록 도울 수 있을 뿐이다." −갈릴레오 갈릴레이−

현대는 코칭의 시대다

국제코칭연맹에 의하면, 코칭산업은 매년 2−3배의 급속한 성장을 보이면서 특히 미국, 일본, 유럽 등 선진국을 중심으로 인기 있는 전문직종으로 자리를 잡아가고 있다. 코칭은 이제 기업, 삶, 경력, 스포츠, 언론, 교육 등 다양한 분야에서 우리의 삶에 영향을 끼치고 있다. 코칭은 시대환경의 변화에 따른 '문제해결의 지혜'이자 '효과적인 인간관계 기술'이며 '리더십의 새로운 트렌드'이다. 코칭은 성장과 변화를 통하여 보다 나은 삶을 살 수 있노록 노와주는 철학이자 기술이며 프로세스다. 코칭의 이해는 우리의 삶, 인간관계, 비즈니스 등에 크게 도움이 되리라 확신한다.

우리는 그동안 카운셀링, 멘토링, 컨설팅 등 다른 사람을 도와주는 역할이나 일에 대해 많이 들어왔다. 그리고 막연하게나마 그 개념들에 대해서도 어느 정도 잘 알고 있다고 생각하고 있다. 그런데 새삼스럽게 또 코칭은 무엇인가? 코칭은 잘 모르지만 코치야말로

익히 들어봐서 잘 알고 있는 말 아닌가? 축구 코치, 야구 코치, 골프 코치 등 스포츠에서 코치라는 말은 너무나도 많이 들어왔다. 최근에는 CEO코치, 진로상담 코치, 자녀 코치 등의 말들도 심심치 않게 접하게 된다. 그러고 보니 코치가 하는 것이 코칭이고, 코칭이라는 것은 꼭 스포츠 세계에서만 필요한 것이 아니라는 것을 알 수 있다. 오히려 코칭은 사람 사는 거의 모든 분야에서 적용되어 가고 있는 것 같다. 그렇다면 코칭이란 도대체 무엇인가?

코칭의 정의

코칭의 정의는 리더십의 정의만큼 다양하다.

국제코치연맹(ICF)에서는 코칭이란 '인생, 경력, 비즈니스와 조직에서 뛰어난 성과를 달성할 수 있도록 도와주는 지속적이며 협력적인 관계'라고 정의하고 있다. 또한 한국코치협회에서는 '코칭은 개인과 조직이 잠재력을 극대화하여 최상의 가치를 실현할 수 있도록 돕는 수평적 파트너십이다.'라고 정의하고 있다.

이를 조금 더 범위를 넓게 표현하면 '더 나은 삶과 일 그리고 인간관계에 대한 실용적 지혜'라고 말할 수 있다. 나아가 마음을 중심으로 표현해 보면 '마음이 원하는 것을 이루는 열쇠라면, 코칭은 마음에 이르게 하는 열쇠다.'라고 할 수 있다.

결국 코칭의 핵심은 성장과 변화를 통하여 잠재력을 최대한 발휘하도록 도와주는 수평적 파트너십이라 할 수 있다.

위의 정의들을 곱씹어보면 코칭은 현재 상태를 미래의 바라는 상태로 변화시키기 위한 선택과 행동을 도와주는 역할을 한다는 것을 알아차릴 수 있다. 정말 그럴 수 있는가? 누구나 나름대로 자신을 변화시키기 위해 무진 애를 써 본 경험이 있을 테고, 결국은 마음먹은 대로 변화되지 않는 자신을 발견한 경험이 많을 것이다. 그런데 이렇게 힘든 변화의 과정을 어떻게 코칭이 도와줄 수 있다는 것인가?

그림 8: 코칭의 개념

코칭의 철학

코칭은 인간의 변화를 도모하는 도구이지만 인본주의를 기반으로 하는 인간관의 근본적인 변화를 추구하는만큼 코칭의 철학을 가지고 접근하고 있다.

애노모토 히레라캐는 코칭의 철학을 다음 3가지로 정리하고 있다.

제1철학 : 모든 사람에게는 무한한 가능성이 있다.

제2철학 : 필요한 해답은 모두 그 사람 내부에 있다.

제3철학 : 해답을 찾기 위해서는 파트너가 필요하다.

이와 관련 한국코치협회가 표방하는 코칭 철학은 다음과 같다.

모든 사람은 창의적이다.

모든 사람은 완전성을 추구하고자 하는 욕구가 있다.

모든 사람은 누구나 내면에 자신의 문제를 스스로 해결할 수 있는 자원을 가지고 있다.

이러한 관점에 근거해 코치의 역할을 다음과 같이 정의하고 있다.

고객이 달성하려고 하는 목적을 발견하고, 명확하게 하고, 협력하는 것
고객의 자기 발견을 촉진하는 것
고객 스스로가 해결책이나 전략을 낳도록 이끄는 것
고객 자신의 선택과 행동에 스스로 책임을 갖게 하는 것

쉽게 얘기하면 모든 사람은 스스로의 노력에 의해 필요한 해답을 다 찾을 수 있다는 것이다. 얼마나 가슴에 와 닿는 얘기인가?

나도 그렇게 될 수 있는 걸까? 그렇다. 다만 그렇게 되기 위해서는 스스로의 노력이 필요하며 초기에는 코치의 적절한 도움이 필요하다. 코칭 과정을 통해 스스로 변화하는 모습을 발견하고 이 과정에 익숙해지게 되면 나중에는 다른 사람을 도와줄 수 있을 정도로 발전하게 된다.

코칭은 이미 우리가 많이 들어서 친숙하게 느껴지는 멘토링, 컨설팅, 카운슬링 등과는 약간씩 다르다. 코칭은 다른 기법들과는 달리 수평적 관계를 견지한다. 다른 기법들은 상하관계나 전문성을 기반으로 도움을 주는 관계라고 할 수 있지만 코칭은 철저하게 수평적인 관계를 견지한다.

전문성이나 경험이라는 것은 기본적으로 사람의 의식 속에 체화된 지식과 경험이고 이를 달리 표현하면 자기의식, 즉 에고(Ego)의 성격을 가질 수밖에 없다. 즉 나의 경험과 나의 지식을 전하거나 나의 경험과 지식을 토대로 상대방의 입장을 고려한다. 그렇지만 코칭은 나는 잊어버리고 철저하게 상대방의 입장에서 듣고 질문하여 상대방 스스로 답을 찾을 수 있도록 도와준다.

이 부분 즉, 자기의식을 놓고 완전히 상대에 몰입해서 상대의 입장에 서는 것이 코칭의 가장 큰 특징 중의 하나라고 할 수 있다. 다른 말로 표현하면 자기 중심의 대화가 아니라 상대방 중심의 대화라고 할 수 있다. 생각할수록 참 매력적이지 않은가.

코칭의 이론적 기반

코칭이란 코치와 피코치자 사이의 '커뮤니케이션'을 통하여 '인

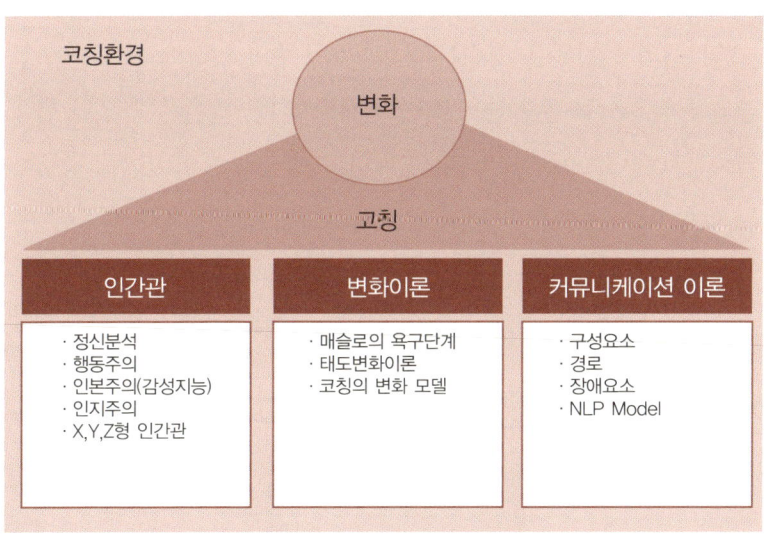

그림 9: 코칭의 이론적 근거

간'을 변화시키는 시스템이며, '인간관' '변화 이론' '커뮤니케이션 이론'을 기반으로 한다.

인간관

먼저 인간의 본질, 즉 인간을 어떻게 볼 것인가 하는 인간관을 심리학적 관점에서 간단히 살펴보자.

정신분석학의 인간관은 1900년경 프로이트에 의해 발전되었다. 종전의 합리적이고 이성적인 인간관에 대비하여 본능적 욕구에 의하여 행동하고 사고하는 비합리적이고 무의식적인 인간관을 일컫는다. 사실여부를 떠나 인간에 대한 개념의 혁명을 일으킨 이론이다.

행동주의 인간관은 인간을 단지 환경 자극에 수동적이고 기계적으로 반응하는 유기체로 보는 인간관이다. 여러 가지 결점에도 불구하고 환경을 변화시키면 원하는 행동을 유발할 수 있다는 이론으로 상담심리학과 행동치료법에 활용되고 있다.

인본주의 인간관은 정신분석학과 행동주의 입장에 대비하여 인간은 근본적으로 존엄성을 지닌 존재로 본다. 인간은 외부의 힘에 의하기보다 스스로 자유의지를 지니고 성장과 자아실현을 추구하는 능동적인 존재이다. 과학적인 심리학적 접근은 인간의 본질을 이해하는 데는 별로 도움이 되지 않는다.

이러한 접근법은 코칭의 인간관에 큰 영향을 미쳤다.

인지주의적 인간관은 인간의 본질을 정보처리로 보고 인간의 내적 기제(마음)의 체계적인 관찰 즉 감각과 지각, 사고, 의사결정, 언어 등 고등 정신작용을 중시한다. 2차대전을 전후하여 발전된 인지주의적 접근법은 컴퓨터의 발달, 심리학, 의학 그리고 경영학 등의 발전에 크게 기여하고 있다.

	인간관	인간본질에의 접근법	방법론
정신분석학	무의식의 노예	무의식을 이해	자유연상, 꿈의 분석
행동주의	기계와 같은 인간	자극-반응 관계의 이해	환경에 따른 행동변화 측정
인본주의	존엄한 인간	주관적 경험세계의 이해	무조건적, 긍정적 수용
인지주의	정보처리자	인지과정의 이해	체계적인 관찰을 통한 추론
코칭	무한한 가능성과 잠재력의 소유자	개인의 미래에 대한 욕구 이해	코칭스킬, 코칭프로세스

표1: 심리학의 대표적인 인간관과 코칭의 인간관 비교

변화이론(참고자료: 코칭 입문, 이희경)

인간의 본질에 관한 다른 관점은 인간의 변화 과정에 대해서도 다른 입장을 보인다.

정신분석학자들은 인간의 변화를 무의식적인 본능적인 욕구를 이해하는 데서 찾고 있다. 행동주의자들에게 인간의 변화는 곧 행동의 변화이며 행동의 변화를 가져오는 것은 환경(자극)의 변화다. 인본주의자들에게 변화는 자아실현으로의 방향성을 갖는다.

외적 조건이 충족된다면 인간은 누구나 스스로 동기를 부여하여 자아실현으로의 행동변화를 일으킬 수 있는 존재이다. 인지주의자들에게 행동의 변화는 태도의 변화에서 비롯된다. 자극은 개개인의 필터에 의해 필터링되며 그 결과가 곧 행동이므로 필터에 변화가 일어나면 변화된 행동을 보이게 된다.

코칭과 관련이 있는 인본주의의 대표적인 동기이론인 매슬로(A. Maslow)의 욕구단계 이론과 인지주의 입장에 따른 태도 변화 이론을 간단히 살펴보자.

　인간은 욕구의 동물이며, 인간 욕구를 5단계로 나누어 행동에 끼치는 영향을 설명하고 있다.

　기본적인 생리적인 욕구에서부터 안전 욕구, 소속 욕구, 존경 욕구, 자아실현의 욕구로 나누어 낮은 단계의 욕구가 충족되었을 때 상위 단계의 욕구로 이동한다.

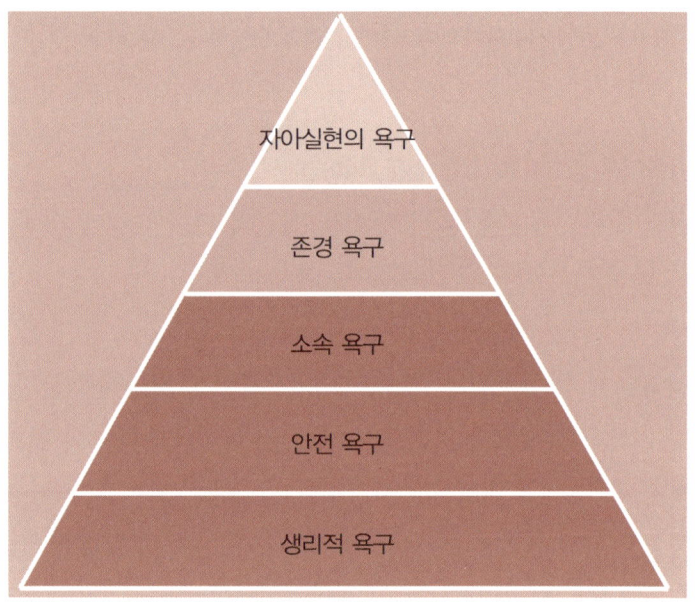

그림 10: 매슬로의 욕구 단계

　태도는 어떤 대상에 대하여 지속적으로 일정하게 반응하려는 학습된 경향이다. 이것은 인지적 요소(지식 또는 신념), 정서적 요소(감정), 행동적 요소(행동)으로 구성된다. '태도가 행동을 결정짓는가'에 대하여는 논란이 있으나 상호 영향을 미친다는 주장이 강하다. 그럼에도 태도가 행동을 바꾸고 행동 변화를 유발하기 위해서는 태도가 중요하다는 가정은 일반적으로 수용된다. 태도 변화의 대표적인 이론들은 '인지 일관성'이라는 논리에 근거하여 전개되었다. 심리학자 하이더(F. Heider)는 인간은 합리적 동물로서, 태도의 구성 요소간에, 또 자신의 태도와 행동간에 인지적 일관성을 유지하려는 강한 욕구를 가진다. 그 균형 상태가 외부적 자극에 의해 깨지게 되면 심리적 긴장감, 불안감을 느끼고 균형상태로 회복시키려고 노력하는데, 이 과정에서 태도 변화가 일어나는 것이다. 인지 일관성 이론들은 이후 균형 이론, 인지-정서 일관성 이론, 인지 부조화 이론으로 발전하고 있다.

커뮤니케이션 이론

의사소통(커뮤니케이션)이란 둘 이상의 사람 사이에 사실, 생각, 감정 등의 교환을 통하여 공통적 이해를 이룩하고자 하는 행동이라고 할 수 있다.

여기서는 코칭과 관련이 있는 커뮤니케이션 이론만 간단히 살펴보겠다.

인간은 사회적 동물인 만큼 의사소통이 매우 중요하다. 특히 조직 내에서의 의사소통은 조직 구성원의 행동을 통제하고 정보와 감정과 정서를 교환하며 구성원의 동기를 유발하는 주요 기능을 갖고 있다.

의사소통의 기본요소는 발신자와 수신자의 존재, 정보전달의 매체 또는 수단, 정보전달의 경로 등이다.

의사소통을 잘 하기 위해서는 발신 기술, 경청 기술, 피드백 기술 등이 필요하다.

발신기술은 자기 자신을 다른 사람에게 이해시키는 능력으로 명료하고 일관성 있고 쉽고 적시성 있는 의사 전달 능력이 요구된다. 경청 기술은 다른 사람을 이해하는 능력으로 다른 사람에 대한 존중과 배려 등을 바탕으로 귀담아 듣는 청취 기술이 중요하다. 피드백 기술은 어떤 개인의 행동을 어떻게 인식하고 평가하는지에 관한 정보를 교환하는 능력이다.

이 밖에도 의사소통을 방해하는 장애요소 등이 있다.

코칭과 유사한 개념들

코칭은 이미 우리가 많이 들어서 친숙하게 느껴지는 멘토링, 컨설팅, 카운셀링 등과 약간씩 다르다. 코칭은 다른 기법들과는 달리 수평적 관계를 견지한다. 다른 기법들은 상하관계나 전문성을 기반으로 도움을 주는 관계라고 할 수 있지만 코칭은 철저하게 수평적인 관계를 견지한다.

사소한 일이거나 중요한 일이거나 전문성이나 경험을 통해 다른 사람을 도와준 경험이 종종 있을 것이다. 그 기억을 되살려 보자. 전문성이나 경험이라는 것은 기본적으로 사람의 의식 속에 체화된 지식과 경험이고 이를 달리 표현하면 자기의식, 즉 에고(Ego)의 성격을 가질 수밖에 없다. 즉 나의 경험과 나의 지식을 전하거나 나의 경험과 지식을 토대로 상대방의 입장을 고려한다. 그렇지만 코칭은 나는 잊어버리고 철저하게 상대방 입장에서 듣고 질문해서 상대방 스스로 답을 찾을 수 있도록 도와준다.

이 부분 즉, 자기의식을 놓고 완전히 상대에 몰입해서 상대의 입장에 서는 것이 코칭의 가장 큰 특징 중의 하나라고 할 수 있다. 다른 말로 표현하면 자기 중심 대화가 아니라 상대방 중심의 대화라고 할 수 있다. 생각할수록 참 매력적이지 않을 수 없다.

코칭의 어원

코치의 어원은 중세 유럽 도시에서 이용된 '네 마리의 말이 끄는 마차(Coach)에서 유래한다. 마차는 버스나 기차 등 대중교통 수단과는 달리 승객을 현재 지점에서 원하는 목적지까지 개별적으로 데려다 주는 개인서비스로 등장했다.

현대적 의미의 코칭은 스포츠에서 유래했고 하버드 대학 교수인 티모시 골웨이(Timothy Gallwey)가 1974년에 출간한 『테니스의 이너게임(The Inner Game of Tennis)』에서 최초로 소개되었다. "운동선수에게는 상대 코트에 있는 외부의 적보다 선수의 마음의 상태 즉 내부의 적이 더 무섭다." 마음을 다스리지 못하고는 결코 승리할 수 없다는 얘기다.

현대의 비즈니스와 라이프 코칭은 1980년대 초 토머스 레너드(Thomas J. Leonard)로부터 시작되었다. 1980년대 후반 급변하는 환경 변화와 경쟁 심화, 인재전쟁 등의 추세에 따라 미국의 기업들이 코칭을 도입하면서 급속히 확산되고 있다. 이어 유럽, 일본 등으로 확대되고 우리나라에는 2000년대 초반 성과향상과 인재양성에 관심 있는 일부 기업들을 중심으로 도입되었다.

왜 코칭이 필요한가?

코칭의 정의를 살펴보고 나니 코칭이 왜 필요한지에 대해서는 굳이 다시 설명할 필요가 없을 것 같다.

코칭의 필요성에 대하여 국제코칭연맹은 "코칭 과정을 통하여 고객은 배움을 보다 심화하고, 성과를 향상시키며, 인생의 질을 한 층 높일 수 있다."고 지적한다.

대신 다음의 사례를 보고 자신이 어디에 해당되는지를 살펴보자.

- 꿈은 큰데 현실이 뒤따르지 않아 절망하고 있다
- 꿈도 없이 그냥 흘러가는 대로 하루하루를 살고 있다
- 도대체 삶의 의미와 목적이 무엇인지, 왜 필요한지 모르겠다
- 결과만으로 다른 사람(부하직원, 동료, 배우자, 자녀 등)을 평가하고 있다
- 다른 사람이 하는 일 중에서 중간과정에는 흥미가 없다
- 다른 사람의 약점만 보인다
- 최근 들어, 다른 사람을 칭찬한 적이 없다
- 다른 사람의 실수 혹은 잘못한 점만 지적한다
- 다른 사람의 입장을 듣지 않고, 자신의 방법을 강요한다
- 문제는 전부 자신이 해결한다

차분하게 돌이켜 보니, 본인 스스로도 이런 증상을 일부 보이고 있다고 스스로 생각되는가? 그렇다면 코칭에 대해 관심을 가져볼 만하다.

또 다른 사례를 살펴보자.

불통 주식회사의 김과장의 경우다.

자신이 맡은 일만 하고 다른 부서원과의 협력에는 전혀 무관심한 이대리 때문에 골치가 아프다. 하루는 부장님 지시로 급하게 처리

해야 할 일이 생겼다.

> 김과장: 이대리, 부장님께서 갑자기 시키신 급한 일인데 이 일을 이번
> 주 말까지 밤을 새워서라도 끝내야 되네.
> 이대리: 제가 지금 맡은 일이 너무 많아서 두 가지 일을 동시에 처리
> 하기가 곤란합니다.
> 김과장: 뭐야, 이대리는 언제나 그 모양이야, 급한 일부터 하면 되잖아.
> 자기만 생각하고 왜 부서 전체의 일은 생각하지 않는 거야? 그
> 렇게 개인적으로 행동하면 우리 부서 팀워크가 뭐가 되겠나?
> 앞으로는 부서 전체를 생각하고 행동을 해 주게. 알겠나?
> 이대리: … (마지못해) 예.

김과장은 평소에 너무나 소극적인 이대리에게 이번에는 따끔하게 타일렀다고 생각하고 이대리가 그 동안의 자세를 반성하고 부서 전체의 일에 적극 동참할 것으로 기대했다.

그러나 이대리의 실제 생각은 너무나 달랐다.

'나는 내 일에 최선을 다하고 있다. 김과장은 언제나 돌발적으로 일을 지시하는 무책임한 상사다. 그리고 일을 시킬 때 한 번도 내가 현재 어떤 일을 얼마나 많이 하고 있는지 물어본 적도 없다. 자신의 잘못은 전혀 모르고 오히려 매일 열심히 일하고 있는 나만 뭐라고 그런다. 나를 인정해 주지 않고 무시하는 것 같아 정말 화가 난다. 김과장 얼굴을 볼수록 기분이 나빠진다. 가능하면 다른 부서로 옮기든지 기회가 되면 다른 직장을 찾아봐야겠다.'

김과장과 이대리 두 사람의 대화에서 무엇이 문제인가? 어떻게

해결할 수 있겠는가?

이번에는 흔히 겪고 있는 부모와 자녀 간의 대화 사례를 보자. 시험이 임박했는데도 TV를 보고 있는 혁준이를 보자 참다못한 엄마가 야단친다.

엄마: 혁준아, 너 공부 안 할래? 낼 모레가 시험이잖아.
혁준: 이 프로그램은 정말 재미있어요. 이것만 다 보고 공부할게요.
엄마: 지금 TV 볼 시간이 어디 있냐? 다른 애들은 도서관에 가서 다 열심히 공부하고 있는데 너는 지금 정신이 있는 거야? 없는 거야?
혁준: 알았어요.(제 방으로 들어간다)

엄마는 평소에 시험이 임박해서도 TV를 보는 습관을 이번에 제대로 따끔하게 혼을 냈다고 생각하고 혁준이가 열심히 시험 공부를 하리라고 기대했다. 그러나 혁준이의 생각은 너무 달랐다.
'엄마는 어떻게 내 마음을 이렇게 몰라주지? 나도 스트레스 받고 있는데, 그리고 공부하라고 하면 됐지 왜 화를 내면서 다른 애들과 비교하는 거야. 어쩔 수 없이 방에 들어가지만 기분 나빠서 공부할 마음이 안 나. 친구들에게 카카오톡이나 보내야지.'

엄마와 혁준이 두 사람의 대화에서 무엇이 문제인가? 코칭은 이런 문제를 해결하는 데 어떻게 도움을 줄 수 있을까?

코칭을 통해 어떻게 달라지나?

사람들은 왜 코칭을 원하는가? 사람들은 저마다의 이유로 코칭을 받고자 한다. 어떤 사람들은 꿈과 현실의 격차를 줄이고 원하는 것을 얻고자 한다. 인간관계 기술을 향상시키고 리더십 능력을 높이고자 하기도 한다. 승진 등 문제해결 능력을 키우고자 한다. 궁극적으로 사람들은 보다 높은 수준의 성취, 보다 균형되고 행복한 삶을 살고자 코칭을 받는다. 고객은 코칭을 통해서 자신의 존재가치와 목적을 깨닫고 꿈을 꾸고 실현할 수 있도록 도움을 받게 된다. 특히 코칭을 통해 자신과 세상에 대한 본질을 이해하고 생각과 감정의 수준이 높아지며 행동의 변화를 경험하게 된다.

예를 들어보자. 우리는 코칭을 통해서 다른 사람들의 이야기를 경청할 수 있는 능력을 개발할 수 있다. 특히 경청을 하면서 상대방을 수용하고 상대방의 입장에 공감을 표현할 수 있게 된다. 또한 인내심을 가지고 끝까지 지켜보면서 상황을 긍정적으로 볼 수 있게 된다.

앞의 사례에서 김과장이나 혁준이 엄마가 상대방의 입장에서 생각하고 상대방 의견을 물었다면 어떻게 달라졌을까?

그리고 상대방의 답변에 대해 공감하는 말을 건넸다면 어떻게 달라졌을까?

그리고 나서 차분하게 자신이 의견을 얘기했다면 어떻게 달라졌을까?

물론 쉽지 않은 과정일 것이다. 그렇지만 이대리나 혁준이는 자기의 상황을 이해해주고 공감해주는 김과장이나 엄마에게 존중 받고 있다는 느낌을 가지고 고마워했을 것이다.

즉, 코칭의 효과는 타인을 존중하며 대화하는 방법을 익힘으로써 타인으로부터 감사의 말과 긍정적인 평가를 받게 된다. 또한 이를 통하여 본인 스스로도 인간적인 성장을 맛보게 된다. 결국 회사에서는 리더십이 강화되고 대인관계가 좋아질 것이며, 집에서는 자녀들이 따르는 부모가 될 것이다.

코칭이 이러한 효과를 가져올 수 있게 하는 이유는 상대방 스스로가 생각하고 스스로 해결방안을 찾아가도록 하기 때문이다. 즉, 스스로 생각하고 행동하게 한다. 그렇기 때문에 코칭은 행동에 집중할 수 있게 되고 코칭에 따른 결과는 스스로 결정했기 때문에 행동 실행에 대한 의지가 강해지게 된다. 이러한 선순환을 겪게 되면 처음에는 힘들지 몰라도 장기적으로 리더는 시간을 효과적으로 사용할 수 있게 된다. 생각해보면 당연한 이치다. 리더로서 상사로서 뭐든지 혼자 다 해결하는 것이 시간을 절약하는 것인가? 아니면 처음에는 시간이 다소 걸리더라도 부하직원이 스스로 할 수 있도록 도와주는 것이 장기적으로는 시간을 더 절약할 수 있는 것인가? 우리는 어떤 리더가 되어야 하는가?

부모도 마찬가지다. 품 안의 자식이라고 어느 연령까지는 부모가 자식을 옆에 끼고 가르치고 이끌어 갈 수 있지만, 어느 단계가 지나면 부모는 아이가 자기주도형 학습을 할 수 있도록 도와줘야 한다. 요즘은 부모가 옆에 끼고 가르칠 수 있는 연령의 한계가 갈수록 빨라지는 것 같다. 초등학교 고학년만 되어도 수학문제가 어렵지 않은가? 한때 아이가 어렵게 느끼는 수학문제를 옆에서 같이 풀어주는 것이 아이와 친해지는 좋은 방법이라는 책을 읽고 열심히 수학문제를 같이 풀어준 적이 있었다. 그런데 언제부터인지 아이가 질문을 하지 않는다. 부모가 수학문제 푸는 것을 어려워하는 것을 눈치 챈 것이다. 이때부터는 어떻게 해야 아이를 바람직한 방향으로 행동하게 할 수 있을까? 바로 아이 스스로 학습할 수 있도록 도와주도록 해야 한다.

코칭을 통해서 우리는 상대방의 입장에서 이해하고 상대방이 스스로 문제를 해결할 수 있도록 도와주는 능력을 키울 수 있게 된다. 간단한 것 같지만 그 과정을 익히고 그 효과를 직접 경험해 보면 대단하다고 느끼게 된다. 그 전과 그 후가 확실히 달라지게 된다. 이제는 직장에서나 가정에서나 대화가 두렵지 않게 될 것이다. 사람을 움직이는 것이 불가능하다고 느끼지 않게 될 것이다. 그렇다. 모두 다 가능하다.

그렇지만 그렇게 되기 위해서는 무엇보다도 코칭을 통해서 스스로 먼저 변해야 한다. 이것은 인간관계의 황금률이다. 내가 먼저 변하지 않고는 상대방을 변화시킬 수 없다.

2

코칭 대화 모델

"코칭은 학습과 변화, 성공을 위한
핵심 기술이다." –로버트 딜츠–

코칭 대화 모델로 흔히 TGROW모델을 사용한다. TGROW모델은 Topic(주제 선정), Goal(원하는 결과), Reality(현재 상황 인식), Option(대안의 선택), Will(행동)의 앞 글자를 따서 만든 모델이다.

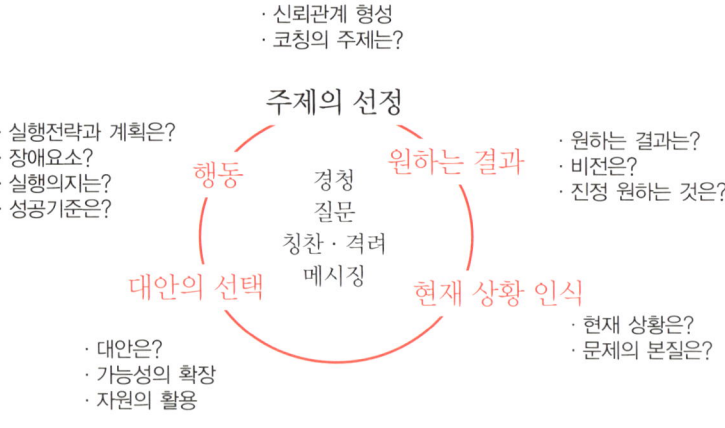

코칭 프로세스와 스킬

처음에 코칭을 접하게 되면 대화를 어떻게 이끌어 나갈지 잘 모르는 경우가 많다. 이 때 TGROW 모델을 따라 코칭을 진행하다 보면 쉬워진다. 물론 시간이 지남에 따라 익숙해지면 자기 나름대로의 방식으로 진행할 수 있게 된다.

Topic(주제 선정)

모든 일이 그렇듯이 주제 선정이 가장 중요하다. 대화하려는 주제가 상대가 진정으로 고민하는 주제, 원하는 주제라야 한다. 경우에 따라서는 상대가 자신의 고민거리를 쉽게 드러내지 않으려고 한다. 이 경우 진정으로 공감하고 경청하면 상대의 마음을 열 수 있다.

그런데 이보다 더 어려운 상황은 본인이 뭐가 문제인지 본인도 모르는 경우라고 할 수 있다. 소크라테스가 말한 그 유명한 "너 자신을 알라."고 한 말은 진리에 대해 아무것도 모르는 너 자신을 알라는 취지였다. 이 말이 이렇게 오랫동안 인구에 회자되고, 자기성찰을 유도하는 힘이 있는 이유는 무얼까? 이는 이만큼 우리가 우리 자신에 대해, 우리 자신의 진정한 문제에 대해 잘 모른다는 것과 일맥상통한다.

아무튼 올바른 주제 선정은 첫 단추를 잘 꿰는 것이라 할 수 있다.

주제 선정을 하기 위해서는 여러 가지 방법들이 있을 수 있는데, 그중 하나로 지금 걱정하는 것을 직접 써 보게 하는 방법이 있다.

예컨대, 당신이 직장 상사로서 직장에서 부하가 떠안고 있는 복잡한 업무, 미처 답변을 보내지 못해 산더미처럼 쌓여 있는 업무상의 메일, 아직 살펴보지 못한 자료들, 인간관계에 대한 갈등 등 날마다 처리해야만 하는 수많은 일에 대해 써 보게 하는 것이다. 일단 걱정거리를 써 보게 되면 그중에서 가장 중요도가 높은 문제를 쉽게 파악할 수 있게 된다. 또한 종종 자기의 문제를 적다 보면 문제가 정리되어 마음이 편해지는 경우도 있다. 즉, 걱정거리는 무의식 중에 머릿속에서 '잊어버리면 큰일'이라는 스트레스를 안겨 준다. 그리고 목표를 향해 나아가는 에너지를 점점 빼앗아 간다.

아직 해결하지 못한 일들을 종이나 컴퓨터에 적고 나면 '자신이 안고 있는 걱정거리는 이것뿐'이라고 머릿속에서 깨끗하게 정리되어, 목록에 적힌 항목을 해결할 수 있는 에너지가 끓어오르게 된다. 그리고 문제를 해결할 수 있는 방안에 집중할 수 있게 된다. 걱정한다고 해서 문제가 해결되지는 않는다. 해결된다면 걱정거리도 아니다. 적고 나서 문제를 정확하게 인식해보는 방법을 사용해보자.

다음은 광수생각이라는 만화에서 인용한 대화다.

광수 친구: (어느 날 갑자기 너무나 달라져 보이는 광수에게)뭐 좋은 일 있니?

광수: 어, 오늘부터 한 달에 백만 원 씩 주고 내 대신 걱정할 사람을 구했어!

광수 친구: 네가 무슨 돈이 있어서 한 달에 백만 원씩을 내냐?

광수: 그건 내가 걱정할 일이 아니야. 그 사람이 내 대신 걱정하면 돼!

주제를 선정하는 데 활용할 수 있는 좋은 질문은 다음과 같다

• 오늘 코칭의 주제는 무엇이 좋겠습니까?

- 어떤 대화를 나누고 싶으십니까?

- 현재 당신이 가장 변화시키고 싶은 것은 무엇입니까?

- 지금 이 이슈가 왜 당신에게 중요합니까?

- 이 대화를 통해 당신이 얻고 싶은 것은 무엇입니까?

- 기대하는 목표에서 현재를 볼 때, 무엇이 가장 부족하십니까?

- 해결하고 싶은 최우선 과제는 무엇인가요?

주제를 선정하는 데 활용할 수 있는 또 다른 좋은 방법은 다음과 같은 삶의 수레바퀴라는 그림을 활용하는 것이다.

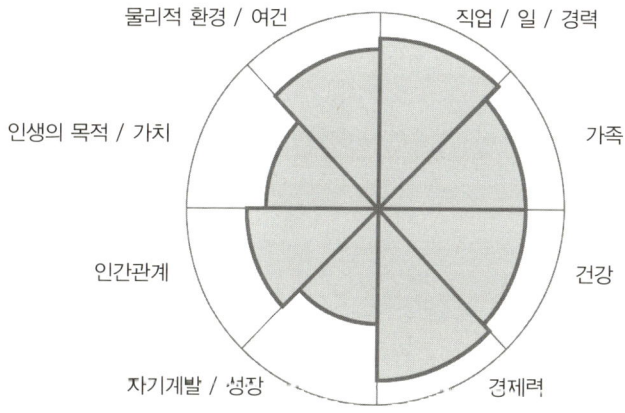

인생의 8가지 대표적인 영역에 대해 당신이 만족감을 느끼는 정도에 따라 1에서 10까지의 단계로 나눈다. 가장 이상적인 경우는 모든 분야에서 만족도가 다 높아서 수레바퀴가 잘 굴러가는 상태일 것이다. 그러나 특정 부분의 만족도가 너무 낮으면 수레바퀴가 제대로 굴러가지 않을 것이다. 인생의 수레바퀴를 이용해서 각 항목에 점수를 표시해 보자. 특정 부분에서 점수가 낮다면, 예를 들어 자기계발/성장이 5점으로 표시되었다면 이 부분을 코칭의 주제로 삼을 수 있을 것이다.

Goal(원하는 결과)

『시크릿』이라는 책이 한때 엄청난 영향을 준 적이 있었다. 즉, 생각에는 끌어당기는 힘과 주파수가 있어서 어떤 것을 생각하면 그 생각이 우주로 전송되고, 이는 자석처럼 같은 주파수에 있는 것들을 끌어당긴다는 것이다. 그리고 이러한 끌어당김의 법칙은 우리의 소원을 들어주게 된다는 것이다.

즉, 다음과 같은 3단계로 우리가 원하는 것이 이루어진다는 것이다.

1단계: 구하라 – 뭘 원하는지 구체적으로 결정해라
2단계: 믿어라 – 원하는 것을 이미 얻은 것처럼 가정하고 행하라.
3단계: 받아라 – 원하는 것이 이루어졌을 때 일어날 기분 좋은 감정
　　　　을 느껴라.

예컨대, 몸무게를 줄이려면 '몸무게를 줄여야 해' 라는 생각에 집중하지 말고 대신 완벽한 몸무게에 집중하라는 것이다. 완벽한 몸무게가 되었을 때의 느낌(원하는 상태에 도달했을 때의 기분 좋음)을 미리 느껴보면, 그 상태가 끌려오게 된다는 것이다.

이것을 뒤집어보면 우리가 부정적인 생각에 빠져 있으면 부정적인 생각들이 꼬리에 꼬리를 물고 반복되어 결국 부정적인 결과가 발생하게 된다. 반면에 긍정적인 생각을 하게 되면 역시 그런 결과가 발생하게 된다는 것이다.

참으로 가슴에 와 닿는 얘기다. 이 이야기는 나름대로 상당한 근거가 있다. 그중 하나는 우리의 뇌가 상상과 현실을 구분하지 못한다는 점이다. 그 사례는 많다. 신맛을 상상하면 침이 고이는 현상이 나타난다. 임신을 너무 하고 싶으면 상상임신 증세가 나타난다. 우리는 꿈을 꿀 때 마치 현실처럼 느끼는 경우가 있다. 꿈인지 현실인지 그 차이를 인지하지 못한다. 따라서 우리가 정보를 받아들일 때 의심 없이 믿게 되면 뇌는 상상과 현실을 구분하기 어렵다. 중요한 것은, 상상에서 비롯된 것이라 할지라도 뇌는 그 차이를 인지하지 못하고 반응하기 때문에 현실에서도 많은 변화를 일으킬 수 있다는 점이다. 내가 바라는 나의 모습을 마음껏 상상한다. 한 치의 의심도 없이 철썩같이 믿게 하는 것이다. 강하게 상상을 하면 그것이 현실이 된다. 상상력은 강력한 힘이다. 온몸이 이완된 가운데 뇌에 집중하며 계속 상상하면 시간이 지날수록 몸과 마음이 편안해지고 행복한 느낌이 든다. 이 상상을 반복하면 세로토닌이 잘 나와 뇌가 아주 평화로워진다고 한다. 또한 세로토닌은 자신감을 불러일으키는 호르몬이라고 한다.

많은 사람들 앞에서 발표를 해야 할 때 다리가 부르르 떨리고 가슴이 쿵쾅거리는 경험을 누구나 해보았을 것이다. 이러한 신체변화가 일어나는 이유는, 이 상황에 대한 경험정보의 시냅스가 자신의 뇌 회로에 강하게 형성되어 있지 않았기 때문이다. 체험적 기억

과 성공적으로 이루어 냈을 때의 기쁨, 자신감 등의 감정적 기억정
보가 뇌 속에 자리 잡지 않을 경우, 언제나 떨리고 긴장되고 자신감
이 형성되지 않게 되는 것이다. 이러한 상황에서 뇌를 활용하는 방
법은 결과적으로 이루어지는 뇌의 작용을 미리 체험케 하는 것이
다. 즉, 강한 믿음을 뇌에게 주고, 이미 이루어진 상황을 상상케 하
는 것이다.

'나는 당당하고 떨림 없이 나의 얘기를 할 수 있다.' '나는 할 수
있다.' 등의 강한 메시지를 뇌에게 주는 동시에, 무대에 올라 당당
하게 발표를 하고 청중들로부터 박수를 받는 상상을 하는 것이다.
중요한 것은, 얼마나 그러한 메시지와 상상에 몰입하고 강한 믿음
을 줄 수 있느냐에 달려 있다. 이러한 메시지와 상상체험은 뇌의 회
로에 영향을 줄 수 있는 좋은 방법이다

원하는 결과를 명확하게 하기 위한 좋은 방법이 있다. 목표를 한
마디로 표현하게 하는 것이다. 목표를 정확하게 표현한 한마디의
말은 마치 살아 숨 쉬는 듯 실천력을 갖게 된다. 손에 잡힐 듯이 명
쾌하게 목표를 그려 볼 수 있다. 말에는 신비한 힘이 있다. 말이란
곧 인간 의식의 결정체이기 때문이다. 고대인들은 말에는 불가사
의한 힘이 있으며, 입 밖에 낸 말은 반드시 실현된다고 믿었다. 목
표도 머리뿐만 아니라 가슴으로 확실하게 새겨 두는 것이 좋다. 목
표를 다시 한 번 되새기게 하면, 마음속에서 열정의 불꽃이 점화되
는 순간을 분명하게 확인할 수 있을 것이다.

목표를 명확하게 하고 난 뒤에는 목표달성 시 떠오르는 영상에
대해 반드시 느껴본다. 대부분의 사람들은 말뿐만 아니라 머릿속
에 그려지는 '영상'에 의해 움직이는 경우가 많다. 목표를 달성했

을 때의 상황을 선명하게 떠올리지 못한다면 도중에 목표를 상실할 우려가 있다. '목표를 이미지화한다.'는 것은 목표를 향해 달리도록 하는 원동력이 된다. 목표에는 그것을 집약하는 간단한 말과 달성도를 명확하게 규정짓는 숫자도 중요하지만, 거기에 더하여 손에 잡힐 듯이 뚜렷한 목표 이미지를 갖게 한다면, 마치 사진을 찍은 듯 우리의 기억 속에 생생하게 남을 것이다. 목표를 달성했을 때의 짜릿한 기분을 이미지화할 수 있다면, 몸은 자연히 목표를 향해 움직이기 시작한다. 사람들이 두려워하는 일의 90% 이상은 아직 실제로 일어나지 않은 상상 속의 일이다. 여러분 주위에는 혹시 일을 시작하기 전부터 두려움을 느껴 과감하게 행동으로 옮기지 못하는 사람이 있는가? 만일 마음속에 두려움이 생겼다면, 두려움이 발생시킬 수 있는 '최악의 시나리오'를 예상하게 하자. 두려움의 정체를 알게 되면, 우리가 느끼고 있는 부담의 대부분은 자연스럽게 사라질 것이다.

원하는 결과를 찾기 위해 유용한 질문은 아래와 같다.

- 지금 낭신에게 무한힌 능력이 있다면(실패하지 않는다면), 무엇을 하고 싶으십니까?
- 다시 할 수 있다면, 무엇을 바꾸어 보시겠습니까?
- 친구가 지금의 문제로 고민한다면, 어떤 아이디어를 주시겠습니까?
- 어떤 결과를 원하십니까? (어떤 목표, 상태, 변화)
  그것이 왜 중요하고 당신의 삶의 비전과 어떤 관련이 있습니까?
- 원하는 것이 달성되었을 때를 상상해보면 어떤 모습, 기분입니까?

주위 사람들(배우자, 자녀, 직장 상사, 부하, 친구 등)은 어떻게 반응할까요?

(이 질문을 통하여 목표가 달성된 상태를 시각화하여 그 느낌을 충분히 느낄 수 있도록 자극한다. 그 느낌이 강렬할수록 목표 달성의 의지가 강해진다.)

Reality(현재 상황 인식)

주제가 선정되고 원하는 결과를 그려본 뒤에는 현재 상황의 인식이 필요하다. 이것은 마치 전형적인 컨설팅 접근방법과 비슷하다. 즉, 현재 상황(As-is) 분석, 원하는 결과(To-be) 분석, 원하는 결과와 현재상황 간의 차이(Gap) 분석, 대안 제시로 이어지는 절차와 비슷하다. 다만, 코칭에서는 목표의 힘 즉, To-be의 상황을 더 강조하는 것이다. 현재 상태를 정확하게 파악하기 위해 종종 점수로 말해 달라는 질문을 하곤 한다. 점수로 말하게 되면 현재 상태를 보다 정확하게 파악할 수 있을 뿐 아니라 향후 실행 단계에서도 본인이 얼마나 개선되었는지를 점수로 파악할 수 있게 된다. 비록 주관적인 측면이 강할지라도 어차피 본인밖에는 알 수 없는 문제이므로 적극적으로 사용해 볼 수 있다.

현재 상황을 파악하기 위한 질문은 다음과 같다.

- 현재 상황은 어떻습니까?
- 원하는 상태를 100점이라고 할 때 현재의 상태는 몇 점인가요?

- 문제의 본질은 무엇인가요?
- 그 밖에 다른 문제는 없나요?

Option(대안의 선택)

목표달성을 위한 대안을 보다 넓고 깊이 있게 찾아내는 과정은 코칭에 있어 매우 중요하다. 다양한 대안을 찾기 위해서는 고객 스스로가 생각하는 대안들을 충분하게 말할 수 있도록 해야 한다. 옳고 그름이나 가능성을 미리부터 판단하거나 예단하지 않고 개방적으로 브레인 스토밍 할 필요가 있다.

대안을 찾기 위해서는 가급적 본인 스스로가 생각하는 대안들을 충분하게 말할 수 있도록 해야 한다. 일단 대안을 생각으로부터 말로 꺼내 놓고 나서 그 대안에 대해 평가하게 되면 비록 자기 자신의 생각이라도 객관적으로 평가할 수 있게 된다. 또한 어떠한 대안이 선택된다 하더라도 본인 스스로가 만든 대안이기 때문에 실행에 대한 의지가 훨씬 강해진다.

대안을 찾기 위한 유용한 질문은 다음과 같다.

- 목표를 달성하기 위한 대안을 생각나는 대로 적어보세요. 다른 대안은 없나요?
- 목표를 달성하기 위해서 어느 것을 가장 먼저 하시겠습니까?
- 당신의 경험 중 이 문제를 잘 극복한 경우는 무엇인가요?
- 자원의 제약이 없다면 할 수 있는 대안은 무엇입니까?

- 당신이 가장 존경하는 역할 모델이라면 어떤 대안을 갖고 있을까요?
- 당신이 사장이라면(가장이라면) 어떤 대안이 가능할까요?
- 이 주제를 보다 단순화(구체화)시킬 수 있겠습니까?
- 단계적으로 해봐야 할 것은 무엇이라고 생각하십니까?
- 이 일을 보다 잘 하기 위해 어떤 노력을 해보시겠습니까?
- 어떤 도움이 필요하십니까?

Will(행동)

대안이 선택되고 나면 행동으로 실행이 되어야 한다. 또한 그 행동은 지속적인 행동이 될 수 있도록 지속적인 변화를 유도할 수 있어야 한다. 그러기 위해서는 목표 설정에서 느끼게 했던 강력한 긍정적인 느낌이 계속될 수 있도록 가급적 주기적으로 피드백을 해줄 필요가 있다.

이와 아주 유사한 사례가 있다. 바로 피아노 조율작업이다. 피아노 조율은 결코 한 번에 끝나지 않는다. 피아노를 치게 되면 어쩔 수 없이 주기적으로 조율작업을 해야 한다. 피아노 조율과 유사하게 일단 변화가 일어나서 행동을 하게 되면 그것을 다시 강화시켜야 한다. 헬스클럽 강좌에 겨우 한 번 갔다 오고 나서 "난 이제 완벽한 몸을 갖게 되었어. 아마 평생 건강할 거야."라고 말하는 사람은 없을 것이다. 행동도 동일하다. 우리는 성공을 위한 지속적인 행동을 위해서 자기 자신을 조율해야 한다. 그런 조율작업을 통해 평생 유지할 수 있는 습관의 패턴을 계발할 수 있다.

행동을 이끌어내기 위한 유용한 질문은 다음과 같다.

• 언제까지 하시겠습니까? 더 앞당길 수는 없습니까?

• 당신이 가장 두려워하는 것(걱정하는 것)은 무엇입니까?

• 이 결과를 얻으려면, 당신의 어떤 부분이 바뀌어야 합니까?

• 현재 이슈를 해결하는 과정에서 빠진 것은 무엇입니까?

• 내가 어떻게 도와주면 좋겠습니까?

• 이 일을 하기로 한 것은 누구의 선택입니까?

• 향후 진행경과를 언제까지 어떤 주기로 제게 알려 주시겠습니까?

• 오늘 배운 것은 무엇입니까?

3

코칭 스킬

"상대방과 같은 시선으로 세상을 바라볼 수 있도록
진심으로 노력하라." —데일 카네기—

코칭을 잘하기 위해서 우리는 경청, 질문, 인정과 칭찬, 메시징 등 코칭에서 요구하는 스킬들에 대해서 익숙해질 필요가 있다. 이러한 스킬들은 각각 따로 작동한다기보다는 유기적으로 잘 섞어서 활용할 때 그 효과가 배가된다고 할 수 있다. 또한 처음에는 사용하기가 어색하고 막상 사용하려고 해도 서툴 수 있지만 익숙해져서 TGROW 모델과 함께 잘 쓸 수 있다면 그 효과는 본인 스스로도 놀랄 정도로 크게 느껴질 것이다.

경청

경청이란 무엇인가?

경청이란 타인을 대하는 상황에서 상대가 하는 말을 정확히 이해하는 방법이다. 경청은 듣기와 다르다. 듣기는 귀에 들어오는 단어를 인식하는 수동적인 행위이다.

반면에 경청은 상대의 이야기를 단순히 수동적으로 듣는 것이 아니라, 귀 기울여 듣는 적극적인 행위이다. 즉, 이야기의 사실과 감정을 적극적으로 파악하여 상대의 의문을 해결하는 것을 지원하는 행동이다.

경청은 코칭에서 가장 기본이 되면서도 중요한 요소이다. 한자로 들을 청(聽)을 재미있게 설명하는 이야기가 있다. 聽 을 耳王, 十目, 一心 으로 분해해서 해석해 본 것이다. 즉, 왕(의 말)을 듣는 데 열 개의 눈으로 한마음으로 듣는다는 것이다. 왕(의 말)을 들으니 얼마나 열심히 듣겠는가? 거기다 들으면서 열 개의 눈을 가지고 상대방을 보니 얼마나 상대방의 입장을 잘 보겠는가? 말하는 표정, 자세, 톤, 행간의 의중 등 열 개의 눈이면 보이지 않는 것이 없을 것이다. 마지막으로 한마음으로 들으니 상대방의 마음 그대로를 들을 수 있을 것이다. 여기에는 듣는 사람의 선입견, 오해, 자기주장 등이 담길 여지가 없을 것이다. 참 멋있는 해석이라고 생각된다. 이렇게 들어주는 사람이 옆에 있다면 얼마나 행복할까? 회사에서 상사가, 집에서 배우자가 이렇게 들어주는 사람이라면 얼마나 신바람이 날까!

경청을 방해하는 습관들

경청이 무엇인지 알게 되었다. 그렇다면 왜 경청이 잘 안 되는가? 여기 경청을 방해하는 습관들이 있다. 자기 스스로 얼마나 해당되는지를 파악해 보자.

• 모두 듣기 전에 판단하고 단정해서 듣는다.

- 듣는데 자꾸 다른 생각이 떠오른다.
- 마음속으로 자기가 할 말을 생각하면서 듣는다.
- 다른 사람과 비교 평가하면서 듣는다.
- 짐작하면서 듣는다.
- 자기위주로 해석하면서 듣는다.
- 타인의 의견에 대해 쉽게 논쟁을 한다.
- 대화 중에 쉽게 다른 주제로 바꾸어 말한다.

이 중에 가장 많이 해당되는 것이 첫째, 둘째, 셋째 습관들일 것이다.

'모두 듣기 전에 판단하고 단정해서 듣는다. 혹은 끝까지 듣지 않는다.'는 경청을 방해하는 가장 큰 습관일 것이다. 그리고 거의 모든 사람들에게 해당될 것이다.

이 습관을 고치는 방법은 끝까지 듣는 인내심밖에 없다. 사실 코칭을 처음 접하면서 느끼는 것은 '대화 중간에 끊고 결론만 얘기하면 대화가 쉽게 끝나는데 왜 이렇게 어렵게 대화를 해야 하는 것일까?' 하는 의문일 것이다. 그렇다. 다음의 대화를 보자.

이대리: 과장님, 보고드릴 일이 있습니다.

김과장: 뭔가?

이대리: 이번 프로젝트와 관련하여 결정할 사항이 있습니다.

김과장: 어떤 결정사항?

이대리: 예, 프로젝트의 평가방법에 관한 겁니다. 이번 프로젝트는 성격상 이런 접근방법을 취해야 하며, 평가방법 대안 1과 대안

2를 검토해야 하는데…

김과장: (중간에 말을 자르면서) 잠깐만, 그래서 결론이 뭐야?

이대리: 아, …예. 평가방법 대안 1과 대안 2 각각의 장·단점은…

김과장: (다시 말을 자르면서) 결국 이런 얘기 아니야? 내가 다 해본 경험이 있어. 대안 1로 해.

이 대화에서 이대리의 심정은 어떨까? 아마 이런 생각을 할 것이다. '김과장은 도대체 다른 사람의 말을 들으려 하지 않는 독선적인 상사야. 정말 같이 일 못하겠어.'

경청을 하는 데 있어서 인내심의 중요성은 아무리 강조해도 지나치지 않다. 일단은 상대방의 말을 자르지 말고 끝까지 들어보자. 단지 끝까지 듣기만 해도 상대방은 당신을 다르게 볼 것이다.

두 번째 습관인 '듣는데 자꾸 다른 생각이 떠오른다.'는 어떻게 고칠 수 있을까? 이 습관도 첫 번째 습관만큼 고치기가 쉽지 않다. 듣는데 자꾸 다른 생각이 떠오르는 것은 어쩌면 누구나 흔하게 겪는 상황일 수 있다. 어찌 보면 자연스럽기까지 한 이런 상황을 어떻게 고쳐나갈 수 있을까?

쉬운 방법은 다른 생각이 떠오르면 이 생각을 특정 인물로 의인화해서 마음속으로 대화하는 것이다. 가령 다른 생각을 철수로 의인화하면 '철수야, 지금은 경청 중이야, 다음에 얘기하자.'라고 마음속으로 대화한다면 쉽게 다른 생각을 잠재울 수 있다. 가장 안 좋은 방법은 다른 생각이 떠오를 때 이 생각을 벗어나려고 애쓰는 것이다. 사실 떠오르는 생각을 벗어나려고 애쓰면 애쓸수록 그 생각이 더 떠오르게 되는 경험은 누구나 해 보았을 것이다.

가장 좋은 방법은 다른 생각이 떠오르면 마치 제 3자의 입장에 있는 것처럼 그 생각을 바라보면서 흘려보내는 것이다. 그렇게 되면 그 생각으로부터 금방 벗어날 수 있다. 이 방법은 명상에서 흔히 사용하는 방법으로 1장에서 '바라보기'라고 설명한 바 있다. 비단 경청할 때뿐만 아니라 어떤 상황에서든지 활용할 수 있는 아주 좋은 방법이다. 원하지 않는 생각이 날 때, 부정적인 생각이 날 때, 언제 어디서나 그 생각을 그냥 바라보면 쉽게 그 생각으로부터 벗어날 수 있다.

한번 시험해 보라.

단 5 분간만이라도 아무런 생각 없이 가만히 있을 수 있을까? 보통 사람이라면 결코 하기 어려울 것이다. 생각이 꼬리에 꼬리를 물고 계속 일어날 것이다. 내 의도와는 전혀 상관없이 그냥 생각이 날 것이다. 그렇지만 바라보기를 하면 확실히 원하지 않는 생각이 줄어든다.

세 번째 습관인 '마음속으로 자기가 할 말을 생각하면서 듣는다.'는 어떻게 고칠 수 있을까? 이런 경우에 쓸 수 있는 쉬운 방법은 할 말을 간단하게 메모하고 잊어버리는 것이다. 사람이 머릿속으로 기억을 해야 하는 것이 스트레스를 유발한다고 한다. 특히 잊지 않기 위해서라면 더 신경 쓰인다. 이럴 때는 간단하게 메모를 하면 쉽게 잊을 수 있다.

이 방법은 경청이 필요한 상황이 아니더라도 유용하다. 집에 가서 해야 할 일을 기억하면서 퇴근한다고 생각해보자. 여간 신경 쓰이지 않는다. 대신 메모지나 휴대폰에 기록하고 나면 마음이 홀가분하고 잊어버릴 일도 없다.

적자생존이라는 말이 있지 않는가? 적는 자만이 생존할 수 있다.

적극적인 경청이 필요한 사례

자, 이제 남녀 간의 적극적인 경청이 필요한 사례를 살펴보자. 이 사례를 통해서 우리는 정말로 가까운 관계에서도 경청이 꼭 필요함을 알 수 있다.

오랫동안 사귀어 온 남녀 사이다. 서로 한참 얘기하는 도중에 갑자기 여자가 침묵한다.

여자: (입을 꾸욱 다물고 침묵한다.)

남자: 내 말에 동의하는 거지?

－여자가 표현하고자 한 상황: 나 화났어!

1년 가까이 쫓아다니던 여자와 드디어 저녁 식사를 같이 하게 되었다.

여자: 우리 좋은 친구로 지내요.

남자: (드디어 내 사랑을 받아주는구나) 감격했어요.

－여자가 표현하고자 한 상황. (꿈도 야무지네!) 우리 관계는 더 발전시키지 않는 것이 좋을 것 같아요.

TV드라마를 재미있게 보고 있는 아내가 퇴근해서 돌아온 남편을 보면서 말한다.

아내: 당신 배고파?

남편: 응, 배고파.

−**아내가 표현하고자 한 상황**: 드라마 끝나면 차려 줄게. (정 배고프면 알아서 차려 먹든가…)

평소와 다른 목소리로 아내가 말한다.

아내: 우리 얘기 좀 해요.

남편: 무슨 얘기?

−**아내가 표현하고자 한 상황**: 우리 한바탕 싸울 일이 있어요.

좀처럼 하지 않는 질문을 아내가 한다.

아내: 자기, 나 사랑해?

남편: 응, 사랑해.

−**아내가 표현하고자 한 상황**: 나 사고 싶은 물건이 있어.

며칠 있다가 아내가 또 질문한다.

아내: 자기, 나 얼마나 사랑해?

남편: 하늘만큼 땅만큼.

−**아내가 표현하고자 한 상황**: 나 백화점에서 사고 쳤으니 한번 봐줘, 응?

이렇듯 평소에 정말 가까운 관계라고 생각하는 사람들의 얘기도 경청하지 않으면 그 의중을 제대로 파악하는 것이 쉽지 않다.

그리고 남자들은 경청에 특히 주목할 필요가 있다. 여자들과 대화할 때 왠지 여자들은 남자들보다 경청도 잘하고 대화를 더 잘하는 것처럼 느낄 때가 많다. 왜 그럴까?

평균적으로 남성은 수학적 추론과 도형 및 공간 인식 기능에서 앞서고 여성은 언어 능력과 사회성에서 앞선다고 한다. 그런데 이러한 남녀 언어의 차이는 상당한 수준이라고 한다. 오죽하면 『'화성에서 온 남자 금성에서 온 여자』의 저자 존 그레이는 남성과 여성이 다른 행성에서 온 사람들이라고 하겠는가? 이로 말미암아 서로 대화가 안 되고 충돌이 잦아진다.(나는 회사에서 신혼부부들에게 늘 이 책을 선물하곤 했다.)

　문제의 원인이 되는 남녀 간 언어의 차이는 뇌의 기능과 구조의 차이에서 비롯된다. 언어 기능은 오른손잡이의 경우 많은 부분이 좌뇌에 주로 위치한다. 반면에 우뇌는 주로 감정을 처리하는 일을 한다. 그리고 좌뇌와 우뇌는 떨어져 있는 것이 아니고 다리 역할을 하는 여러 신경다발로 연결되어 있다. 그런데 언어와 관련된 많은 연구결과에서 남자는 말을 하거나 이해할 때 여자보다 더 많이 왼쪽 뇌에 의존하는 것이 밝혀져 있다. 다른 말로 하면 여자는 언어를 처리하면서 좌우 뇌를 같이 사용하는 경향이 더 많다는 것이다. 또 좌뇌와 우뇌를 연결하는 다리도 남자에 비하여 더 크고 두껍다. 다리가 크므로 좌우 뇌의 연결이 원활할 가능성이 높다. 좌뇌로 말을 하면서 연결 좋은 다리를 이용해서 우뇌로 감정을 덧칠하는 방식이 된다. 이리니 말을 하는 것이 훨씬 재미있을 수밖에 없다. 남자들은 좀 더 직설적이고 무미건조하게 내용을 전달하는데 비하여 여자들은 대화에 다양한 감정을 섞게 된다. 이러한 차이 때문에 서로의 언어가 잘 이해되지 않는다.(남자들은 누구나 경험했을 것이다. 여자들과 싸울 때 몇 년 전의 일을 기억해 내서 그때의 감정들까지 같이 드러내는 것을.)

　게다가 여자들은 남자들보다 경청을 잘 할 수 있는 환경이 조성되어 있다. 특히 아이를 기르면서 엄마들은 비언어적인 것들을 감각적으로 느끼고 말로 표현하는 기술이 더욱 발달하게 된다. 아이가 있는 남자들은 기억해 보자.

애가 울 때 그 울음이 어떤 의미인지 알아차렸던가? 아니다. 내 기억으로는 그저 아내 부르기에 바빴다. "여보, 애가 우는데 어떻게 하지?"

그렇지만 엄마들은 아기들의 울음소리를 듣고도 아이가 무엇을 원하는지 알아챈다. 똥을 쌌는지, 배가 고픈지, 어디가 불편한지, 오직 아기들의 울음소리와 표정을 살펴 알아낸다. 그러니 40대가 되면 도가 터서 남편의 얼굴을 읽고 무슨 일이 있었는지 알아채는 것은 기본이다.

그렇기 때문에 남자들은 상대방을 이해하고 경청하려는 노력을 더 기울여야 한다. 그렇게 해야 커뮤니케이션의 수준을 어느 정도 여자들과 맞출 수가 있게 된다.

이렇게 중요한 경청을 강조하기 위한 좋은 사례가 있다. 우리가 잘 아는 삼성그룹의 창업주인 고 이병철 회장은 1979년에 이건희 회장을 당시 부회장으로 승진시키면서 '경청' 이란 두 글자를 써서 주었다고 한다. 경청의 중요성을 다시 한 번 음미할 수 있는 사례라 할 수 있다.

또한 『밀레니엄맨』이라는 책에서 나오는 '칭기스칸의 편지' 라는 대목이 유명한데 그중 경청의 중요성에 관련된 내용이 있다.

"나는 배운 게 없어 내 이름도 쓸 줄 몰랐지만, 남의 말에 항상 귀를 기울였다. 그런 내 귀는 나를 현명하게 가르쳤다."

이 정도 되면 경청만 잘 해도 훌륭한 사람이 될 수 있는 자질을 갖추게 된다고 할 수 있겠다.

적극적인 경청의 과정

적극적인 경청은 보통 다음의 과정에 따른다.

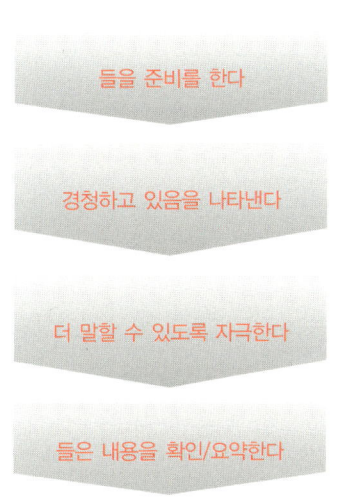

들을 준비를 한다

경청하고 있음을 나타낸다

더 말할 수 있도록 자극한다

들은 내용을 확인/요약한다

들을 준비를 할 때는 우선 아무리 바쁘더라도 상대방에게 관심을 표명한다. 그리고 마음을 비운다. 마음을 비워야만 상대방을 있는 그대로 인식할 수 있게 된다. 마음을 비우지 않으면 내 생각, 내 감정대로 인식하게 된다.

흔히 사무실에서 동료나 직원이 찾아오면 일하던 컴퓨터를 보면서 응대하는 사람이 종종 있다. 이는 상대방에 대한 관심이 부족함을 나타내는 것으로서 경우에 따라서는 상대방이 '나를 존중하시 않는구나.' 라고 생각하게 할 수도 있다.

이 경우에는 우선적으로 상대방과 시선을 맞춰야 한다. 그리고 별도의 회의용 테이블이 있으면 자리에서 일어나 테이블로 이동해서 대화하는 것이 바람직하다. 별도의 테이블이 없으면 서로 대등하게 편하게 대화할 수 있도록 상황을 만드는 것이 좋다. 또한 하던 일을 잠시 접고 상대방의 말을 들을 수 있도록 마음을 비워야 한다. 마음을 비우는 것이 어렵거나 한참 뭔가에 집중하고 있는 경우라면 생각을 간단하게 메모를 하고 나서 대화를 시작하면 마음을 비우는 데도 도움이 되고, 대화가 끝난 후 다시 일을 시작할 때 기억을 되살리는 데도 도움이 된다. 그렇지만 대화를 원하는 사람에게 현재 하던 일을 정리하기 위해 잠깐 기다리게 해 놓고 한참 동안 하던 일을 마무리하는 것은 바람직하지 않다. 정 급한 경우라면 지금은 급한 상황이라고 양해를 구하고 방문 시간을 정한 뒤 방문해 달라고 요청하는 것이 바람직할 것이다. 최악의 경우는 하던 일을 하면서 동시에 상대방의 말을 듣는 경우다. 바쁜 일과 중에 아무리 멀티태스킹이 필요하다고 하지만 경청에서 멀티태스킹은 없다. 시선은 컴퓨터에 맞춘 상태로 말을 하라고 한다면 말할 기분이 나겠는가? 이는 집에서 배우자가 대화를 원하는데 TV를 보면서 말해보라고 하는 상황과 비슷하다. 전혀 말할 기분이 나지 않을 것이다.

경청하고 있음을 나타내는 단계에서 중요한 것은 상대방에 대해 공감을 하는 것이다.

공감이라는 단어는 우리가 흔히 알고 있는 정도 이상으로 가치 있고 중요하다. 공감하는 것과 관련하여 래퍼(Rapport)라는 용어가 있다. 래퍼는 주로 두 사람 사이의 상호신뢰 관계를 나타내는 심리학 용어다. 이는 '마음이 서로 통한다.', '무슨 일이라도 터놓고 말할 수 있다.', '말한 것이 충분히 이해된다.' 고 느껴지는 관계성을 말한다. 상대방과 래퍼를 쌓게 되면 상대방으로부터 정보를 쉽게 얻을 수 있게 된다. 따라서 대화를 할 때는 래퍼를 구축하기 위해 노력해야 하며 이중에서 가장 좋은 방법이 공감이다.

공감은 말로도 할 수 있고, 표정이나 태도로도 할 수 있다. 말로 공감을 하는 좋은 방법은 상대방의 말을 그대로 반복해 보는 것이다. 이 단계가 익숙해지면 상대방의 입장을 달리 표현해 보는 것이다.

다음의 사례에서 공감을 하는 방법을 생각해 보자
평소 문제라고 생각하지 않았던 고등학생 형준이가 엄마에게 갑자기 폭탄선언을 한다.

형준: 엄마, 나 학교를 그만두고 싶어!
엄마: 뭐라고? 너, 미쳤니?
형준: 정말이야, 나 정말 괴로워.
엄마: 아빠한테 말해서 정신차리도록 혼내주라고 해야겠다.

위의 대화에서 엄마는 형준이의 말을 전혀 들으려고 하지 않는다. 또 다른 대화다.

형준: 엄마, 나 학교를 그만두고 싶어.
엄마: 갑자기 왜? 뭐 문제가 있니?
형준:　　.
엄마: 뭐야, 속 터져 죽겠다. 빨리 말해 봐.

위의 대화에서도 역시 엄마는 형준이의 말을 들으려고는 하지만 전혀 공감하지 않고 있다. 또 다른 대화다.

형준: 엄마, 나 학교를 그만두고 싶어.

엄마: 너, 학교를 그만두고 싶어하는구나.

형준: 응, 도저히 학교 다니고 싶은 생각이 안 나.

엄마: 학교 다니는 것이 힘든 거구나.

형준: …최근에 본 수학시험에서 낙제점을 맞았어.

엄마: 우리 형준이가 얼마나 속상했을까?

형준: 아빠한테 이르지 마세요.

엄마: 그래, 우리 어떻게 하면 좋을까?

(이후 문제를 해결하기 위한 대화로 연결된다.)

엄마는 단지 형준이의 말과 생각을 그대로 받아들여 반복해서 말하면서 공감을 표시했다. 그리고 나니 형준이의 마음이 열려서 문제점을 빨리 발견할 수 있었다.

공감을 하면서 경청하는 또 다른 사례다.

고등학교 1학년인 영미는 미장원에서 머리를 자르고 들어오면서 볼멘소리로 말한다.

영미: 엄마! 머리가 엉망이야. 너무 짧게 잘랐어. 창피해서 학교에도 못 가겠어!

영미의 불만에 대해 엄마들이 흔히 하는 반응은 다음과 같이 여러 가지로 나타날 것이다.

(위로 1): 머리는 곧 자라니까 괜찮아.

(위로 2): 머리 시원해서 보기 좋은데 뭐.

(위로 3): 다음에는 다른 미장원에 가 봐라.

(비난): 너는 머리 자르고 들어오면서 한 번도 기분 좋을 때가 없더라.
　　　　맨날 투정이야, 투정.

(명령): 이왕에 자른 머리, 짜증내지 마라,

(훈계): 그만한 일에 신경 쓸 때가 아니잖아. 너는 고등학생이야.

(경고): 머리에 신경 쓰다가 기말고사 망치기만 해 봐라. 이번엔 아빠
　　　　한테 얘기해서 혼내주도록 할 테니까.

(비교): 네 동생 좀 봐라, 그만한 일로 화를 내나. 넌 언제쯤 동생의
　　　　절반이라도 닮겠니?

만약 당신이 아이의 입장에서 위와 같은 말을 들었다면 어떤 반응을 하겠는가? 자녀에게 어려움이 있을 때 이러한 말들을 하게 되면 자녀는 더욱 답답하고 괴로워서 감정이 상하게 되고 당연히 대화는 순조롭게 이어지지 못한다.

다음은 영미를 이해하고 공감하는 입장에서 말할 때의 대화다.

영미: 엄마! 머리를 너무 짧게 잘라서 엉망이야. 창피해서 학교에도
　　　못 가겠어.

엄마: 저런! 머리가 네 맘에 들지 않아서 속이 상했구나, 그런 모습을
　　　다른 사람들에게 보이기도 싫을 테고.

영미: 그래요. 엄마. 내일 학교에 어떻게 가지?

엄마: 그래. 내일 학교 갈 일이 걱정이구나.

영미: (잠시 침묵 후) 가끔 길에서 초등학교 때 짝꿍했던 남자애를 만나기도 하는데.

엄마: 저런! 그래서 신경이 더 쓰였구나, 그럼 어떡하지?

영미: (머뭇거리다) 할 수 없지 뭐. 며칠 동안 아침 일찍 학교 가는 수밖에.

엄마가 딸의 문제를 공감하면서 들어주었더니 딸은 자신의 문제를 스스로 해결하게 되었다. 엄마는 그런 딸을 보면서 흐뭇해할 것이고, 또 딸을 도울 수 있는 자신이 자랑스럽게 느껴졌을 것이다. 그렇다. 공감의 힘은 이렇게 크다.

말로 표현하는 공감 이외에도 표정이나 태도로 공감을 표현할 수도 있다. 즉, 상대방이 슬퍼하면 같이 슬픈 표정을 짓고, 상대방의 손짓이나 몸짓도 따라 하는 것이다. 행동 맞추기(Mirroring)라는 기법이다. 상대방과 행동, 감정 등을 맞추다 보면 상대방과 래퍼가 형성되어 쉽게 공감이 되는 것이다.

더 말할 수 있도록 자극하는 단계에서는 상대가 더 마음을 열 수 있도록 유도해야 한다. 즉, "좀 더 자세하게 설명해 줄래요? 예를 든다면 어떤 것인가요?" 등의 질문으로 상대방이 더 말할 수 있도록 자극한다. 상대방은 자기가 하고 싶은 말을 실컷 할 수 있게 되면 속이 후련해짐을 느낄 것이다. 경우에 따라서는 말하면서 스스로 정리를 하든지 아이디어를 찾게 될 것이다.

마지막으로 들은 내용을 확인/요약하는 단계에서는 주요단어(Key-word)를 사용해서 바꾸어 말한다. 즉, "다시 말해 ○○○라는 거죠? 혹은 ○○○가 맞죠?" 등의 질문을 사용해서 들은 내용을 확인/요약하면 된다.

이상의 과정을 거쳐 경청을 하게 되면 우리는 상대방의 입장에서 상대방의 깊은 속마음 내지 깊은 정보까지도 알게 되는 적극적인 경청, 공감하는 경청, 맥락을 이해하는 경청을 할 수 있게 된다.

시작이 반이다. 지금부터 경청하도록 노력해 보자. 여러분이 경청을 할 때 상대방의 반응이 달라짐을 보면서 여러분 스스로도 놀라게 될 것이다.

질문

질문 또한 경청만큼 우리가 잘 알고 있다고 생각하지만 우리의 의도대로 쉽게 이용하지 못하는 대화 스킬이다.

질문이 왜 필요한가?

질문하기의 상대적인 개념은 '말해주기'라고 할 수 있다. 말해주기 즉, 지시하는 것은 너무 쉽다. 상대에 대해 생각할 필요 없이 자기가 원하는 것을 명령하면 된다.

얼마나 쉬운가? 그렇지만 상대에 대한 생각 없이 지시하면 어떻게 될까? 그렇게 하면 지시하는 사람은 상대방으로부터 추가적인 정보를 얻을 수 없게 된다. 또한 상대방은 시킨 대로만 하게 되므로 지시하는 사람이 모든 책임을 져야 한다. 또한 지시한 사람은 상대방이 제대로 이해했고 지시대로 이행할 것으로 믿지만 실제로는 그렇게 되지 않을 가능성이 훨씬 높다.

그렇다면 말해주기(지시하기) 대신 어떻게 해야 하나? 바로 질문을 활용하는 것이다.

다음은 제프리 쉬워츠(Jeffrey Schwartz) 박사와 미국의 리더십 코치인 데이비드 락(David Rock) 이 리더십을 신경과학적으로 풀이한 연구결과에서 인용한 것이다.

"질문을 받으면 우리는 고민을 하면서 변화가 필요하고 또 변화가 가능하다는 결론을 얻는다. 이런 결론은 마치 섬광처럼 순식간에 이루어진다. 이것이 바로 깨달음, 즉 '통찰'의 순간이다. 반면, 바뀌어야 한다고 명령을 받으면 그 명령이 아무리 논리적일지라도 뇌가 거부 반응을 일으킨다."

여기까지 읽고 나면 왜 석가모니, 예수, 공자, 소크라테스 등 성현들이 질문을 이용한 문답법으로 대화를 했는지 수긍이 간다. 질문을 받을 때만이 성찰과 깨달음으로 이어질 수 있게 된다.
위 내용과 비슷한 경험들이 있을 것이다. 스스로 하려던 일도 다른 사람이 시키면 흥미가 반감되었던 기억들이 있을 것이다.
자 이제는 지시하거나 시키지 말자. 질문을 통해서 스스로 하게 만들자.

질문의 힘
도로시 리즈의 저서 『질문의 7가지 힘』은 질문의 힘에 대해 다음과 같이 설명하고 있다.

- 질문은 변화를 일으킨다.
- 질문을 하면 답이 나온다.
- 질문은 생각을 자극한다.
- 질문을 하면 정보를 얻는다.
- 질문을 하면 마음을 열게 한다.
- 질문에 답하면 스스로 설득이 된다.
- 질문은 혁신을 일으킨다.

질문을 하면 변화를 일으킨다

질문은 우리가 집중해야 할 초점이나 느낌을 결정한다. 우리가 어떤 사항에 대해 질문을 하게 되면 그 질문으로 금방 생각이 집중되게 된다. 따라서 우리가 어떤 질문을 하느냐가 우리의 생각과 행동의 변화를 일으키게 된다.

예전에 회사의 임원들이 같이 모여 코칭 모임을 하는 중에 살면서 가장 행복했던 순간들, 그리고 회사가 고마웠던 점들에 대해 각자 이야기를 해 달라는 질문을 받은 적이 있었다. 금방 분위기가 따뜻해지고 모임에 참여한 사람들이 너무도 정답고 고맙게 느껴졌다. 그것은 아마 우리이 생각이 행복한 기억, 고마운 점이라는 긍정적인 상황에 대한 질문에 집중되어 있었기 때문일 것이다.

반면에 살면서 가장 불행했던 기억, 회사의 문제점들을 얘기하라고 했다면 모임의 분위기가 어떻게 변화했을까? 금방 냉랭하고 어수선해졌을 것이다. 이런 경험은 누구에게나 있을 것이다. 친구들이나 동창들 모임, 혹은 편한 사람들끼리의 모임에서 우리는 흔히 어떤 이야기들을 하는가 생각해보자. 가족의 소중함, 회사의 고마움, 고통의 긍정적 효과 등 긍정적인 주제들에 대해 질문하고 답하는가? 아니면 사회의 문제점, 정치에 대한 불만, 회사의 문제점 등에 대해 산만하게 이야기하는가?

사실 후자가 더 많을 것이다. 그런 대화들을 하고 나면 늘 마음이 찜찜하고 뭔가 허전한 느낌이 든다. 도대체 이런 대화가 왜 필요할까 하는 생각마저 든다. 코칭을 배우고 나서는 의식적으로 긍정적인 대화를 할 수 있는 질문을 통해 대화의 방향을 이끌어 가려고 노력하게 되었고 많은 사람들이 좋은 반응을 보이고 있다. 그렇다. 어떤 질문을 하느냐에 따라 우리의 생각이 집중되고 거기에 맞게 우리의 행동이 변화하게 된다.

그래서 앞서 긍정적인 사고에서 설명했던 다음의 두 가지 질문을 특히 좋아하게 되었다.

- 이 일(상황)의 좋은 점(긍정적인 측면)은 무엇인가?
- 이것을 어떻게 기회로 활용할 수 있을까?

어떤 상황, 특히 원하지 않았던 상황이 발생했을 때 부정적인 이유 혹은 안 되는 이유는 너무나도 찾기가 쉬워서 백 가지도 넘을 것이다. 그리고 그런 부정적인 상황에 집중해 있으면 긍정적인 변화를 일으킬 수 없다. 이때는 빨리 그 상황의 좋은 측면, 긍정적인 측면이 무엇인가라는 질문을 통해 긍정적인 측면으로 생각을 바꿔야 한다. 그리고 긍정적인 측면을 발견해서 어떻게 기회로 활용할지로 생각을 집중해야 한다.

그리고 활력을 주는 변화를 일으키는 질문 5가지를 소개해 보고자 한다.

활력이 필요할 때 본인 스스로에게 혹은 다른 사람에게 다음과 같이 질문해 보기 바란다.

- 지금 내 인생에서 나는 무엇이 행복한가?
- 지금 내 인생에서 나는 무엇을 자랑스럽게 생각하는가?
- 지금 내 인생에서 나는 무엇을 감사하다고 느끼는가?
- 지금 나는 무엇을 가장 즐기고 있는가?
- 내가 사랑하는 사람은 누구인가? 누가 나를 사랑하는가?

질문을 하면 답이 나온다

여기 재미있는 사례가 있다. 1980년대 뉴욕 시에서는 연간 60만 건 이상의 중범죄 사건이 일어났다. 당시 여행객들 사이에서 '뉴욕의 지하철은 절대 타지 마라.'는 말이 공공연하게 나돌 정도로 뉴욕 시의 치안은 형편없었다. 이런 상황에서 뉴욕의 경찰이 범죄 검거율에 치중하던 기존 관행에서 벗어나서

"어떻게 하면 범죄 발생률을 낮출 수 있을까?"

라는 질문으로 생각을 바꾸면서 위대한 변화가 시작되었다. 즉, 범죄 발생률을 낮추기 위해 우리에게도 잘 알려진 '깨진 유리창의 법칙'을 활용한 것이다. '깨진 유리창의 법칙'이란 깨진 유리창 하나를 방치해 두면, 그 지점을 중심으로 범죄가 확산되기 시작한다는 이론으로, 사소한 무질서를 방치하면 큰 문제로 이어질 가능성이 높다는 의미를 담고 있다.

1969년 스탠포드 대학의 심리학자 필립 짐바르도 교수는 매우

흥미 있는 실험을 했다. 우선 치안이 비교적 허술한 골목을 고르고, 거기에 보존 상태가 동일한 두 대의 자동차를 보닛을 열어 놓은 채로 1주일간 방치해 두었다. 다만 그중 한 대는 보닛만 열어 놓고, 다른 한 대는 고의적으로 창문을 조금 깬 상태로 놓아두었다. 약간의 차이만이 있었을 뿐인데 1주일 후 두 자동차에는 확연한 차이가 나타났다. 보닛만 열어둔 자동차는 1주일간 특별히 그 어떤 변화도 일어나지 않았다. 하지만 보닛을 열어 놓고 차의 유리창을 깬 상태로 놓아둔 자동차는 그 상태로 방치된 지 겨우 10분만에 배터리가 없어지고 연이어 타이어도 전부 없어졌다. 그리고 계속해서 낙서나 투기, 파괴가 일어났고 1주일 후에는 완전히 고철 상태가 될 정도로 파손되고 말았던 것이다. 단지 유리창을 조금 파손시켜 놓은 것 뿐인데도, 그렇지 않은 상태와 비교해서 약탈이 생기거나, 파괴될 가능성이 매우 높아진 것이다. 게다가 투기나 약탈, 파괴 활동은 단기간에 급격히 상승하게 된다는 것을 알 수 있었다. 이 실험에서 사용된 '깨진 유리창' 이라는 단어로 인해 'Broken Window' 라는 새로운 법칙이 만들어졌다.

미국의 라토가스 대학의 겔링 교수는 이 '깨진 유리창' 법칙에 근거해서 뉴욕 시의 지하철 흉악 범죄를 줄이기 위한 대책으로 낙서를 철저하게 지우는 것을 제안했다. 낙서가 방치되어 있는 상태는 창문이 깨져 있는 자동차와 같은 상태라고 생각했기 때문이다. 당시 교통국의 데빗 간 국장은 겔링 교수의 제안을 받아들여 치안 회복을 목표로 지하철 치안 붕괴의 상징이라고도 할 수 있는 낙서를 철저하게 청소하는 방침을 내세웠다. 범죄를 줄이기 위해 낙서를 지운다는 놀랄만한 제안에 대해서 교통국의 직원들은 우선 범죄 단속부터 해야 한다고 반발했다. 물론 당연한 반응이다. 대부분의 사람들은 낙서도 문제지만, 우선은 그런 작은 문제보다는 큰 문제인 흉악한 중범죄 사건을 어떻게든 빨리 단속해야 한다고 생각할 것이다.

그러나 간 국장은 낙서를 지우는 것을 철저하게 행하는 방침을 단행했다. 지하철의 차량 기지에 교통국의 직원이 투입되어 무려 6,000대에 달하는 차량의 낙서를 지우는, 그야말로 터무니없는 작업이 수행되었던 것이다. 낙서가 얼마나 많았던지, 지하철 낙서 지우기 프로젝트를 개시한 지 5년이나 지난 뒤에야 모든 낙서 지우기가 완료되었다. 낙서 지우기를 하고 나서 뉴욕 시의 지하철 치안은 어떻게 되었을까? 믿기 어렵겠지만, 그때까지 계속해서 증가하던 지하철에서의 흉악 범죄 발생률이 낙서 지우기를 시행하고 나서부터 더 이상 증가하지 않게 되었고, 2년 후부터는 중범죄 건수가 감소하기 시작하였으며, 94년에는 절반 가까이 감소했다고 한다. 결과적으로 뉴욕의 지하철 중범죄 사건은 놀랍게도 75%나 급감했던 것이다.

그 후, 1994년 뉴욕 시장에 취임한 루돌프 줄리아니 시장은 지하철에서 성과를 올린 범죄 억제 대책을 뉴욕시 경찰에 도입했다. 낙서를 지우고, 보행자의 신호 무시나 빈 캔을 아무데나 버리기 등 경범죄의 단속을 철저하게 계속한 것이다. 그 결과, 범죄 발생 건수가 급격히 감소했고, 마침내 범죄 도시의 오명을 불식시키는데 성공했다. (줄리아니 시장은 그 여세를 몰아 대통령에까지 출마했다.)

질문은 생각을 자극한다

아름다운 아가씨와 함께 있는 남자에게 1시간은 마치 1분 정도로 느껴진다. 그러나 뜨거운 난로 옆에 앉아 있는 1 분은 1 시간보다 더 길게 느껴질 것이다. 아인슈타인은 자신의 이 생각을 물리학 영역으로 확장시켜

"만약 우리가 로켓에 빛을 실으면 그 빛의 속도가 더 빨라질까?"

라는 질문을 던졌다. 이런 재미있는 질문에 답을 하는 과정에서 끊임없이 생각을 자극하여 그 유명한 상대성 이론을 발표하게 된 것이다.

아인슈타인은 질문과 관련하여 다음과 같은 명언을 남겼다.

"중요한 것은 질문을 중단하지 않는 것이다. 그래서 호기심이 필요하다."

질문을 하면 정보를 얻을 수 있고 마음을 열게 할 수도 있다. 사람들이 대화를 할 때 갖는 강박관념 중의 하나가 상대방보다 관련 지식을 많이 알아야 하고 이 부분에 대해 말해 줘야 한다는 것이다.

그러나 오히려 상대방이 자신의 지식이나 경험을 자랑스럽게 얘기할 수 있도록 질문을 해 보면 어떨까? 그리고 답변을 하면 훌륭한 대답이라고 칭찬해 주면 어떨까? 상대방은 '그런 것도 모르고 질문을 하나?' 하고 질문자를 무시하기 보다는 자기가 말할 수 있도록 질문해 준 질문자에 대해 호감을 가질 것이다. 물론 대답을 들으면서 필요한 정보도 얻을 수 있다. 왜 그럴까? 사람들은 기본적으로 자기 이야기를 좋아한다. 자기 자신이 가장 잘 알고 있고, 자기 자신이 좋아하는 것, 자기의 경험과 지식을 공유하고 싶어한다.

미팅의 추억을 되살려 보자. 나에게 질문을 하는 것은 나에 대한 관심의 표시다. 나에게 질문을 하고 관심을 표시하는 사람에게는 마음이 열리게 된다. (물론 외모가 내가 원하는 타입이 전혀 아닌 경우

에는 질문을 받아도 마음이 열리지 않는다고 주장하는 사람도 있겠지만…)

아무튼 질문은 마음을 열게 하는 우리가 가진 최고의 사교 도구다. 단지 사람들에게 다가가서 질문을 하기만 하면 된다. 사람들은 자신과 자기 생각에 대해 이야기하기를 좋아하므로 즉시 말문을 열 것이다. 만일 어떤 사람이 천천히 조용하게 이야기를 하다가 어떤 질문을 받자 갑자기 목소리를 높이거나 말하는 속도가 빨라지면서 열심히 대답을 한다면 그의 관심을 불러일으킨 것이다. 만일 상대방이 몸을 앞으로 내밀거나 팔을 더 적극적으로 사용하거나 하는 등의 몸짓의 변화를 보인다면 상대방이 마음을 열고 그 주제에 관심이 많다는 신호라는 점을 놓치지 말자.

질문에 답하면 스스로 설득이 된다

시카고에 한 고급 레스토랑이 있었다. 이 레스토랑은 전화로 예약을 했던 손님들이 아무런 사전 연락 없이 나타나지 않는 경우가 많아 영업에 큰 타격을 입고 있었다. 문제해결을 위해 컨설팅회사에 의뢰한 결과 간단한 방법으로 이 문제를 해결했다. 기존의 대화는 이런 방식이었다.

손님: 저녁 7시로 예약해 주세요.
레스토랑 직원: 예, 예약했습니다. 못 오시게 되면 전화 주세요.
손님: (마지못해서 하는 목소리로) 예….

새로운 방식의 대화는 다음과 같다.

손님: 저녁 7시로 예약해 주세요.

레스토랑 직원: 예, 예약했습니다. 못 오시게 되면 전화 주실 거죠?

손님: (당연하다는 목소리로) 물론이죠.

질문에 대해 대답을 하고 나면 스스로 설득이 되어 실행력이 엄청나게 높아지게 된다.

질문에 답하면 스스로 설득이 되는 또 다른 사례가 있다.

대학교 신입생인 영미의 귀가 시간이 너무 늦어서 걱정하는 엄마와 영미의 대화다.

영미: 다녀왔습니다.

엄마: 영미야, 지금 몇 신데 이렇게 늦게 들어오니?

영미: 미안해요.

엄마: 늦게 다니면 위험한 일이 생길 수 있으니 앞으로는 일찍 귀가해라.

영미: 엄마, 이제 저도 대학생이니 제가 알아서 할게요.

엄마 : (아니, 이 녀석이) 뭐라고?

위의 대화에서 엄마가 질문을 활용한다면 어떨까?

영미: 다녀왔습니다.

엄마: 영미야, 늦었구나.

영미: 예, 신입생 환영회가 있어서 늦었어요.

엄마: 그렇구나, 그래도 이렇게 늦게까지 밖에서 돌아다니면 어떤 일들이 생길 수 있을까?

영미: 아무래도 위험한 일들이 생길 수 있겠죠.

엄마: 그래, 엄마는 밤늦게 귀가하다 위험한 일들이 생길까 걱정이 된
　　　단다. 앞으로 일찍 귀가해 줄 수 있지?

영미: 네.

질문은 변화와 혁신을 일으킨다

1943년 에드윈 랜드는 어린 딸의 손을 잡고 해변을 거닐며 사진을 찍기 시작했다. 딸은 어서 빨리 사진을 보고 싶어서 조바심을 내며 물었다.

"아빠, 왜 사진을 금방 볼 수 없는 거죠?"

이 질문이 바로 폴라로이드 카메라 탄생의 단초가 되었다.

질문이 혁신을 일으킨 사례는 또 있다.

아서 프라이의 부인은 성가대를 하며 찬송가에 표시를 해 두는 작은 종이 조각이 책장을 넘길 때마다 떨어지는 것이 불편하다며 남편에게 물었다.

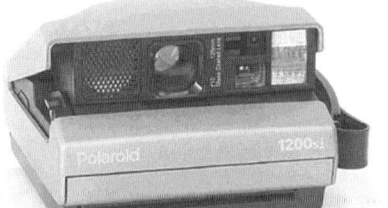

"책갈피에 종이를 붙여 두었다가 찢어내지 않고 다른 페이지에 다시 붙일 수 있는 방법이 없을까요?"

이 질문이 바로 포스트잇 탄생의 단초가 되었다.

거침없는 의사소통에서 변화는 시작된다. 질문을 통한 관점의 전환이 혁신을 가져오게 된다.

좋은 질문 만드는 요령

이렇게 강력한 힘을 가진 질문이 왜 하기 어려울까?

여러 가지 이유가 있겠지만 다음과 같은 이유들일 것이다.

우선 조급증이다. 빨리 해결책이 나와야 하는데 언제 일일이 질문하고 답변을 경청하고 할 수 있느냐는 생각 때문이다. 다소 시간이 걸리더라도 상대방의 이야기를 잘 듣고 질문을 할 수 있는 인내심이 절대적으로 필요하다.

또한 문화적인 요인도 있다. 학창시절 수업시간에 질문했다가 답변은 고사하고 하찮은 질문을 했다고 창피를 당했거나 창피를 당한 친구들을 본 경험이 있을 것이다. 그 이후로는 질문을 하면 왠지 권위에 도전하는 것 같고, 불평불만을 가진 사람으로 인식될 것 같은 느낌이 들곤 했을 것이다. 그런 경험으로 인해 질문하지 않고 가만히 있으면 중간은 가는데 공연히 질문해서 미운 털 박힐 필요가 없다고 생각하게 되었을 수도 있다.

반면, 선진국에서 수업이나 회의에 참석해 보면 어떤 질문을 해도 좋은 질문이라고 하면서 질문할 수 있는 분위기를 만들어 주는 문화를 접하면서 참 좋은 문화라고 여겼던 기억이 있다.

그렇다. 어떤 어리석은 질문을 받아도 면전에서 반박하지 말자.

질문이 어려운 또 다른 이유로는 일종의 자만심과도 관련되어 있을 것이다. 즉, 상대방이 말하는 내용을 나는 이미 다 알고 있다는 생각이다. 이런 상태에서는 질문이 잘 나오지 않는다. 마음을 비우고 상대방의 입장에 서야 질문이 나오게 된다. 그렇다면 이제 이렇게 질문하기 어려운 상황들을 어떻게 극복하고 질문을 잘할 수 있는지에 대해 알아보자.

열린 질문 만들기

좋은 질문을 하기 위해 먼저 염두에 둘 사항이 열린 질문이다. 열린 질문은 상대방이 자기 의견을 자유롭게 말할 수 있도록 하는 질문이다. 반면, 닫힌 질문은 흔히 '예, 아니오.'로 대답해야 하는 질문이다. 그런데 우리의 질문은 무의식 중에 너무도 많이 닫힌 질문에 집중되어 있다. 다음의 대화를 보자.

> 이대리: 이번 프로젝트는 아무래도 시간이 더 소요될 것 같습니다. 왜냐하면….
>
> 김과장: (말을 자르면서) 됐고, 결국 지금 하는 프로젝트가 힘들다는 얘기죠.
>
> 이대리: (할 말 없음)….

김과장은 아무 생각 없이 그냥 편하게 말이 나오는 대로 질문하고 있다. 그렇다. 열린 질문을 하려면 생각을 하면서 질문을 해야 하고 대답에 주의를 기울여야 한다. 그렇지만 열린 질문이 그렇게 어려운 것인가? 그렇지 않다. 열린 질문은 어렵지 않다. 질문에 어떻게, 무엇을 등 육하원칙을 붙이면 된다.

다음의 사례를 보자.

> (닫힌 질문)
>
> 김과장: 뭔가 문제가 있습니까?
>
> 이대리: 예.

(열린 질문)

김과장: 이 프로젝트에서 무엇이 문제죠?

이대리: 현재 프로젝트에 투입된 인력이 부족합니다.

(닫힌 질문)

김과장: 인력부족 문제를 해결할 수 있습니까?

이대리: (머뭇거리면서) 아니오.

(열린 질문)

김과장: 어떻게 하면 인력부족 문제를 해결할 수 있을까요?

이대리: …제 생각에는 절대 인력이 부족한 상태에서 일부 인력을 외
　　　　부에서 아웃소싱해야 할 것 같습니다.

(닫힌 질문)

김과장: 그럼 인력 아웃소싱을 이번 주까지 해결할 수 있나요?

이대리: (머뭇거리면서) 아니오, 힘듭니다.

(열린 질문)

김과장: 그럼 인력 아웃소싱을 언제까지 해결할 수 있나요?

이대리: …제 생각에는 적어도 2주 정도는 필요하다고 봅니다.

　　이렇듯 상대방이 스스로 생각하고 성장할 수 있도록 열린 질문을
적극 사용해야 한다. 그러나 가끔은 닫힌 질문도 필요할 때가 있다.
즉, 대화의 시작 단계에서 "지금 얘기를 시작해도 될까요?" 혹은

대화 마무리 단계에서 "이 결정에 찬성하십니까?" 혹은 명확하게 이해하지 못했을 때 "지금 하신 말씀이 이런 말씀 맞습니까?" 등이다. 그러나 닫힌 질문을 했으면 이어서 열린 질문으로 이끌어가는 것이 좋다.

중립적 언어 사용하기

열린 질문과 함께 질문을 하면서 염두에 둘 사항은 중립적 언어를 사용하는 것이다. 다음은 중립적 언어의 특성이다.

- 판단, 비난, 가정을 하지 않으며 '잘못됨'을 말하지 않는다.
- 상대방을 평가하지 않는다.
- 당신의 해결방안으로 상대방을 이끌어가지 않는다.
- 사실, 정보, 상대방의 경험에 초점을 맞춘다.
- 자기 중심성을 버린다.

중립적인 언어를 사용한 질문을 하기 위해서는 열린 질문을 하는 것보다 노력이 더 필요하다. '육하원칙을 사용해서 열린 질문을 하면 다 됐구나.' 하고 생각하기 쉽지만 결코 그렇지 않다. 질문에 감정이나 판단을 넣지 않고서 해야 한다. 이런 질문을 만들기 위해서는 질문자 입장의 생각을 버려야만 한다. 그리고 상대방의 입장에 서야 한다.

다음 질문의 경우를 보자.

김과장: 이대리, 자네는 왜 새로운 프로젝트를 두려워하지? 자네에게

좋은 기회 아니야?

이대리: 아, 그게 말이죠.(대답을 망설이게 된다) 좋은 기회이기는 하지만….

김과장: 변명은 그만두고 언제 행동할 건지 말해보게.

이대리: 음….(우리 과장님은 언제나 이 모양이야)

이 경우 김과장의 질문은 김과장의 생각을 담아서 전한 것이다. 이대리를 이미 새로운 프로젝트를 주저하는 사람으로 평가하면서 질문을 하는 것이다. 이래서는 이대리의 생각을 알 수도 없고, 이대리를 움직이게 할 수도 없다. 이 경우 중립적 언어를 사용한 질문을 만들어보자

김과장: 이대리, 이 프로젝트를 수행하는 데 있어 문제점이 무엇인가?

이대리: 예, 이 프로젝트는 기한이 너무 촉박한데 비해 인력자원을 충분히 투입할 수 없는 것이 가장 큰 문제입니다.

김과장: 아, 그렇군, 그러면 어떻게 하면 이 문제를 해결할 수 있겠나?

이어서 문제 해결에 집중하는 대화가 이어지게 된다.

구체적으로 질문하기

중립적 언어를 사용해서 열린 질문을 하는 경우에도 불충분한 경우가 종종 있다.

바로 구체적인 질문이 필요한 경우이다. 질문의 범위가 넓어질수록 잘게 나눠서 질문을 하는 것이다. 너무나 큰 범위의 막연한 질문을 받는 경우에는 대답하는 사람이 두루뭉술하게 대답할 수밖에 없다. 초등학교 6학년인 상호와 아빠의 사례를 보자.

아빠: 주말에 오랜만에 같이 식사하는구나.

상호: 예.

아빠: 그래, 요즘 학교에서 어떻게 지내니?

상호: 잘 지내요.

아빠: 특별히 문제는 없고?

상호: 예.

아빠의 질문은 너무 광범위하고 애매하다. 아빠와 상호의 대화는 겉돌게 된다. 이런 경우에는 보다 구체적으로 질문을 해야 한다.

아빠: 주말에 오랜만에 같이 식사하니 기분이 어때?

상호: 예, 오랜만에 아빠와 같이 식사하니 좋아요.

아빠: 그래, 요즘 학교에서 배우는 것 중에서 뭐가 제일 재미있니?

상호: 예, 과학이 재미있어요.

아빠: 과학 과목 중에 뭐가 제일 좋은데?

상호: 예, 저는 곤충에 대해 공부하는 것이 재미있어요.

아빠: 그렇구나, 우리 상호는 곤충에 대해 관심이 많구나.

상호: 예.

아빠: 그러면 요즘 학교에서 제일 힘든 것이 뭐지?

상호: 수학과목이 조금 힘들어요.

이어서 대화가 계속된다.

또 다른 사례다. 내년도 사업계획을 수립하는 회의다.

김과장: 이대리, 앞으로 시장동향이 어떻게 변할까?

이대리: (그걸 알면 내가 이 자리에 있겠어요?) 글쎄요.

김과장의 질문은 너무 광범위해서 대답하기가 쉽지 않다. 이 경우에는 질문을 보다 구체적으로 나눠야 한다.

김과장: 이대리, 내년도 우리 회사와 같은 제조업 시장에서 가장 큰 위기와 기회요인이 무얼까?

이대리: 위기는 아무래도 환율과 금융시장의 불안정성이겠죠. 기회는 최근의 기후변화로 인한 녹색성장이 우리 회사에도 새로운 기회요인이 될 것 같아요

김과장: 맞아, 이대리는 시장을 보는 눈이 뛰어나. 그러면 환율과 금융시장에 대해 어떤 방법으로 조사를 하는 것이 좋을까?

이대리: 제가 평소에 관련된 리서치페이퍼들을 보고 있어요. 제가 정리해 볼게요.

자, 이제 질문에 대해 자신감이 생겼을 것이다. 마지막으로 좋은 질문을 하기 위한 사례를 보자.

김과장과 이대리가 진행중인 프로젝트에서 예기치 못한 문제들이 계속 발생하고 있어 난처한 상황이다.

김과장: 이대리, 이 문제를 왜 빨리 이야기하지 않고 지금 얘기하는 거야?

이대리: 제가 나름대로 대응한 다음 보고를 드리려고 했는데 보고가 늦었습니다.

김과장: 답답하구만, 도대체 이 문제를 어떻게 할 건가?

이대리: 제가 조금 더 고민해 보겠습니다.

김과장: 자네가 고민한다고 해결되는 게 뭐가 있어.

이대리: (자기는 도와주지도 않으면서 화만 내기는) ….

김과장 입장에서 화가 날 수도 있겠지만 질문에 대해 배운 것을 실습해 보자.

김과장: 이대리, 이 문제에 어떻게 대응하면 좋을까?

이대리: 늦게 보고 드려서 죄송합니다. 제가 나름대로 대응한 다음 보고를 드리려고 했는데 예기치 못한 상황이 발생했습니다.

김과장: 그래, 내가 어떻게 도와주면 좋을까?

이대리: 우선 부장님께 상황을 말씀드려주시면 고맙겠습니다. 그리고 부장님과 부서 전체의 아이디어를 들었으면 좋겠습니다. 그 사이 저는 시간을 조금 더 벌고, 상대방의 제안을 더 검토해 보겠습니다.

김과장: 알았네, 자네도 갑작스런 돌발 상황에 고생이 많네, 우리 같이 잘 해결해 보자고.

질문에 대한 설명을 마치면서 질문의 소중함을 일깨우는 잘 알려진 이야기 하나를 소개하고자 한다.

육십이 넘은 노부부가 성격차이를 이유로 이혼을 하기 위해 법원을 찾았다. 법원은 노부부에게 이혼숙려기간을 제시하고 이혼에 대해 더 생각해 보라고 했다. 노부부는 이혼 처리를 부탁했던 변호사와 함께 식사를 하면서 이혼 사유에 대해 이야기를 하려고 했다. 이날 주문한 음식은 통닭이었다. 주문한 통닭이 도착하자 남편은 자기가 좋아하는 날개 부위를 찢어서 아내에게 권했다. 권하는 모습이 워낙 보기가 좋아서 동석한 변호사는 어쩌면 이 노부부가 다시 화해할 수 있을지도 모르겠다고 생각하는 순간, 아내는 기분이 아주 상한 표정으로 마구 화를 내며 말했다.

"지난 30년간 당신은 늘 그래왔어. 항상 자기중심적으로만 생각해왔어. 난 닭다리를 좋아한단 말이야. 내가 어떤 부위를 좋아하는지 한 번도 물어본 적이 없어. 당신은 자기중심적이고 이기적인 인간이야."

아내의 그런 반응을 보면서 남편이 말했다.

"날개 부위는 내가 제일 좋아하는 부위야. 나는 내가 먹고 싶은 부위를 30년간 꾹 참고 항상 당신에게 먼저 건네준 건데… 어떻게 그렇게 말할 수가 있어?"

그 이후의 이야기는 생략했지만 아마도 남편은 이렇게 생각했을 것이다.

"정말 나는 한 번도 아내에게 무슨 부위를 먹고 싶은지 물어본 적이 없었구나, 그저 내가 좋아하는 부위를 주면 좋아하겠거니 생각했지. 내가 먹고 싶은 부위를 떼어줘도 시큰둥한 반응을 보이는 아내에게 섭섭한 마음만 들고… 돌아보니 내가 잘못한 것 같아, 나는 여전히 아내를 사랑하고 있는데…."

그리고 아내도 이렇게 생각했을 것이다.

"그러고 보니 나도 지난 30년간 남편이 날개부위를 좋아하는 줄 몰랐네. 자기가 좋아하는 부위를 나에게 먼저 건넸는데, 그 마음을 모르고 나는 뾰로통한 얼굴만 보여주었으니 얼마나 섭섭했을까? 나에게 그런 마음을 써주는 것을 정말 몰랐구나. 아직 사랑하는 마음은 그대로인데…"

그렇다. 아무리 가까운 사이라도 말하지 않으면 모른다. 어떻게 하면 서로의 마음을 말하게 할 수 있을까? 바로 질문이다. 질문!

여기까지 경청과 질문에 대한 설명을 했다. 결국 의사소통의 효과성은 경청과 질문에 있다고 하겠다.

또한 좋은 질문은 좋은 경청에서 나온다고 할 수 있다. 때문에 경청을 잘하면 질문을 잘할 수 있게 된다. 또한 선순환의 흐름에 의해 질문을 잘 하게 되면 경청도 잘할 수 있게 된다.

마지막으로 남녀관계에 있어서 남자들이 가장 무서워하는 질문을 소개하겠다.

하나는 "오늘이 무슨 날인지 알아?"이고 다른 하나는 "나, 뭐 달라진 것 없어?"라고 한다. 이 두 가지 질문이 나왔다면 벌써 상황이 상당이 어려워졌다는 것이다. 이제는 이런 질문들이 나오기 전에 분위기를 파악할 수 있는 능력들을 키워야겠다.

인정과 칭찬

경청과 질문을 통해 대화에 자신이 생겼다면 인정과 칭찬하는 데 익숙해지기를 권하고 싶다. 인정과 칭찬은 인간관계를 원활하게 해주는 윤활유다. 조금 더 강조한다면 물과 음식처럼 우리 몸에 필수적이다. 이 세상에 인정받기 싫어하는 사람이 누가 있겠는가? 칭찬 듣기 싫어하는 사람이 누가 있겠는가? 아마 없을 것이다. 그러면 이렇게 필수적인 인정과 칭찬을 하는 데 돈이 드는가? 인정과 칭찬을 하면서 특별하게 선물을 같이 하지 않는 한 말로 하는 인정과 칭찬에는 돈이 필요하지 않다. 그야말로 최고 아닌가? 그런데 왜 이렇게 인정과 칭찬을 하는 것이 어려운가? 그것은 인정과 칭찬을 하는 데에도 노력과 습관화가 필요하기 때문이다.

사람은 누구나 인정받고자 하는 욕구를 가지고 있다고 한다. 그래서 사마천의 사기에서도 인정에 대한 설명이 있다.

예양의 고사에 인정에 대한 서술이 있다.

선비는 자기를 알아주는 사람을 위해 죽고(士爲知己者死)
여인은 자기를 사랑해주는 이를 위해 얼굴을 가꾼다(女爲悅己者容)

참으로 멋있는 말이 아닌가? 자기를 인정해 주면 목숨도 아끼지 않는다는 것이다. 오죽하면 공자가 학이편에서 "남이 나를 알아주지 않아도 화내지 않으면 군자가 아닌가." 라고 했을까! 공자의 말씀을 뒤집어 생각해 보면 대부분의 사람들은 남이 나를 알아주지 (인정해 주지) 않으면 화를 낸다는 의미로 해석할 수 있다. 오직 군자만이 나를 인정해 주지 않아도 화내지 않는다는 것인데, 실제로 군자는 아주 드물지 않은가?

말이 곧 현실이 된다면 당신은 자녀들에게 어떠한 말을 해줄 것인가? 또는 자기 자신에게 어떠한 말을 할 것인가? 프랑스 심리학자 쿠에는 실험을 통해 긍정적 자기암시가 실제로 효과가 있다는 이론을 설파했다. 앞서 말한 대로 인간의 뇌는 현실과 상상을 구분하지 못한다.

예컨대 실제 살구를 먹을 때 뿐 아니라 머릿속에서 살구를 먹는 상상만 해도 입에 침이 고인다. 따라서 자녀가 성공하기를 바란다면 어떠한 조건, 상황에서도 '절대 긍정과 인정'의 말을 심어주라는 것이다. 부모의 사랑과 신뢰가 담긴 긍정의 말이야말로 세상에서 가장 훌륭한 약이다. 부모가 자녀에게 줄 수 있는 가장 큰 선물과 힘은 자녀의 가능성을 끝까지 믿어주는 것이라고 한다.

사실 우리는 모두 경험적으로 이 말에 동의할 수 있다. "잘 했다, 대단하다, 역시 최고야." 등으로 말해주는 것보다 더 강력한 힘을 지닌 말은 우리 인생에서 별로 없을 거라고 생각한다. 만약, 우리가 뭔가를 잘해낸 다음 그에 대해 인정을 받았다면, 다음에는 더 잘하려고 애쓸 것이다. 이렇게 진심 어린 칭찬은 최고의 결과가 나올 수 있도록 도와준다. 이렇듯 인정은 실제로 모든 사람들이 원하는 것이다. 그리고 인정의 핵심은 칭찬하기이다.

그렇지만 우리는 칭찬하는 데 시틀다. 아니 칭찬하는 데 인색하기까지 하다. 왜 그럴까?

장점에 집중하기

칭찬하기 어려운 가장 큰 이유 중의 하나는 상대의 장점보다 단점이 쉽게 눈에 들어오기 때문일 것이다. 이에 관해서는 칭찬에 관한 벤자민 프랭클린의 이야기를 소개하고자 한다.

프랭클린은 흔히 태어날 때부터 다른 사람들을 즐겁게 해 주는 성격을 갖고 있었기 때문에 타고난 외교관으로 묘사되었다. 하지만 사실은 그렇지 않다고 한다. 프랭클린은 자서전에서 자신이 쉽사리 다른 사람을 비판하려 드는 경향을 없애려고 얼마나 힘들게 노력했는지 말하고 있다. 그는 대담하게 계획을 세워 꾸준하게 노력했다. 그리하여 마침내 그는 새로운 습관을 가지게 되었다. 즉, 다른 사람들의 긍정적인 면을 찾도록 노력해서, 마침내 "다른 사람들에 대해서 내가 알고 있는 모든 것들은 다 좋은 것뿐."이라고 말할 수 있게 되었다. 다른 사람들의 긍정적인 점을 보려고 노력해서 다른 사람들을 치켜 올려주는 동안 자신이 오히려 역사에 남는 인물이 되었던 것이다. 그렇다. 우리는 하루에도 수없이 다른 사람의 단점을 보게 된다. 저 사람은 왜 저럴까? 저 사람은 왜 저렇게 행동할까? 왜 저렇게 화를 낼까? 왜 저렇게 입고 다닐까? 등등 끝이 없다. 그런 생각이 들 때마다 그 사람의 장점을 찾아내서 그 사람의 장점에 집중해 보자. 느낌이 달라질 것이다. 보기 싫고 미웠던 사람도 그 사람의 장점에 집중하다 보면 그런 감정이 적어지게 된다.

결국 우리가 어떤 측면에 우리의 생각을 집중하느냐에 따라 그 사람에 대한 우리의 인식이 달라지게 된다. 때때로 상사, 부하, 배우자, 자녀가 서운하게 느껴질 때에도 그 사람의 장점만을 생각해 보자. 그리고 볼 때마다 그 장점을 칭찬해주자.

평소 존경하는 CEO 중 한 분은 딸을 출가시키면서 신혼부부에게 이런 이야기를 해주었다고 한다. "결혼 생활을 하면서 서로의 장점을 찾아내서 그것에 집중하고 칭찬해 주면 백년해로할 것이고, 반대로 상대의 단점이 자꾸 보이고 단점을 지적하게 되면 결혼

생활이 힘들어질 수 있다."

정말 공감이 되는 말이다. 남을 올려 주면 나도 같이 올라가고 남을 깎아 내리면 나도 같이 내려간다는 말이 있지 않은가?

아부의 기술

칭찬을 잘 못하는 이유 중 하나는 문화적인 측면도 있다. 유교의 전통이 컸던 우리 문화는 아무래도 사소한 일도 칭찬하고 격려하는 분위기와는 조금 거리감이 있었던 것 같다. 특히, 아부에 대해서는 경계했다. 그러나 『아부의 기술』이라는 책을 보면 생각이 달라질 것이다.

이 책에서는 아부의 생리학적 메커니즘까지 들고 나와서 아부 또는 칭찬이 적자생존을 위해 지극히 자연스러운 것임을 설명하고 있다. 아부나 칭찬은 기분 좋은 생화학 반응을 일으키게 하는데, 침팬지나 인간이나 동일한 반응을 일으킨다. UCLA 대학의 마이클 맥과이어(Michael McGuire) 교수는 벨벳 원숭이를 연구한 결과, 복종하는 수컷의 혈관에 흐르는 세로토닌에 비해 지배하는 수컷의 혈관에는 두 배나 많은 세로토닌이 흐른다는 사실을 밝혀냈다. 세로토닌은 뇌세포에 정보를 보내는 데 필요한 화학물질로 신경전달물질이다. 또한 세로토닌은 모든 생명체의 삶에 기본적인 물질이다. 낮은 세로토닌은 우울증과 폭력과도 어느 정도 관계가 있다. 이와 반대로 세로토닌 수치가 높으면 상당한 행복감과 만족감을 느끼게 된다. 항우울제는 신경계에 세로토닌의 양을 증가시키고 가능한 혈관에 오래 남게 함으로써 기분을 장시간 유쾌하게 만드는 것이다. 그런데 무엇보다도 흥미로운 것은 세로토닌이 변화하는 양상이다. 맥과이어는 세로토닌 수치의 변화를 자세히 살펴보기 위해 우두머리가 위세 부리는 모습을 다른 녀석이 볼 수 없도록 우두머리를 거울 뒤편에 있게 했다. 그랬더니 우두머리의 세로토닌은 완전히 고갈되고 말았다. 부하 녀석들이 추종하는 모습을 보아야 우두머리의 신경 호르몬이 변화를 일으켜 세로토닌 수치가 올라가는 것이다. 단적으로 말해, 절을 하고 등을 긁어주는 아부 또는 칭찬 행위가 세로토닌의 증가를 가져온다. 맥과이어는 우두머리 원숭이의 경우, 실제로 힘을 사용하기보다 밑에 있는 녀석들이 자신을 추종하는 행동을 보는 것만으로 세로토닌 수치가 올라갔다고 보고하고 있다. 다시 말해 상대방이 아부하는 행동 자체만으로 긍정적인 강화가 이루어져 뇌에 세로토닌이 넘치게 된다는 것이다. 아무튼 아부 또는 아부와 유사한 행위는 생물학적인 행위라 볼 수 있다. 아부는 생존에, 그리고 좀 더 나은 삶을 영위하는 데 확실한 도움이 되고, 아부를 조금이라도 맛보면 자신이 더 강해졌다는 느낌이 오는 것만은 분명하다.

흔히 자긍심이 강하고 성취감이 높은 사람들은 자신을 칭찬하는 소리를 아부라고 여기기보다, 오히려 그러한 평가를 해주는 타인의 안목이 뛰어나다고 받아들인다. 영국의 극작가 버나드 쇼는 "당신이 누군가에게 아부한다는 것은 곧 당신이 그를 아부할 만한 가치가 있는 사람이라고 여기기 때문이다."라고 말했다.

아부 받는 당사자는 누군가 자신에게 아부하고 있다는 사실을 눈치채더라도 좀처럼 화를 내지 않는다. 랄프 에머슨은 "아부에 현혹당하지는 않을지라도 아부를 싫어하는 사람은 아무도 없다. 아부란 자신의 비위를 다른 사람이 맞춰야 할 정도로 자신이 중요한 사람이라는 사실을 여실히 보여주는 행위이기 때문"이라고 말했다.

아부를 하라고 권하는 것이 아니다. 우리가 문화적으로 꺼려하는 아부도 사람들은 싫어하지 않는데 하물며 칭찬을 싫어할까? 사실 아부와 칭찬의 경계가 모호하지 않은가?

경우에 따라서는 반드시 칭찬해야 하는 상황도 있다. 결혼식장에서는 항상 신부가 아름답다고 해야 하고, 전시회에서는 화가에게 그림이 대단히 뛰어나다는 인사를 해야 한다. 돌잔치에 가서는 아기가 예쁘다는 칭찬을 당연히 해야 하며, 저녁 식사에 초대되어 식사를 할 때는 먹으면서 너무 맛있다는 칭찬을 적어도 서너 차례 하지 않으면 무례하게 보일 것이다.

이제 칭찬은 선택이 아니라 필수처럼 느껴진다. 그럼 어떻게 해야 칭찬을 잘 할 수 있을지 알아보자.

칭찬 잘하기

칭찬을 잘하기 위해서는 프랭클린과 같이 상대의 장점에 집중해야 한다. 누구에게나 장점은 반드시 있다. 그 장점을 파악하기 위해서는 관심을 가져야 한다. 상대방에 대한 관심 없이 좋은 칭찬이 나오기 어렵다. 이 점에 있어서는 남자가 여자보다 약간 불리한 점이 있다.

주위를 살펴보자. 여자들은 어쩌면 그렇게 작은 일에서도 자연스럽게 칭찬이 나올까? "야! 너, 그 옷 참 잘 어울린다, 어디서 샀니? 나한테도 알려 줘…." 남자들은 낯간지러워서 절대 못한다.

김미경 저 『여성마케팅』이라는 책에는 이 부분이 아주 재미있게 설명되어 있다. 남자들은 어릴 때부터 전쟁놀이, 게임 등 승패와 관련된 놀이를 한다. 이때 놀이의 목적은 이기는 것이다. 그러다 보니 놀이 인원을 구성할 때 당연히 힘이 세거나 놀이를 승리로 이끌 수 있는 아이들이 먼저 선택된다.(사실 이 부분은 성인이 되어 사회생활을 할 때도 완전히 똑같다. 새로운 프로젝트를 위해 팀을 구성할 때는 프로젝트의 성공을 염두에 두고 누가 프로젝트 성공에 적합한 사람일까를 최우선으로 고려해서 팀을 구성한다.) 승리가 목적이므로 구성원 간의 친밀도는 그다지 중요하지 않다. 반면에 여자들은 어릴 때부터 소꿉놀이나 인형놀이 등 관계와 관련된 놀이를 한다. 소꿉놀이에 끼려면 일단 아이들과 친해야 한다. 소꿉놀이는 전쟁놀이와 달리 승패 게임이 아니고, '다 함께 사이 좋게 놀기'가 목적이다. 그러므로 마음이 맞는 친구들로 인원을 구성하고 모르는 아이는 잘 끼지 못한다. 소꿉놀이의 리스크는 누군가가 삐지는 것이다. 누군가 삐져서 '나 안 놀아!' 하고 가 버리면 소꿉놀이는 그것으로 끝난다. 이런 일을 몇 번만 겪어보면 어느덧 여자아이들은 자연히 놀이를 하는 중에도 다른 친구가 삐졌는지 안 삐졌는지를 유심히 살피게 된다. 여자아이들은 놀이를 하면서 사람에 대한 관심과 마음읽기를 이미 훈련 받은 셈이다. 여자들은 성인이 되어서도 친구를 관리하는 기본이 서로의 마음을 다치지 않도록 배려하고 매사에 신경 써주는 일이다. 그러니 상대방에 대한 관심과 칭찬이 당연히 남자보다 자연스러울 수밖에 없다. 따라서 남자들은 관심과 칭찬에 더욱 신경을 써야 한다.

칭찬하는 말에는 현실감을 불어 넣어야 한다. 그러기 위해서는 눈을 마주치고 미소를 지으며 마음으로부터 칭찬해야 한다. 혹자는 말한다. "상대방이 잘하는 것이 보여야 칭찬을 하지." 혹은 "마음이 우러나오지 않는데 어떻게 칭찬이 되냐?"라고. 그렇지만 어떤 점이라도 마음에 드는 부분을 애써 찾아서 일단 칭찬을 해 보자. 그러고 나면 상대방이 좋게 보이기 시작한다. 즉, 일단 칭찬하고 나면 마음도 움직여서 상대방이 더 좋게 느껴진다.

칭찬을 할 때는 구체적으로 칭찬하자. 뜬금없이 "대단하십니다.", "훌륭하십니다."라고 하는 막연한 칭찬은 상대방으로 하여금 "저 사람이 오늘 이상하네, 오늘 왜 이러지?" 하고 불안하게 할 수 있다. 구체적인 행위, 모습, 인상 등에 대해 구체적인 표현으로 칭찬하자.

칭찬에는 타이밍도 중요하다. 상대가 잘한 그 순간에 즉시 칭찬하라. 타이밍을 놓치면 시간이 지나서 나중에 칭찬하기가 머쓱해질 수 있다. 또 가끔씩은 어떤 사람을 칭찬해야겠다는 생각이 들 때가 있다. 그런데 그 사람은 곁에 없다. 이 경우 전화나 메모지를 사용해서 칭찬하자. 칭찬하고 싶다는 생각이 날 때는 지나치지 말고 반드시 칭찬하자.

제 3자를 통해서 간접적으로 칭찬하자. 당신이 칭찬하려는 사람이 없는 자리에서 다른 사람에게 그 사람을 칭찬하면 결국 그 칭찬은 그 사람의 귀에 들어가게 된다. 그리고 칭찬을 받은 사람은 대면해서 칭찬을 받은 것보다 더 큰 감동을 느끼게 될 것이다.

결과만이 아니리 과정도 칭찬하자. 업무에 대해 결과뿐만 아니라 일을 수행하는 자세도 칭찬하자. 아이를 키워 본 사람이라면 아이에게 걸음마를 가르칠 때를 기억해보자. 아이가 일어설 때마다 웃으면서 박수를 쳐주고 칭찬과 격려를 아끼지 않았던가? 그러다 조금 커서 자전거 타기를 가르칠 때는 넘어질 때마다 웃으면서 박수를 치지는 않았지만 그래도 화내지 않고 격려하고 할 수 있다고 도와주지 않았던가? 사회에 나와서는 어떤가? 바쁘다는 핑계로 과정에 무관심해진 것은 아닌가?

칭찬은 결국 실행이다. 열심히 노력해서 칭찬이 습관이 되도록 하지 않으면 안 된다. 매일 집에서 그리고 회사에서 칭찬하는 습관을 갖도록 해보자. 처음에는 이상해도 익숙해지면 너무나도 좋고 분위기를 만드는 데도 최고의 효과가 있다. 한때 나도 칭찬에 익숙하지 않아서 스스로 훈련을 해 본 경험이 있다. 회사에서 상사를 찾아가서 무작정 칭찬을 한 것이다.

"대표님, 제가 평소에 대표님을 존경하는 것 아시죠?"

사실, 나도 말하고 나서 과연 내가 이런 칭찬도 할 수 있구나 하고 놀랐다. 더 놀란 사실은 그런 칭찬을 받고 즐거워하는 상사의 반응을 보고 나서였다.

흔히 많이 배운 사람들은 존경한다는 칭찬을 잘하지 않는 것 같다. 그렇지만 이왕 칭찬하려면 화끈하게 존경한다고 칭찬해보자. 그리고 상대의 반응도 살펴보자. 나는 어떤 칭찬도 다 할 수 있다는 확신을 느껴 보자.

아내에게 바치는 칭찬 10가지

여기 잠깐 아내에게 바치는 칭찬 10가지를 소개한다. 나는 이런 칭찬을 아내에게 종종 하려고 노력한다. 이 책을 읽고 즉시 실행해 보자. 놀라지 마라. 어떤 경우 아내는 감격의 눈물을 흘릴 수도 있다. 입이 잘 안 떨어지면 핸드폰 문자를 활용해 보자. 문자 마지막에 하트(♡) 표시도 잊지 말자.

역시 나는 처복이 많아.

당신을 만난 게 내 일생 최고의 행운이야.

당신 덕에 이렇게 마음 편하게 살고 있지.

당신 음식 솜씨가 일품이야. 참 맛있다. 잘 먹었어요.

당신, 갈수록 예뻐지네.

(애들과 얘기하면서 아내가 들리도록) 너희들이 스스로 잘 알아서 생활하는 것은 다 엄마 닮아서야. (애들의 장점은 다 엄마 닮아서…)

(아내의 의견에 대해서)역시 당신은 현명해.

나랑 살아줘서 고마워.

당신 대단해.

나를 잘 이해해 줘서 고마워.

코칭을 배우고 나서 나는 내가 주재하는 회의에서 회의 시작 후 5분 정도 서로를 칭찬하게 했다. 분위기가 너무 좋아졌다. 그렇게 되니 질문과 답변이 가능해졌다.

사실 한국 회사들의 회의 문화라는 것이 얼마나 딱딱한가? 상사는 말하고 다른 사람들은 그냥 적고, 순서가 오면 실적 보고하고. 이런 딱딱한 분위기에서 어떻게 질문이 활성화될 수 있겠는가? 질문이 활성화되는 회의를 하기 위해서는 칭찬을 통해서 회의 분위기를 바꿔 보자. 칭찬이 익숙해지면 모두 다 한 가지씩 유머를 발표하게 하는 것도 좋은 아이디어다. 칭찬과 유머는 회의 분위기를 상당히 매끄럽게 만들어 준다.

칭찬일기

칭찬하기의 마지막 사례로『내 삶을 바꾼 칭찬 한마디』에서 인천

검단중학교 교사 김상복씨의 칭찬일기를 소개한다.

'칭찬일기'는 중학교 도덕교사인 김상복씨가 수업시간에 아이들에게 내주는 숙제다. 매일 부모님께 한 가지씩 칭찬을 해 드리고 그 상황과 부모님의 반응을 적어오는 아주 간단한 일이다. 아이들에게 설문 조사를 해 보니 화목하지 않은 가정에서 살고 있다고 생각하는 아이들이 많았다. 그래서 아이들에게 부모님으로부터 가장 듣고 싶은 말이 무엇인지 물어보니, 아이들은 하나같이 '참 잘했다.'는 칭찬이나 '너를 믿는다.'라는 신뢰의 표현이라고 했다. 그래서 칭찬일기를 숙제로 내주게 되었다.

그러나 아이들이 적어낸 칭찬일기를 보면서 처음에는 걱정이 많았다. 예상보다 많은 부모들이 아이들 칭찬에 인색했고, 당신들이 칭찬받는 것에 익숙하지 않아 아이들 마음에 상처가 될 만한 반응을 보였기 때문이다. 그러나 칭찬의 힘은 서서히 나타났다.

영미도 그 가운데 한 명이다. 맞벌이를 하는 부모님과 동생이 둘 있는 평범한 가정이었는데, 영미는 칭찬일기를 쓰기 시작하면서 오히려 부모님의 반응에 실망하는 기색이 역력했다. 매일 도시락을 싸주시니 좋다며 건강하시라는 딸아이의 칭찬에 엄마는 "니 엄마가 겨우 도시락 싸주는 사람으로 보이니?"라고 하는 등 매일 이어지는 영미의 칭찬은 늘 "쓸데없는 소리 하지 말아라."라는 식이거나 "공부나 해."라는 대답으로 되돌아왔다. 아니면 부모님은 용돈이 필요해 아양 떠는 정도로만 인식했다. 그런 부모님이 너무 밉다고 털어놓는 영미의 칭찬일기는 두 달째까지도 계속됐다. 그런데 부모님이 서서히 변하기 시작했다. 영미의 칭찬에 웃음을 보이기도 했고, 가끔은 아이의 칭찬하는 모습을 칭찬하기도 했다.

"칭찬일기를 쓰면서부터 엄마한테 혼나도 대들지 않게 됐어요. 부모님이 얼마나 고생하는지도 알게 됐고, 내가 부족한 부분도 보이거든요. 내년에 제 후배들도 칭찬일기를 했으면 좋겠어요." 두 달 동안의 칭찬일기 숙제가 끝나고 영미가 한 말이다.

비난 안 하기

칭찬에 대해 이 정도로 설명하고 그냥 넘어갈 수가 없다. 왜냐하면 칭찬보다 더 중요한 '비난 안 하기'에 대해 얘기하지 않을 수 없기 때문이다. 사실 저자의 경험으로도 칭찬하기 보다 더 어려운 것이 '비난 안 하기'인 것 같다. 사람은 누구나 다른 사람의 말과 행동에 대해 옳다, 그르다 하면서 시시비비를 가리고 싶어 한다. 특히 논리적이고 따지기 좋아하는 사람은 더욱 그렇다. 그렇지만 다른 사람으로부터 비난 혹은 비판을 받는 것을 좋아하는 사람은 아무도 없다. 즉, 내가 하면 로맨스고 남이 하면 불륜인 것이다.

데일 카네기의 『인간관계론』의 첫 주제가 바로 '비난 안 하기'이다. 다른 중요한 덕목들을 제치고 왜 '비난 안 하기'를 첫 주제로 삼았는지를 생각해 보면 수긍이 간다.

이 책에서 사람들은 아무리 잘못을 저질러도 100명 중 99명은 자기 자신을 비난하지 않는다는 것을 극악무도한 죄수들조차도 스스로를 비난하지 않는다는 사례까지 들면서 설명하고 있다. 그렇다. 비난이란 쓸데없는 것이다. 왜냐하면 비난한다고 해서 상대방이 변화하는 것이 아니기 때문이다. 비난은 상대방을 변화시키기는커녕 오히려 방어적 입장에 서게 하고 스스로를 정당화하도록 만드는 경향이 있다. 우리가 누군가를 바로잡아 주려고 하거나 비난하려고 하면 어지간히 수행이 많이 된 사람이 아니고서는 오히려 그 사람은 자신을 정당화하고 오히려 우리를 비난하려 할 가능성이 아주 높다는 사실을 명심해야 한다.

　이 책에는 링컨에 관한 재미있는 사례가 있다. 링컨 같은 훌륭한 사람도 남을 비난하기를 좋아했을까? 그렇다고 한다. 젊은 시절 링컨은 허영심이 많고 싸우기를 좋아하는 한 정치가를 비방의 대상으로 삼았고, 한 신문에 익명의 편지를 보내 그를 인신공격했다고 한다. 이 글이 게재되자 사람들이 온통 그 정치가를 비웃었다. 예민하고 자존심이 강한 그 정치인은 몹시 화가 나서 투서를 한 사람이 링컨임을 알아내고 링컨에게 결투를 신청했다. 링컨은 결투를 하고 싶지 않았으나 자신의 명예가 걸려 있었기 때문에 피할 수 없었다. 링컨은 무기를 선택해야 했다. 링컨은 남보다 긴 팔을 갖고 있었기 때문에 장검을 선택하고 웨스트포인트 졸업생에게 개인 교습까지 받았다. 그리고 결투 당일 목숨을 건 결투를 막 시작하려는 순간, 입회인들이 중재에 나서 결투는 중지되었다. 그것은 링컨의 생애에 있어 개인적으로 가장 몸서리쳐지는 끔찍한 경험이었다. 그 사건을 계기로 링컨은 사람을 다루는 방법에 있어 귀중한 교훈을 얻게 되었다. 그 뒤로 링컨은 두 번 다시 남을 모욕하는 편지를 쓰지 않았고, 남을 비웃거나 비난하지 않게 되었다고 한다. 그리고 링컨이 가장 좋아하는 인용구는 바로 '남을 심판하지 말라. 그러면 너희도 심판 받지 않을 것이다.' 가 되었다고 한다.

　비난 안 하기와 관련한 저자의 경험으로 오랫동안 컨설팅을 하면서 체득한 노하우다. 컨설턴트로서 프로젝트를 하다 보면 Kick-off 미팅, 중간보고, 최종보고 등 프레젠테이션을 할 때가 많다. 이 경우 프레젠테이션에 참여하는 고객들을 분석해 보면 프로젝트를 발주한 주체 세력이 있는가 하면 어쩔 수 없이 끌려가거나 내심 반발하는 사람들도 있게 된다. 그런데 다양한 사람들이 모인 자리에서 프레젠테이션을 하게 되면 다양한 의견들이 나오게 된다. 긍정하는 의견, 격려성 의견, 자신의 지식을 은근히 자랑하는 의견 등 가지각색이다. 그렇지만 경우에 따라서 프로젝트에 대해 드러내놓고 반대하지는 못하지만 왠지 삐딱한 의견 내지 자신이 속한 부서, 자신의 입장만을 강변하는 경우도 있다. 이때 비판적인 의견에 대해 논리적으로 반박하는 것은 경우에 따라 상당히 치명적인 결과를 불러올 수 있다. 왜냐하면 여러 사람이 모인 자리에서 의견을 제시했는데 그 의견에 대해 반박하게 되면 그 사람은 자신의 의견이 아니라 자신이 비난 혹은 모욕을 당했다고 여기게 되고 그때부터 결사적으로 그 프로젝트가 성공하지 못하게 방해하게 된다.

여러 사람이 모인 자리에서 누군가의 의견을 비난하거나 누군가가 존중받지 못했다는 느낌을 가지게 하지 마라. 어떤 의견이라도 그 자리에서 반박하지 말고 일리 있는 말씀, 좋은 의견이라고 일단 칭찬하라. 그리고 반영 내지 보완하겠다고 하라. 정 반영하기 어려운 경우는 더 검토하겠다고 하라. 그 의견을 낸 사람은 자신이 제시한 의견이 어떻게 반영되었는지 끝까지 확인하지 않는 경우도 많다. 단지 여러 사람이 모인 회의에서 자기도 중요한 의견을 냈고 그 의견을 사람들이 존중했다는 그 사실이 중요한 것이다. 그런 상황에서 그 의견에 대해 바로 비난하거나 반박한다면 어떤 결과가 나오겠는가? 금방 상상할 수 있지 않겠는가?

심지어는 절친한 사이끼리 절차탁마하는 과정에서도 문제가 될 수 있다. 서로의 부족한 점을 지적해서 서로 발전하려는 좋은 취지임에도 불구하고 자칫 잘못하면 서로에게 상처를 줄 수도 있다.

상대방의 부족한 점은 가급적 언급하지 않는 것이 바람직하다. 꼭 지적하기 위해서는 상대방의 입장에서 충분히 생각해 보아야 한다. 상대방의 입장에서 충분히 생각한 후에 말하고 싶은 내용을 질문을 통해 전달해 보자.

메시징

메시징은 코칭 받는 사람이 코치의 생각을 공유하고 변화할 수 있도록 코치가 말하고자 하는 것을 간결하고 중립적이며, 시의적절한 언어로 바꿔주는 것이다. 코치는 기본적으로 해답을 가지고 있는 것이 아니고 질문 사항만을 가지고 있다. 또한 코칭 받는 사람을 바로잡을 필요도 없다.

그렇지만 다음과 같은 경우는 단순한 질문이 아니라 메시징이 필요한 경우라고 할 수 있다.

- 코칭 받는 사람이 자신이 무엇을 하고 있는지, 무슨 말을 하고 있는지 제대로 파악하지 못할 때
- 코칭 받는 사람이 실행을 하지 않는 것이 반복될 때
- 코칭 받는 사람이 말과 행동이 일치하지 않을 때
- 더 높이 성장하는 데 도움이 되는 방법이 있을 때
- 코칭 받는 사람이 빨리 목표를 향해 나아가기 원할 때
- 위기 시 혹은 획기적인 전환이 요구될 때

메시징이 효과적이기 위해서는 코칭 초기 메시징을 위해 대화를 중단시킬 수 있다는 사전 양해를 구하는 것이 바람직하다. 또한 메시징 스킬을 사용하기 위해서는 코칭 받는 사람과 신뢰 관계를 잘 구축해야 한다. 실제로 메시징 스킬을 활용하는 순간에는 코칭 받는 사람의 허락을 요청하는 것이 바람직하다.

예를 들면 다음과 같다. "내 생각을 말해도 될까요? 괜찮겠어요? …나는 당신이 자신에게 솔직하지 않다고 생각하는데요."

메시징은 종종 사실을 있는 그대로 말하는 식으로 표현될 수도 있다.

"제가 보기에 당신은 여전히 주말을 가족과 상관없는 일정으로 보내고 있습니다. 지난 번에 가족이 최우선이라고 말씀하셨는데, 어떻게 된 거죠?"

다른 예를 들면 "당신은 고객들과 커뮤니케이션을 아주 잘 하고 있습니다. 직원들에게도 그렇게 대할 필요가 있습니다." 하고 말할 수 있을 것이다.

이렇게 진실을 말해 주어야 할 상황에 마주하게 되더라도 그것을 꺼릴 필요는 없다. 진실을 말하는 것은 책임을 회피하거나 간과하지 않는 것이다. 즉, 임금님이 벌거벗었다고 과감히 지적하는 것이다.

다음의 메시징 사례를 보자

코칭 받는 사람: 저는 도저히 결론에 도달할 수 없을 것 같아요.

코치: 당신은 지난 몇 주 동안 그 문제로 씨름했습니다. 그런데도 여전히 벽에 가로막혀 있는 것처럼 들리네요.

코칭 받는 사람: 제 생각에 시간이 너무 촉박한 것 같아요.

코치: 제가 제 삼자의 입장에서 관찰한 바를 말씀 드려도 될까요? 도
움이 될 것 같습니까?

코칭 받는 사람: 예, 물론이죠.

코치: 당신이 진정으로 원하는 것은 예술활동에 더 시간을 많이 쓰는
것이지요. 저는 다른 선택을 지지하고 있는 것이 아닙니다. 단
지 당신이 과거에 진정으로 가치 있는 것이 무엇인지에 대해 이
야기했던 것을 되짚어주고 있는 것뿐입니다.

코칭 받는 사람: 긴 안목으로 볼 수 있게 도와 주셔서 고마워요.

코칭 받는 사람이 너무 장황하게 말하거나 계속 주위를 맴돌 때
가 있다. 그것은 어려운 대화나 직접적인 대화를 피하려는 방법일
수가 있다. 이 경우 다음 사항들을 명확하게 규정해야 한다.

- 대화의 본질이 무엇인가?
- 질문이 의미하는 바가 무엇인가?
- 당신이 내린 결론은 무엇인가?

이런 방법을 사용하기 위해서는 코칭 초기 단계에서 미리 말해
두는 것이 좋다는 것을 다시 한 번 강조한다. 그래야 코치가 처음으
로 코칭 받는 사람에게 핵심이 무엇이냐고 질문할 때 부지불식간
에 당황하는 일이 없을 것이다.

코칭 시간에서 메시징이 없으면 장황하고 상세하게 이야기하는
시간이 될 수도 있다. 이것은 피해야 한다. 코치는 코칭 받는 사람
이 핵심에 도달하도록 요구해야 한다. 그것이 그로 하여금 문제의

실체에 접근할 수 있도록 도와주는 것이다. 메시징은 코치에게 아주 중요한 기법이다. 코치도 너무 말을 많이 하면 안 된다. 코치의 대화도 역시 간결해야 한다. 말은 코칭 받는 사람이 하는 것이다.

다음의 메시징 사례를 보자.

코칭 받는 사람: 저도 이 부분에 대해서는 비슷한 얘기를 반복하고 있다는 것을 알아요. 하지만 이번 주에는 정말로 시간이 없었어요. 주중에는 스케줄이 빡빡했고, 주말에는 각종 경조사에 참석했어야 했고….

코치: 그래서 이 문제에서 핵심이 뭐죠?

코칭 받는 사람: 저는 제 건강에 무척 신경을 쓰고 있어요. 문제는 실제로 행동에 옮기는 시간을 낼 수가 없다는 거죠.

코치: 건강에 대해 어떤 면에 신경을 쓰고 있나요?

코칭 받는 사람: 저는 제대로 먹고 운동하는 데 신경을 쓰고 있어요. 단지 내 스케줄에 그 모든 것들을 어떻게 맞추어야 할 지 모르겠어요. 특히 지금이 그래요….

코치: 핵심에 대해 기억하세요. 당신은 무엇에 신경을 쓸 계획인가요?

코칭 받는 사람: 식사량을 줄이고 매주 세 번 운동하도록 노력할 겁니다.

주제별
코칭

4

"살아갈수록 인생은 더욱 아름다워진다." -프랭크 로이드 라이트-

2장에서는 마음에 대해 살펴보았고, 3장에서는 인생목적과 전략 모델에서 마음과 인생목적을 연결시켜 주는 코칭에 대해 설명하였다.

이제 4장에서는 인생목적과 전략 모델에서 가장 상위의 인생목적과 관련된 주제들에 대해 실제 코칭을 해 본다. 이러한 주제들은 실제 코칭에서 흔히 발생하는 주제들이다.

성취에서는 삶의 목적, 의미, 가치, 목표, 가슴 뛰는 삶 등 성취와 관련된 주제들에 대해 설명하고 실제 코칭 사례와 기법들을 설명한다.

삶의 균형에서는 인간관계, 정직, 고마움 등 균형과 관련된 주제들에 대해 설명하고 실제 코칭 사례와 기법들을 설명한다.

삶의 과정에서는 현재의 힘, 있는 그대로 바라보기, 우리가 바라는 세상 등 과정과 관련된 주제들에 대해 설명하고 실제 코칭 사례와 기법들을 설명한다.

1

성취

"신이여, 내가 성취할 수 있는 것보다 항상 더 열망하게 해주옵소서."
－미켈란젤로－

성취는 코칭에 있어 가장 중요한 주제 중의 하나이며 가장 많이 다루는 주제이기도 하다. 사실 우리 인생에서 성취의 문제를 제외하고는 남는 것이 별로 없을 정도로 성취는 우리 인생에서 중요하다. 사람들은 흔히 자신의 인생에 필요한 그 어떤 것들을 얻기 위해서 노력하고 이 과정에서 때때로 코칭을 받는다. 바로 그 어떤 것들이 높은 연봉, 비싼 아파트, 기사 딸린 외제차 등 분명하게 드러나는 것일 수도 있고, 또는 행복한 결혼생활, 성공적인 직장생활처럼 명확하게 드러나지 않는 것도 있다. 어느 것이긴 간에 뭔가를 소유한다는 것은 일시적이며, 그 만족감도 얼마 지나지 않아 사라져 버린다. 이 점에 대해서는 아마도 대다수의 사람들이 이미 깨닫고 동의할 것이다.

정말로 갖고 싶었던 것들에 대해 한번 생각해 보자. 그것을 얻었을 때의 쾌감과 만족감이 얼마나 빨리 사라져 버렸는지를 떠올려 보자. 아마 새로운 차를 사거나 승진을 했을 때의 감동이 몇 달 가지 않았을 것이다. 우리가 계속해서 인생에서 필요한 그 어떤 것들을 소유하려고 하는 한, 우리는 일시적으로 만족하는 듯하지만 계속해서 뭔가 부족함을 느끼게 될 것이다. 또한 성취의 의미를 최종적으로 도달하는 어떤 상태, 뭔가 완성되는 상태라고 생각하기 쉽다.

그러나 조금만 깊게 생각해보면 성취라는 것이 오늘 이 순간 채워질 수도 있고, 내일 그리고 그 다음날 아마 다른 방식으로 또 채워질 수도 있을 것이다. 성취를 달성한다는 것은 북극성에 도달하려는 것과 같다. 물론 그렇다고 자신의 삶 속에서 뭔가를 소유하려고 해서는 안 된다는 의미는 결코 아니다.

실제로 성취는 활기차게 살아가는 것과 관련이 있다. 즉, 성취는 우리가 살아있다는 것이 온전히 표현되는 상태라고 할 수 있다. 우리는 이 상태의 느낌을 만족감, 성취감 등으로 묘사할 수 있다.

성취감은 지극히 주관적이며 또한 계속 변화된다. 20대에 성취감을 주었던 것이 30대가 되었을 때는 그 매력이 떨어질 수 있다. 40대에 지녔던 야망은 50대에 이르러서는 내적 평온을 추구하는

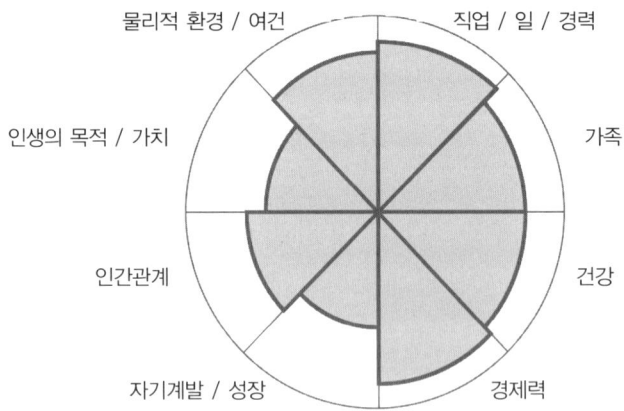

마음으로 변할지도 모른다. 중요한 점은 우리 스스로가 성취가 의미하는 바를 정확하게 이해하고 이를 바탕으로 선택하는 것이 바람직하다는 것이다.

왼쪽 그림은 앞에서 설명했던 삶의 수레바퀴 그림이다.

인생의 8가지 대표적인 영역에 대해 당신이 성취감을 느끼는 정도에 따라 1에서 10까지의 단계로 나눈다. 가장 이상적인 경우는 모든 분야에서 만족도가 다 높아서 수레바퀴가 잘 굴러가는 상태일 것이다. 그러나 특정 부분의 성취도가 너무 낮으면 수레바퀴가 제대로 굴러가지 않을 것이다. 이제 인생의 수레바퀴를 이용해서 다음과 같은 질문을 해 보자.

"당신은 돈, 인간관계, 건강관리, 직장경력 등 각 영역에 대해 어느 정도 성취감을 느끼고 있는가?"

그리고 그 질문에 대해 각 항목에 점수를 표시해 보자. 특정 부분에서 점수가 낮다면, 예를 들어 자기계발/성장이 5점으로 표시되었다면 이런 질문을 해 보자.

"자기계발/성장을 5점에서 7점으로 올리려면 무엇이 필요할까?"

이런 질문을 통하여 자기에게 부족한 면이 어떤 것이고, 그것을 보완하여 성취감을 느끼기 위해 어떻게 해야 할지 찾는 노력을 해보자. 이런 끊임없는 노력을 통하여 우리는 보다 완전한 삶을 추구할 수 있을 것이다. 이제 성취의 세부 주제별로 살펴보자.

꿈과 목표

우리는 앞에서 삶에서 가장 중요한 것은 우리 존재에 대한 인식의 바탕 위에서 삶의 목적과 꿈을 이루어가는 것이라고 했다. 또한 꿈은 모든 것의 씨앗이고 그 자체 내에 목적과 목표를 품고 있다고 했다. 꿈은 실현 가능성을 생각하지 않고 하고 싶거나 되고 싶은 이상이나 희망인 반면 목표는 보다 구체적이고 실현 가능성을 전제하고 있다. 따라서 목표나 목적을 찾을 때 실현 가능성에 한계를 두지 않고 자유롭고 즐겁게 생각하고 상상할 수 있는 꿈을 찾은 데서 시작하는 것이 보다 효과적일 수 있다. 꿈은 현실을 생각하기보다 자유롭고 행복과 에너지를 가져다주기 때문이기도 하다.

"장군이 되고 싶지 않은 병사는 좋은 병사가 아니다."라는 말이 있다. 회계법인이라면 "파트너가 되고 싶지 않은 사람은 좋은 직원이 아니다."로 표현할 수 있다. 이에 대해서는 찬반 양론이 많을 것이다. 어떤 이들은 "회사의 모든 직원들이 파트너가 될 수 있는 것은 아니다. 우선은 어떻게 하면 직원으로서의 본분에 충실할 수 있는가를 먼저 생각해야 한다. 파트너가 될 수 있느냐 하는 문제는 차후 각자의 능력과 기회 등을 보면서 생각해봐야 할 문제이다. 그리고 너무나 먼 미래의 문제다."라고 말한다. 물론 모든 직원들이 파트너가 될 수 있는 것은 아니다. 그러나 파트너가 되겠다는 생각을 해보지 않은 사람들은 기막힌 운이 따르지 않는 이상 파트너가 될 확률은 너무나도 낮다. 현재에 충실하자는 태도가 잘못된 것은 아니지만, 기준으로 삼을 장기적인 목표가 없기 때문에 그만큼 쉽게 인생의 방향을 상실할 수밖에 없다.

저자는 회계법인에 입사한 지 얼마 되지 않아 상사 중 한 분이 퇴사하면서 한 말이 지금도 기억난다. "내 위의 상사들이 너무나도 많아. 나에게 파트너가 될 기회는 오지 않을 거야. 이렇게 기다리기보다는 차라리 퇴사하는 게 더 나을 거야."

지금 돌이켜 생각하면 그 일이 있을 당시의 회사 전체 인원수는 300명 정도였고, 지금은 3,000명이 넘는다. 만일 그분이 파트너가 되려는 목표를 확고하게 설정하고 인내했다면 파트너가 될 기회는 지금보다도 아주 빨리 다가왔을 것이다. 그런 목표를 설정하지 않았기 때문에 파트너가 되지도 못했고 쉽게 회사를 그만두게 된 것이다.

한번은 중국 외국인학교에 다니는 고등학생을 코칭한 적이 있었다. 이 학생은 여름 방학 때 한국에 왔다가 부모님의 소개로 코칭을 하게 되었다. 이 학생은 장래 진로에 대해 고민하고 있었다. 국내 대학에 진학하는 것이 더 좋을지, 아니면 외국대학에 진학하는 것이 더 좋을지 몹시 궁금해하고 있었다. 현실 경제에 대해 내가 잘 알고 있을 것이라고 생각해서 어디로 진학하는 것이 장래에 더 유리할지를 알고 싶었던 것이다.

내 대답은 이랬다. "학생의 장래 목표는 무엇인가요? 좋은 대학에 진학하는 것은 자신의 목표를 달성하는 것과 어떤 관계가 있나요?"

나는 그 학생이 '어떤 대학을 선택하느냐 하는 문제'는 결국 '자신의 목표를 설정하고 그 목표를 달성하는 데 있어 어떤 방법이 더 효과적일 것이냐'라는 것과 같은 내용이라는 점을 스스로 생각할 수 있도록 질문한 것이다.

목표가 없는 사람은 키 없는 배와 같아서 방향도 없이 떠다니기 때문에 항상 좌초할 위험을 안고 있다. 반면 목표가 있는 사람은 키가 있는 배와 같아서 목적지를 향해 갈 수 있다. 즉, 목표를 통해 인생의 변화 방향을 제어할 수 있게 된다. 그 결과 긍정적이고 자율적인 변화를 만들어내게 된다.

성취를 이루기 위해 목표가 이렇게 중요한데도 불구하고 사람들이 목표를 설정하지 않는 이유는 무엇인가?

우선은 행동하지 않기 때문일 것이다. 아무리 내 몸에 좋은 약이라도 먹지 않고는 효과를 볼 수 없지 않은가? 행동해야만 한다. 그런데 행동을 하고 싶어도, 즉 목표를 설정하고 싶어도 망설이는 주된 이유는 무얼까? 그건 아마 실패에 대한 두려움 때문일 것이다. 실패에 대한 두려움의 주된 원인은 성공을 이루는 데 있어 실패의 역할을 이해하지 못하기 때문일 것이다. 실패를 겪어보지 않으면 성공할 수 없다. 역사상 가장 위대한 성공들은 동시에 가장 커다란 실패였다.

베이브 루스가 홈런왕이 되었던 해에 그는 삼진아웃을 가장 많이 당한 선수이기도 했다. 토머스 에디슨은 가장 성공한 발명가다. 그는 1,000개가 넘는 특허를 받았다. 그렇지만 에디슨은 당시에 가장 실패를 많이 한 사람이기도 했다. 그는 세계 최초의 전구 생산을 가능케 한 탄소가 주입된 필라멘트를 개발할 때까지 10,000번 이상의 실험을 했다. 일시적인 실패를 다루는 방법은 그 실패 안에서 가치 있는 교훈을 찾는 것이다. 모든 어려움은 우리가 계속해서 발전하는 데 필요한 교훈을 가르쳐주기 위해 우리가 처한 상황에 맞게 우리에게 다가온다고 생각하자. 항상 긍정적인 방향으로 생각하자. 위대한 성공이 있기 전에는 항상 수많은 실패가 있었다. 성공을 가능하게 하는 것은 실패로부터 배운 교훈 때문이다. 자신의 목표를 명확히 세우고, 일시적인 실패나 장애를 성공을 거두기 위해 마땅히 지불해야 할 대가로 받아들임으로써 우리는 실패에 대한 두려움을 극복할 수 있다.

목표를 설정하는 데 망설이는 이유를 극복했다면 이제 실제로 목표를 세워보자. 그런데 목표를 세우는 데도 테크닉이 있다.

목표에 대해 가장 연구를 많이 한 사람 중의 하나인 브라이언 트래이시는 5가지 원칙을 제시하고 있다.

첫째, 정합성의 원칙이다.

우리의 목표는 우리가 지향하는 인생목적, 가치 등과 정렬(Align)이 잘 되어야 한다. 흔히 말하는 우스갯소리 중 하나인 "나를 따르라~ 하고 열심히 산에 올라가서 보았더니, 앗~ 이 산이 아닌가봐!" 하면 얼마나 허탈할까? 우리가 오르고자 하는 산, 즉 목표는 우리가 가고자 하는 방향, 인생목적과 같은 방향에 있는 산이어야 한다. 중년의 위기에서 흔히 말하듯 어떤 성취를 이루고 나서, 내가 왜 이것을 했을까 하는 허탈감이 들었다면 뭔가 방향이 맞지 않았다는 것이다. 골프를 시작한 초보자들이 흔히 하는 실수 중의 하나는 핀, 즉 목표를 향해 제대로 서지 못하는 것이다. 오래만에 굿샷을 했는 데 치고 나서 보면 깃대보다 오른쪽을 향해 서 있었던 것이다. 이래서는 아무리 좋은 샷을 해도 깃대를 향해 갈 수 없다.

둘째, 자기가 잘 하는 영역에 선택과 집중하라는 원칙이다.

사람은 최소한 어느 한 가지 분야에서는 우수한 능력을 갖고 있다. 자신의 우수 영역을 찾아내고 그 영역에서 재능을 계발하는 데

전념하면 자신의 잠재능력을 최대한 발휘할 수 있다. 이 부분에 대해서는 〈가슴 뛰는 삶〉 편에서 조금 더 자세하게 살펴보자.

셋째, 기회는 바로 우리 곁에 있다는 것을 인식하고 현재의 상황을 최대한 활용하자는 원칙이다.

루즈벨트 대통령은 이렇게 말했다고 한다. "우리가 현재 있는 장소에서, 우리가 현재 갖고 있는 것을 사용해서, 우리가 할 수 있는 것을 하자."

우리가 찾고 있는 것은 대부분 우리 옆에 아주 가까이 놓여 있다. 그러나 그것은 외견상 기회로 보이지 않는다. 대부분의 커다란 기회는 단지 힘든 일로 생각될 소지가 높다.

넷째, 균형의 원칙이다.

자동차가 제대로 가려면 바퀴가 균형을 잘 잡아야 하는 것처럼 인생을 원만하고 만족스럽게 살아가려면 목표들이 균형을 잡아야 한다. 우리에게는 가정과 개인 생활에 관한 목표가 필요하다. 건강에 관한 목표도 필요하다. 정신적이고 지적 생활에 관한 목표, 공부와 개인적 성장에 관한 목표도 필요하다. 직장과 일에 관한 목표도 필요하다. 사업에서 성공하겠다는 목표를 세워놓고 하루 종일 골프장이나 해변에서 보내는 목표를 세울 수는 없다.

다섯째, 주된 목표 결정의 원칙이다.

주된 목표란 그 시점에 다른 어떤 목표보다도 더 중요한 목표를 의미한다. 주된 목표는 오직 하나다. 주된 목표는 미션(Mission)이 되고 다른 모든 활동을 엮어준다. 주된 목표를 선택하지 못하면 우리의 노력이 분산될 수 있다. 주된 목표를 선택하기 위해서는 스스로에게 다음과 같은 질문을 던져야 한다.

"이 목표들 중 어느 목표를 성취해야 다른 목표들을 성취하는 데 가장 큰 도움이 될까?"

주된 목표는 도전적이어야 한다. 압도당할 정도가 되어서도 안 되지만 동시에 너무 쉬어서도 안 된다. 힘들여 노력해야만 달성할 수 있는 것이어야 한다.

효과적인 목표 설정 방법에 관해 알아보자.

효과적인 목표는 구체적이고(Specific), 측정 가능하며(Measurable), 성취 가능하고(Attainable), 서로 관련성이 있으며(Relevant), 시한이 정해져 있는 (Time-specific) 즉, SMART 기준을 충족한다.

브라이언 트레이시는 4가지의 효과적인 목표 설정의 기준을 제시한다.

첫째, 목표는 서로 상충되지 않고 조화로워야 한다.(Harmony) 성공하겠다는 목표를 세워놓고 골프장이나 해변에서 시간을 보내는 목표는 부합되지 않는다.

둘째, 목표는 도전적이어야 한다.(Challenging)

셋째, 양적(Quantitative) 목표와 질적(Qualitative) 목표를 동시에 가져야 한다.

넷째, 단기적인 목표와 장기적인 목표가 동시에 필요하다.

당신의 꿈은 무엇입니까? 저자는 코칭을 할 때 이러한 질문으로 시작하는 경우가 많습니다. 어렵고 힘든 현실에서 꿈과 목표 그리고 목적에 대하여 제대로 답변하시는 분은 그리 흔치 않습니다. 그러나 분명한 것은 꿈에 대해서 고민하고 대답할 때는 현실을 얘기할 때와는 달리 목소리에 생기가 있고 에너지가 높아진다는 것입니다. 특히 젊은 이들에게 이 질문은 강력한 효과가 있는 것 같습니다. 연세 많으신 분들도 "이 나이에 무슨 꿈이냐?"며 쑥스러워하지만 그래도 얘기를 시작하면 힘이 실리는 것을 느끼게 됩니다. "꿈이 없으면 이룰 것도 없다."는 말을 기억하시지요.

- 하고 싶고(to do), 갖고 싶고(to have), 되고 싶은(to be) 꿈 리스트를 실현가능성 등 한계를 두지 말고 생각나는 대로 적어라.(적어도 30 가지 이상)
- 이중 가장 이루고 싶은 꿈 10가지를 기록해보라.

참고로 브라이언 트레이시가 꿈이나 목표를 찾기 위한 방법으로 제시한 다음 질문에 대한 답을 적어보자. 답을 쓸 때 중요한 것은 각 질문에 대해 생각나는 대로 즉시 적는 것이다. 시간을 두고 고민한다고 정확한 답을 구할 수 있는 것은 아니다. 답을 적은 다음에는 천천히 살펴보면서 그중 하나를 자신의 주된 목표로 선정해 보자. 흔히 목표 설정을 위해 영감을 주는 질문은 Have- Do- Be 형태로 질문을 하게 된다.

- 자신의 삶에서 가장 중요한 가치를 지닌 다섯 가지는 무엇인가?

(앞에서 이미 선정한 바 있다)

- 지금 가장 중요한 인생 목표 세 가지는 무엇인가? (인생 목표가 없는 사람들이 적지 않다는 것에 놀라지 마라)
- 복권에 당첨되어 갑자기 어마어마한 돈을 받았다면 어떻게 하겠는가? (Have)
- 알라딘의 요술램프를 얻게 되어 지니에게 3가지 소원을 말한다면 무엇을 하겠는가? (Have)
- 앞으로 6개월밖에 살 수 없다는 것을 오늘 알게 되었다면 어떤 일을 하고 또 어떻게 시간을 보내겠는가? (Do)
- 오랫동안 해보고 싶었으면서도 두려움 때문에 시도해보지 못했던 것은 무엇인가? (Do)
- 가장 좋아하는 일은 무엇인가? 자신에게 가장 커다란 자부심과 만족감을 주는 일은 무엇인가? (Do)
- 절대로 실패하지 않는다는 가정 하에 꼭 하고 싶은 일 한 가지는 무엇인가? (Do)
- 당신의 묘비에 어떤 문구가 새겨졌으면 좋겠는가? (Be)
- 당신은 80세 생일에 어떻게 평가 받기를 원하는가? (Be)
- 당신은 다른 사람들에게 어떤 사람으로 기억되기를 원하는가? (Be)

꿈이나 목표를 구체적인 글로 기록하는 것은 삶에 대단한 효과를 가져다준다. 꿈이 이루어졌다고 상상해보라. 어떤 모습인지 그려보고 어떤 기분인지 생생하게 느껴보라. 꿈이 이루어질 것만 같고 꿈을 향한 에너지와 열정이 생긴다.

'목표는 바퀴 달린 꿈'이라고 한다. 아무리 훌륭한 꿈이라도 행동이 뒷받침되지 않으면 아무 의미가 없다. 꿈을 구체적이고 명확한 목표와 실행계획으로 바꾸고 실행하면 꿈은 반드시 이루어질 것이다.

꿈을 보다 긍정적으로 구체화하고 시한을 정하고 장단기 목표를 기록하면 무엇을 할 것인지 그리고 목표를 달성하는 방법도 보다 분명하게 드러나게 된다. 필요하면 목표를 일, 가족, 경제, 시간, 봉사, 자기계발 등 분야별로 분류할 수도 있다.

〈사례〉

나의 꿈   나는 세계적인 명연설가가 되고 싶다.

나의 목표 나는 편안하고 균형 있고 창의적인 연설가가 되고 싶다.

장기 목표 3년내에 명상 수련을 통한 자신감 등 정신력 강화
         및 한국 최고의 연설가 되기

단기 목표 1년내에 연설 기법 강화 및 년 30회 강의 실습 기법
         실행계획

실제 목표를 다 적은 뒤에 다음과 같이 점검해 보자.

• 적어 놓고 가장 놀랐던 목표는 무엇인가?

• 오늘 당장 실천에 옮기고 싶은 목표는 무엇인가?

• 가장 힘이 들 것 같은 목표는 무엇인가?

• 보기에는 그럴 듯하지만 실천에 옮길 것 같지 않은 목표가 있는가?

• 목표를 달성하는 데 장애요인이 무엇이고 어떻게 극복해야 하는가?

가치관

요즘 세상에서 존경 받는 사람들은 누구일까?

자신의 가치를 지키는 사람, 자신이 가진 삶의 원칙을 공언하고 그 기준을 지키는 사람이 아닐까?

우리는 똑같은 가치관을 가지고 있지 않더라도 자신의 신념을 지키고 신념에 따라 살아가는 사람을 존경한다.

성취와 가치 사이에는 눈에 보이지 않을 수도 있지만 분명한 연관관계가 있다. 우리가 가치 있게 여기는 것을 분명하게 인식하고 발견할 수 있다면, 그것은 인생에서 나아가야 할 방향을 찾을 수 있는 나침반을 찾은 것과 비슷하다고 할 수 있다.

상상해 보라. 우리가 진정 가치 있다고 생각하는 일을 할 때의 느낌이 어떨까? 이것이야말로 완전한 성취다. 가치들은 삶의 방향과 운명을 창조하는 데 끊임없이 영향을 미치는 힘이다. 그 힘은 사람에게만 해당되는 것이 아니라 회사, 조직, 심지어 국가에도 해당된다.

가치에는 두 가지 형태가 있다. 목적으로서의 가치와 수단으로서의 가치다. 예를 들어 "가족은 당신에게 무엇을 줍니까?" 하고 물어올 때, "사랑, 안정감, 행복"이라고 답할 수 있다. 그렇다면 사랑, 안정감, 행복이 목적으로서의 가치인 것이다.

유사하게 "돈은 당신에게 무엇을 줍니까?" 하고 물어올 때 "자유, 영향력, 봉사할 수 있는 능력, 안정감"이라고 답할 수 있다. 그렇다면 돈은 수단으로서의 가치인 것이다. 일반적으로 사람들은 수단가치를 추구하는 데 바빠서 자신이 진정으로 원하는 목적가치를 얻지 못한다. 사람들이 힘들어하는 상황 중 하나는 자신이 정말 중요하게 생각하는 게 무엇인지도 모르면서 목표를 세우는 것이다. 그러면 목표를 성취하고 나서 "이게 진정 내가 원하던 걸까?"라는 생각이 들게 된다.

우리가 인생에서 결정하기 곤란한 상황에 처한 적이 있다면, 그 이유는 아마도 그 상황에서 가장 가치 있는 것이 무엇인지 몰랐기 때문일 것이다. 인생에서 중요한 결정을 내려야 할 때 개인적인 가치 기반이 잘 형성되어 있으면, 결정해야 할 사안들에 대해 훨씬 더 쉽게 그리고 좀 더 완전한 결정을 내릴 수 있게 된다. 하지만 사람들 대부분은 자기 인생에서 가장 중요한 것이 무엇인지 명확히 알지 못하기 때문에, 결정을 내리는 것이 힘들게 느껴진다.

설사 자신의 가치관을 잘 안다고 해도, 살다 보면 종종 가치관이나 원칙에 따라 결정하지 못하고 순간순간 가장 쉬워 보이거나, 혹은 위험이나 불편한 감정 등을 최소화할 수 있는 결정을 내리곤 한다. 그렇지만 그런 결정은 성취감에 영향을 주지 못한다. 왜냐하면 그런 결정들은 자신의 가치를 고려하지 않았기 때문이다. 더 심하게 말하면 비겁해져서 자신의 가치를 팔아 넘겼기 때문이다.

요즘 사회적으로 이슈가 되고 있는 현상에 대해 질문을 해 보자.

"아이들의 영어 교육을 위해 가족과 멀리 떨어져 기러기 아빠로 살아야 한다면 어떨까?"

이 질문에 대한 답은 내가 중요하게 추구하는 가치에 따라 달라진다.

우리는 사적인 일이건 공적인 일이건 자신에게 가치 있는 것이 무엇인지 정확이 알아야 한다. 그리고 변함없이 오랫동안 행복을 누리려면 자신이 가진 최고의 가치대로 살아야 한다. 하지만 자신이 소중하게 여기는 가치들이 무엇인지 명확히 알지 못하면 그렇게 사는 것이 불가능하다.

사람들은 갖고 싶은 것이 무엇인지는 잘 알아도, 자신이 어떤 사람이 되고 싶은지, 어떤 가치를 소중하게 여기는지는 잘 모른다.

이렇게 중요한 가치를 명확하게 규명하기 위해서는 우리의 인생 경험에서 가치 있게 여기는 것을 찾아보는 것이 효과적이다.

실제 코칭하기

다음은 우리가 중요하게 생각하는 가치들에 대한 사례다.

가정의 화목, 행복, 건강, 결단, 경제적 안정, 공헌, 관계, 관대함, 권력, 교육, 균형, 긍정적 태도, 끈기, 기술, 리더십, 모험, 발전, 배려, 부유함, 성실, 성장, 신념, 신뢰, 신앙, 아름다움, 완벽, 영성, 용기, 외모, 우정, 유머, 윤리, 겸손, 의지력, 인내, 자비, 자유, 자율성, 절제, 정서적 안정, 정의, 정직, 조건 없는 사랑, 존경, 즐거운 삶, 직업적 성취, 진실성, 지식, 지혜, 창의, 충성, 탁월성, 팀워크, 쾌활함, 평화, 프로정신, 책임, 학습, 혁신, 감사, 성공, 안정, 열정, 인정…

- 우리의 인생에서 가치 있게 여기는 것들 10가지를 적는다.
- 10가지 선택된 가치에 1부터 10까지 우선순위를 매긴다.
- 순위가 낮은 5가지 가치를 뺀다.
- 5가지 선정된 가치에 대해 다시 순위를 매긴다.

우리는 무엇보다도 중요한 가치를 달성해야 한다. 그것이 가장 중요한 우선 사항이다. 자신이 중요하게 여기는 가치들 모두를 이루는 것이 바람직하지만 현실적으로 가치들 간에 충돌이 일어난다면 작은 가치에 만족해서는 안 되며 가장 중요한 가치에 집중해야 한다. 즉, 우리가 선정한 가장 중요한 가치 5가지는 우리에게 중요한 판단의 기준을 제공해 준다.

다음은 5가지 선정된 가치에 대해 자신이 존중하고 지키는 정도에 따라 자신의 만족감에 대해 1부터 10점까지 점수를 매긴다.

7점 이하의 점수를 주는 가치는 우리가 현재 만족하지 못하고 있거나 타협하고 있는 가치들이다. 이런 경우에는 중요한 가치가 무너짐으로써 혼란, 분노, 좌절 등의 느낌이 드는 경우가 많다. 이런 경우에는 다음과 같은 질문들을 해 보고 그 답을 적어 보자.

• 그런 환경 속에서도 소중한 가치를 지키려면 무엇이 필요한가?
• 그런 가치를 지켜내지 못함으로써 어떤 대가를 지불하고 있는가?
• 무엇이 우리를 가로막고 있는가?

현재 만족하지 못하는 가치들에 대해, 우리가 변화함으로써 미래의 상황이 변했다고 상상하고 점수를 다시 매겨 보자. 이런 실습을 통해 우리는 보다 만족스러운 결정을 할 수 있는 영감을 얻을 수 있을 것이다.

우리가 중요하게 생각하는 가치들을 명확히 파악했다면 이제 더 적극적으로 나아가 보자. 우리 존재는 우리가 추구하는 가치가 아니다. 우리는 우리 자신이 추구하는 가치보다도 더 위대한 존재이다. 우리가 중요하게 생각하는 가치는 지금 우리가 중요하게 생각하는 것이며 미래에는 충분히 변할 수 있다. 그렇다면 다음과 같은 질문들을 해 보고 다시 정리해 보자.

- 최고의 성취를 창조하려면, 내 인생에서 가장 큰 영향을 미치려면 10가지 가치들의 우선순위를 어떤 순서로 다시 배열해야 할까?
- 내가 원하고 성취할 자격이 있다고 생각되는 운명을 창조하려면 어떤 가치를 추가하고, 어떤 가치들을 삭제해야 할까?

목적

"생의 중반에 나는 깊은 숲 속에서 나가야 할 방향을 잃어버렸다. 아, 그 거칠고 야생적이고 두려움을 생각나게 하는 그 숲을 설명하기가 얼마나 어려운가."

유명한 단테의 『신곡』 첫 머리에 나오는 중년의 위기를 언급하는 부분이다. 우리는 보통 고등학교 혹은 대학교를 졸업할 때까지는 사회가 요구하는 것을 기성 교육제도를 통해서 거의 일방적으로 배운다. 이후 사회에 진출해서는 다른 사람들이 보편적으로 바람직하다고 생각하는 방향을 향해서 열심히 일한다. 그리고 중년이 되어서는 생각해 본다. 과연 나의 인생의 목적은 무엇인가? 나는 어떤 방향으로 가고 있는가? 나의 삶은 어떤 의미가 있는가? 이것이 과연 내가 원하는 방향인가? 아마도 이것이 보통 사람들이 겪는

생의 과정일 것이다.

　인생의 목적이란 무엇이며 왜 중요한가?

　성취의 세부 주제 중 가장 상위에 있는 것은 목적이다. 목적 없는 삶, 맹목적인 삶은 생각하기 조차 끔찍하다. 목적은 흔히 북극성에 비유된다. 북극성과 같은 길잡이별을 따라가는 것처럼 성취할 수 없으면서도 항상 앞을 향해 나아가게 하는 것이다. 또한 목적은 길에도 비유될 수 있다. 머나 먼 동쪽 끝 같은 것이다. 우리는 결코 그 동쪽이라는 곳에 도달하지 못한다. 그러나 전 생애를 다해 그 방향을 향해 나아갈 수는 있다.

　모든 생명체는 타고 난 존재 이유가 있다. 목적은 사람이 태어난 이유이다. 태어나서 죽을 때까지 그 이유를 발견하려고 노력하는 사람이 있는가 하면 그렇지 않는 사람도 많다. 그러나 목적을 발견하기 전까지는 우리의 삶은 불완전하다. 목적은 우리 내부의 가장 깊은 차원, 즉 핵심이며 본질이다. 그것은 우리가 누구인지, 우리가 어디에서 왔으며 어디로 가는지에 대한 깊은 의식이다. 그것은 정체성, 존재이유, 소명, 가치와 신념, 능력과 욕구, 미래의 모습 등이 망라된 우리의 존재와 삶을 규명하는 본질이다. 그것은 우리의 에너지의 원천이고 행동의 동기를 제공하며 삶의 방향이며 최종 목적지이다. 그것은 우리가 가진 잠재력이 완전하게 발휘되는, 우리 인생의 매 순간 우리가 우리라는 존재를 표현하게 되는 방식인 것이다. 그것은 사명, 인간관계, 직업, 우리가 겪는 일상의 모든 경험 등 우리 전체 삶을 통제한다. 따라서 우리의 삶은 우리가 삶의 목적을 설정하고 이해하는 정도까지의 성공과 행복을 경험하는 경향이 있다.

〈예시〉

인생의 목적: 나의 본성을 깨닫고 잠재력을 최대한 발휘하며, 다른 사람도 그러한 삶을 살도록 도와주는 인생길동무가 되는 것이다.

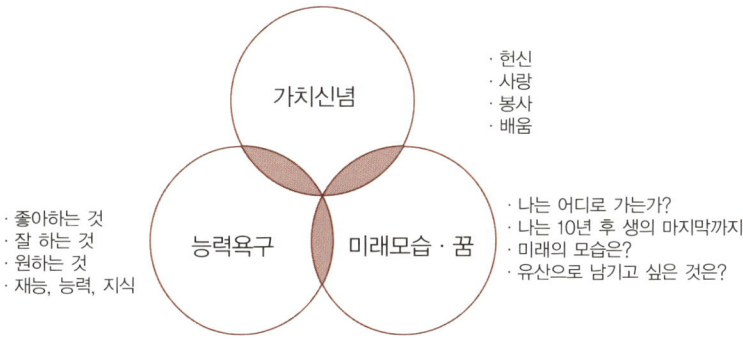

그림 11: 인생의 목적 찾기

빅터 프랭클은 그의 저서 『의미를 찾아서(Man's search for Meaning)』에서 삶의 의미와 목적의 중요성을 지적한다. "'현대의 풍요한 사회에서 사람들은 사회적, 경제적 지위를 증진시키기만 한다면, 모든 것은 좋아질 것이고 행복해질 것' 이라고 생각한다. 그러나 진실을 말하자면, 생존을 위한 투쟁이 가라앉을수록 '무엇을 위한 생존인가?' 라는 질문이 떠오른다는 것이다. 오늘날 많은 사람들이 살아갈 방법을 가지고 있지만 그러나 '무엇을 위해 살아야 하는지' 즉, 목적이 없다."

목적의 힘과 관련한 재미있는 이야기가 있다. 아프리카 사하라 사막 한가운데에 비셀이라는 작은 마을이 있다. 이 마을은 오아시스 가장자리에 자리잡고 있는데, 이곳에서 사막을 가로 질러 통과하려면 3박 4일 정도 걸린다. 그러나 1926년 켄 레먼이라는 사람이 이곳을 발견하기 전까지는 마을 주민 중 단 한 사람도 사막을 벗어난 적이 없었다. 그토록 오랜 시간 동안 비셀에 살아오면서 왜 단 한 번도 사막을 나가본 적이 없었을까? 그 이유는 비셀 사람들이 북극성을 볼 줄 몰랐기 때문이다. 망망대해처럼 끝없이 펼쳐진 사막에서 감각에만 의존해 걷다 보면 전체적으로 타원형을 그리며 가게 되고 결국 제자리로 되돌아오게 되는 것이다. 그러나 켄 레먼이 원주민들에게 북극성을 읽는 법을 알려준 뒤 오랜 동안 사막 안에 갇혀 있었던 원주민들은 마침내 사막을 벗어날 수 있게 되었다. 지금의 비셀은 관광지가 된 지 오래다.

"새로운 삶은 방향을 정하는 데서부터 시작된다."는 글귀가 큼지막하게 적힌 기념비를 마을 곳곳에서 발견할 수 있다.

톨스토이의 단편소설 '사람은 무엇으로 사는가'를 보면 천사 미하엘은 하느님의 뜻을 거역하고 이 세상에 내려와 세 가지 질문에 대한 답을 찾아야만 했다. 그것이 천사 미하엘이 이 세상에 온 목적이다. 이 세상에 내려와 교회 앞에서 옷도 걸치지 못하고 떨면서 거의 죽기 직전이었다. 마침 이곳을 지나치던 구두장이 세몬은 이 불쌍한 청년을 처음에는 그냥 지나쳤지만 곧 동정심을 느끼고 다시 돌아와 그를 집으로 데려가 보살펴 준다. (중간 생략) 천사 미하엘은 세몬의 집에서 일하며 지내는 동안 마침내 하느님이 주신 숙제, 즉 이 세상에 온 목적을 깨닫고 다음과 같이 말했다.

"저는 자신에 대한 염려에 의해서가 아니라 지나가던 사람과 그의 아내가 나를 동정하고 사랑했기 때문에 살아남았습니다. 고아들은 그들 어머니의 돌봄 때문이 아니라 그 아이들을 동정하고 사랑했던 낯선 사람인 어떤 여인의 마음에 사랑이 있었기 때문에 살아남을 수 있었습니다. 모든 사람들은 사람 안에 존재하는 사랑 때문에 살아가는 것입니다. (중략) 하느님은 사람들이 따로 떨어져서 살기를 바라지 않기 때문에 한 사람 한 사람 각자에게 무엇이 필요한지를 알려 주지 않는다는 것을 저는 깨달았습니다. 하나님은 그들이 협동하여 살기를 바라고 있기 때문에 모든 사람들에게 자신을 위해서, 또는 모든 사람을 위해서 무엇이 필요한지를 알려주고 있습니다. 저는 사람들이 그들 자신을 위한 염려 덕분에 살아가고 있다고 생각하지만 사실은 서로에 대한 사랑에 의해서 살아간다는 것을 깨달았습니다."

참으로 의미심장하다.

현재 우리의 눈앞에 어렵고 불쌍하게 사는 사람들이 있다. 이 사람들이 이 세상에 온 목적이 다른 사람들로 하여금 측은함과 사랑을 느끼도록 하기 위해서, 그리고 그들 스스로도 어려운 환경을 통해서 영혼이 고양되기 위해서라고 생각해 본 적이 있는가?

우리가 이 세상에 올 때는 우리는 우리의 인생 목적을 선택해서 온다는 얘기를 들은 적이 있다. 다만, 태어날 때 그것을 잊는다고 한다.

어떤 사람들은 장애아로 태어나 평생 고생하면서 힘들게 짧은 생을 살아간다. 그렇지만 그의 인생 목적이 몇 생에 걸쳐서 배워야 할 영혼의 고양 과정을 이번 생에서 빨리 배우기 위한 것이라면 그들의 인생을 보는 우리의 시각이 달라질 수 있지 않을까?

삶에 목적이 있다면 시련과 죽음에도 목적이 있을 것이다. 하지만 어느 누구도 그 목적이 무엇인지 말해 줄 수는 없다. 각자가 알아서 찾아야 한다. 그 목적을 찾아낸다면 그 사람은 어떤 힘든 상황에서도 계속 성숙해 나갈 수 있다.

니체는 이렇게 말했다. "왜 살아야 하는지를 아는 사람은 그 어떤 상황도 견뎌낼 수 있다." 그렇다. 사람은 누구나 자신의 인생 목적이 있다. 그런데 어떤 사람들은 자신의 인생 목적을 전혀 찾으려고 하지 않기 때문에 살아가는 동안 내내 그 목적을 알지 못한다. 그래도 그 목적이 사라지는 것은 아니다.

인생의 목적은 이처럼 중요하다. 하지만 많은 사람들이 인생의 목적은 먹고 살기에도 바쁘다는 이유나 특별한 사람이나 가지는 것으로 중요하게 여기지 않는다. 인생의 목적이 없는 한, 행복하고 성공적인 삶은 절대로 불가능하다. 인생의 목적을 추구하지 않으면 불평과 불만이 생기게 된다. 괴롭고 쓸모없고 뭔가 혼돈스러운 느낌을 갖게 된다. 좌절하고 절망하게 될 수도 있다. 그래서 우리는 우리의 인생 목적을 찾아야 하는 것이다.

인생의 목적 발견
인생의 목적을 찾는 과정은 쉽지 않다.

리처드 리더는 그의 저서 『목적의 힘(The Power of Purpose)』에서 "목적의식은 우리에게 쉽게 주어지지 않는다. 우리는 그것을 갖기로 결정함으로써 그것을 얻는다. 우리는 '그래, 이것이 나에게 중요한 것이야.' 라고 말이다. 목적의식은 내부로부터 온다."라고 쓰고 있다.

인생목적을 찾는 것은 다이아몬드를 캐는 것에 비유할 수 있다. 자신의 존재나 삶의 경험이나 미래의 꿈, 가치와 신념, 욕구와 열정, 능력과 재능 등의 단서에서 생각이나 직관 그리고 명상 등을 통하여 찾아낼 수 있다.

인생의 목적을 찾으려면,

첫째, 자신이 누구인지 존재를 인식하는 데서 출발한다. 자신의 진정한 존재를 인식할수록 자신의 탁월성이나 잠재력은 스스로 그 모습을 드러낸다.

둘째, 자신의 가치나 신념에서 찾아낸다. 자신이 가장 중요하게 여기는 가치와 신념은 무엇인지 또한 그것을 드러내는 삶은 무엇인지는 중요한 단서가 아닐 수 없다.

셋째, 자신이 살아온 과거의 경험에서 중요한 단서를 얻을 수 있다. 자신의 인생에서 특별히 성공하고 보람 있는 때는 언제인지, 독특한 자신의 재능이나 능력 그리고 강점은 무엇인지, 또한 정말 좋아하고 열정이 넘치는 것은 무엇인지 등 삶의 구석구석마다 그 단서가 숨어 있다.

마지막으로 앞에서 찾은 자신의 꿈과 미래의 모습은 무엇보다 중요한 단서다. 꿈은 모든 것의 씨앗이다. 자신이 되고 싶고, 하고 싶고, 갖고 싶은 것, 우리가 잊고 사는 우리의 꿈을 마음껏 펼쳐보라.

인생의 목적은 각각에서 찾을 수도 있지만 가장 이상적인 것은 각각에서 공통되는 것을 통합하는 것이다.

인생에 목적이 없다고 실망할 필요는 없다. 없는 게 아니라 지금부터 찾아 나서면 되니까.

자, 인생의 목적을 찾아 나서보자. 어렵게 보이지만 정말 중요하고 보람 있고 인생을 획기적으로 변혁시키는 계기가 될 것이다.

아래의 모델을 사용하면 인생목적 찾기 코칭에 보다 효과적일 수 있다.

아래 모델은 인생목적찾기 코칭에 매우 유용하다.

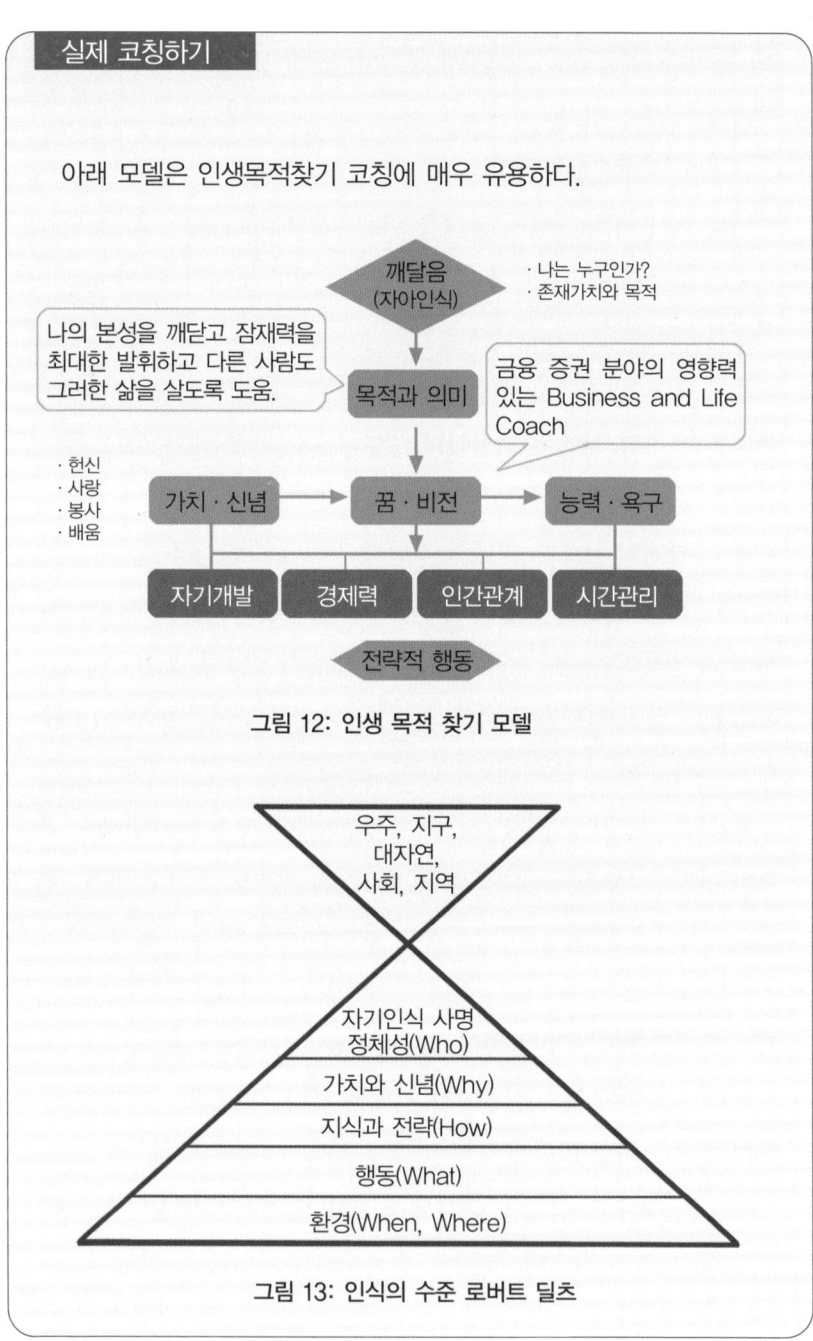

그림 12: 인생 목적 찾기 모델

그림 13: 인식의 수준 로버트 딜츠

(방법 1) 나의 인생목적을 찾아보는 코칭

다음 질문에 대해 생각나는 대로 적어보라. 우선 직관이 중요하고 그 다음은 사색이고 명상이다.

1) 존재와 삶의 인식

– 나는 누구인가? 어떤 존재인가?

– 나는 어디에서 와서 어디로 가는가?

– 나는 왜 태어났는가?

– 나는 무엇을 위해 사는가?

2) 가치와 신념

– 나에게 중요한 가치는 무엇인가?

– 그것은 나에게 무엇을 가져다주는가?

– 나에게 삶은 무엇이라고 믿는가?

3) 꿈, 미래의 모습

– 내가 되고 싶고 하고 싶고 갖고 싶은 것 30가지는?

– 나의 10년 후 또는 30년 후 이상적인 삶의 모습은 무엇인가?

– 아무 제약이 없다면 하고 싶은 일은 무엇인가?

– 만일 실패하지 않는다는 것을 안다면 무엇을 하겠는가?

4) 욕구, 지식, 재능

– 내가 좋아하는 것은?

– 내가 가장 잘하는 것은?

– 내게 가장 가치 있는 일은?

– 내가 생각하기에 가장 행복하고 성공적인 때는 언제인가?

– 내가 생각하기에 가장 어려웠던 때는 언제인가? 그것을 극복한 힘은 무엇인가?

이상을 종합하여 다음과 같은 문장을 통해 각자의 인생목적을 표현해 보자.

나는 사람들로 하여금_____하게 하는 (핵심문장)_____이다. (은유)

예를 들면,

– 나는 사람들이 진정한 자아를 볼 수 있도록 도와주는 거울이다.

– 나는 사람들이 꿈을 이룰 수 있도록 이끌어 주는 북극성이다.

– 나는 사람들의 위대한 능력을 깨우는 자명종이다.

– 나는 사람들의 삶을 변화시키는 촉매다.

– 나는 나의 본성을 깨닫고 잠재력을 최대한 발휘하고 다른 사람들로 하여금 그러한 삶을 살도록 도와주는 인생길동무이다.

(방법 2) 다음과 같은 사례를 통해서 인생목적을 구체화시켜보자.

로라 휘트니스 저 『라이프 코칭 가이드』에서 인용한 인생목적을 구상화하는 작업의 사례다.

| 사례 1 | 시계를 돌려서, 당신의 인생에서 가장 활력과 힘을 느꼈던 때로 돌아가 보자. 당신의 척추, 팔, 손가락 마디마디까지 흥분으로 떨렸던

그때, 어느 누구도 당신에 대해 어떻게 생각할지 신경 쓰지 않았던 그때를 떠올려 보자. 당신은 말 그대로 활기가 넘쳐 있었다. 잠시 생각할 여유를 갖는다.

질문

- 당신은 어디에 있었는가?
- 당신은 무엇을 하고 있었는가?
- 당신 주변에는 누가 있었는가?
- 그 당시에 그들에게 어떤 일이 일어나고 있었는가?
- 당신은 그들에게 어떤 영향을 주었는가?

| **사례 2** | 당신은 우주선에 탑승하려 하고 있다. 우주선이 이륙한다. 당신은 우주에서 아직 개척되지 않은 어느 행성에 가는 중이다. 여러모로 그 행성은 아주 멋지다. 그러나 아무도 살지 않는다. 당신이 그 행성을 어떻게 변화시키기를 원하든지 간에, 당신 마음대로 그렇게 할 수 있다. 당신은 당신이 원하는 방식으로 그 행성을 존재하게 할 힘을 갖고 있다. 착륙하면 당신은 어떤 일이 일어나도록 할 것인가? 당신은 어떤 영향을 끼치길 원하는가? 당신이 바라는 대로 그 행성이 만들어질 수 있을까?

잠시 생각할 여유를 갖는다. 우주선이 행성에 착륙하고 있다. 문이 열린다. 당신이 그 행성에 손을 얹고 말한다. "이 행성은 '이런 식'으로 될 것이다."

질문

- '이런 식'은 과연 무엇을 의미하는가?

| **사례 3** | 어떤 강연회장으로 들어가 보자. 연단이 있고 많은 사람들이 이리저리 오가고 있다. 방 안에서 웅성거리는 소리가 들려온다. 연단 위에는 당신이 서 있다. 청중을 둘러보자. 청중을 향해 막 연설하려고 하는 그 순간의 느낌을 느껴 보자. 잠시 중단되고, 당신의 이름을 소개하는 소리가 들려오고, 또 이렇게 말하는 소리가 들린다. "다음 30초 동안 당신은 여기에 모인 모든 사람들에게 당신이 원하는 어떤 영향을 미칠 수 있는 기회를 갖게 될 것입니다. 기회는 한 번뿐이고, 한 가지만 그 영향력을 행사할 수 있습니다. 그러나 이곳의 모든 사람들은 그로 인해 어떤 식으로든 변화될 것입니다. 그들은 당신이 그들에게 미친 그 영향력으로 인해 다른 인생을 살게 될 것입니다. 자 30 초입니다.

질문

• 당신은 어떤 영향력을 행사했는가? 그 사람들에게 어떤 일이 일어났는가?

(방법 3) 다음과 같은 질문을 통해서 인생목적을 발견해보자.

코치는 "반드시 이루어진다는 보장이 있다면 무엇을 하겠습니까?"라고 질문을 한다.

코칭 받는 사람은 원하는 바를 말한다.

코치는 "그렇게 된다면 당신은 무엇을 얻을 수 있는가요?"라고 질문을 한다.

코칭 받는 사람이 다시 대답을 하면 코치는 "그렇게 된다면 당신은 무엇을 얻을 수 있나요?"라는 질문을 상대로부터 긍정적이고 의미 있는 대답이 나올 때까지 여러 번 반복한다.

마침내 그 대답이 나오면 "당신은 정말 ——— 하고 싶은 거로군요."라고 확인해준다.

이 과정에서 코치는 상대방의 표정이나 호흡 등이 어떻게 변화하는지 잘 관찰한다. 상대방의 자세나 표정, 호흡 등에서 의미 있는 변화가 나타날 때를 놓치지 않고 파악한다. 왜냐하면 그때 상대방은 진심으로 원하는 바를 발견해서 말하고 있기 때문이다.

삶의 의미

삶의 의미는 인생목적과 함께 같이 생각해볼 주제다.

의미 있는 삶을 이야기할 때 우리는 삶의 목표를 이야기하지만 때로는 인생목적을 발견하는 것이 단지 목표를 정하는 것 이상의 의미가 있을 수 있다. 목표를 정하거나 달성한다고 해서 반드시 목적 있는 삶을 사는 것은 아니다. 목적의식을 느끼려면 우리가 정한 목표가 자신에게 의미가 있어야 한다.

우리는 대학에서 우등생이 되거나 큰 집에서 살겠다거나 하는 목표를 정해도 여전히 공허함을 느낄 때가 있다. 의미 있는 삶을 살기 위해서는 사회직 기준과 기대에 따르기 보다는 자기 자신에게 의미가 있는 자발적인 목적을 가져야 한다. 이러한 목적의식을 느낄 때 우리는 '소명'을 발견한 것처럼 느낀다. 사람마다 의미를 느끼는 일이 다 다르다. 사업에 성공해서 고용을 늘리거나, 양로원에서 봉사하거나, 입양아들을 키우거나, 저소득층을 위해 봉사를 하거나, 그 밖의 어떤 일에서도 소명을 발견할 수 있다. 중요한 것은 다른 사람들의 기대에 맞추는 것이 아니라 우리 자신의 가치와 정열에 부합되는 목적을 선택하는 것이다. 스스로 선택한 일에서 의미를 느끼는 회계사는 어쩌다가 실수로 수도승이 된 사람보다 더 의미 있는 삶을 살 수 있을 것이다.

또한 삶의 의미는 사람에 따라, 시기에 따라 다르다. 중요한 것은 포괄적인 삶의 의미가 아니라, 바로 우리가 존재하는 현재의 상황 속에서 우리 각자의 삶이 갖고 있는 고유한 의미라고 할 수 있다. 우리는 추상적인 삶의 의미를 추구해서는 안 된다. 사람에게는 누구나 구체적인 과제를 수행할 특정한 일과 사명이 있다. 이 점에 있어서 우리를 대신할 수 있는 사람은 아무도 없다. 따라서 각 개인에게 부과된 임무는 유일한 것이다.

삶의 의미는 3가지 방식으로 찾을 수 있다고 한다.

즉, 일을 통해서, 사랑을 통해서, 그리고 시련을 통해서이다.

첫 번째, 두 번째는 우리가 원하는 것을 통해 얻는 의미일 것이다. 그렇지만 세 번째는 우리가 원하지 않았던 것을 통해 얻는 의미일 것이다.

"왜 나에게는 이렇게 혹독한 시련이 오는 걸까? 왜 나는 이렇게 힘들게 살아야 하나? 나에게는 희망이 없다."라고 생각하면서 좌절할 수도 있을 것이다.

그러나 시련은 죽음처럼 우리 삶에서 빼놓을 수 없는 한 부분이다. 굴곡 없는 삶을 사는 사람이 있었던가 생각해보자. 쉽게 생각나지 않을 것이다. 만약 있다면 그 사람의 삶은 얼마나 무미건조할까? 시련과 죽음 없이 인간의 삶이 완성될 수 없다. 사람이 자기 운명과 그에 따르는 시련을 받아들이는 과정은 그 사람으로 하여금 자기 삶에 보다 깊은 의미를 부여할 수 있는 소중한 기회를 제공한다. 시련 속에 무엇인가 성취할 수 있는 기회가 숨어 있다는 것을 깨달아야 한다. 시련을 통해 있는 그대로의 고통과 대면해야 한다.

빅터 프랭클은 『죽음의 수용소에서』라는 책에서 2차 세계대전 당시 나치의 잔혹한 포로수용소에서의 체험을 바탕으로 그렇게 처참한 삶 속에서도 삶의 의미를 찾을 수 있었고 그 때문에 결국 살아남을 수 있었다고 한다. 그가 찾아냈던 삶의 의미는 바로 언젠가 자신이 겪은 일을 글로 쓰는 것이었다. 이 세상에 자신의 존재를 대신할 수 있는 것이 아무것도 없다는 사실을 일단 깨닫고 나면, 생존에 대한 책임과 그것을 계속 지켜야 한다는 책임이 아주 중요한 의미로 부각된다. 아직 완성되지 못한 일에 대한 책임감을 느끼게 된 사람은 자기 삶을 던져버리지 못할 것이다. 그는 왜 살아야 하는지를 알고 있고, 그래서 그 어떤 어려움도 견뎌낼 수 있었다.

우리가 잘 아는 『사기(史記)』를 저술한 사마천도 비슷한 상황이라고 할 수 있다. 잘 알다시피 사마천은 한(漢) 무제 시절의 인물이다. 대대로 이어져 내려오는 사관 집안 출신이었고 부친의 유지를 받들기 위해 궁중의 자료를 관리하고 천문을 관측하는 직책에 오른다. 황제의 측근으로 공무를 보는 한편, 궁중에 비장된 전적이나 기록을 읽어 나가면서 아버지로부터 시작된 사기(史記)의 집필을 이어가기 위한 준비를 한다.

그의 나이 38세가 되던 해 그를 어둠의 나락으로 빠뜨리는 생각지도 않은 사건이 일어난다. 흉노족 토벌을 위해 출정한 기병대장 '이릉'의 변호를 하다 황제 '무제'의 비위를 거슬러 사형에 처해지게 되었다. 그때 사마천은 사형을 면하기 위해 궁형(宮刑)을 선택했다. '궁형'이란 남근을 잘라서 남자 구실을 못하게 하는 형벌로서 사형 다음 가는 중형이다. 사기(史記)를 완성하겠다는 부친과의 약속을 지키기 위해서 목숨을 버릴 수 없었던 사마천은 어떤 치욕을 받더라도 살아남아야 했다.

자신에게 가해진 너무도 터무니없는 황제의 형벌을 생각할 때마다 격정에 휩싸인 사마천은 날카로운 칼날이 살을 저미는 듯한 고통에 사로 잡혔다고 한다.

그러나 42세에 본격적으로 사기에 손을 대기 시작한 사마천은 56세로 죽을 때까지 14년간 사기 편찬에 몰두했다. 누구보다 큰 치욕을 당하고도 꿋꿋이 이겨낸 뒤 『사기』를 통해 훌륭한 역사가로 이름을 드높였다. 사마천은 자신이 살아야 하는 의미를 누구보다도 잘 알고 있었던 것이다.

시련의 의미에 대한 간단하지만 명쾌한 사례가 있다.

한 중년의 남자가 진정으로 사랑했던 아내가 2년 전에 먼저 세상을 떠나게 되었다. 그는 너무나도 사랑했던 아내를 잃은 상실감을 극복하지 못하고 있었다.

(마치 타지마할을 지은 무굴제국의 황제 샤 자한이 끔찍하게 사랑했던 왕비 뭄타즈 마할을 잊지 못했던 것처럼. 샤 자한 황제는 타지마할을 완성하느라고 국가재정이 어려워졌고, 마침내 보다 못한 아들의 반란으로 왕위를 찬탈당한다.)

결국 우울증에 빠진 그는 의사에게 상담을 받으러 갔다.

의사는 이렇게 질문했다.

"선생님, 만약 선생님이 먼저 죽고 부인께서 살아남았다면 어떻게 되었을까요?"

그가 말했다.

"오, 세상에! 아내에게는 아주 끔찍한 일이었을 겁니다. 그걸 어떻게 견디겠어요?"

의사가 말했다.

"그것 보세요. 선생님, 부인께서는 그런 고통을 면하신 겁니다. 부인에게 그런 고통을 면하게 해 주신 분이 바로 선생님입니다. 그 대가로 지금 선생님께서 살아남아 부인을 애도하는 것입니다."

그는 조용히 일어나서 악수를 하고 나갔다.

시련은 그것의 의미를 알게 되는 순간 시련이기를 멈춘다고 한다.

또 다른 사례를 보자.

실업으로 인해 심한 우울증을 앓고 있는 젊은 환자가 있었다. 이런 사람들은 일자리를 잃게 된 것을 자신이 쓸모없는 인간이 되었다는 것과 동일시하고, 쓸모없게 되었다는 것을 무의미한 삶을 살게 되었다는 것과 동일시한다는 것이다.

빅터 프랭클은 이러한 환자들에게 공공기관 혹은 비슷한 기관에서 봉사하도록 권유했다. 말하자면 실업으로 인해 남아도는 자유 시간을 비록 돈을 받지는 않지만 의미 있는 일에 쓸 수 있게 한 것이다. 그렇게 하자마자 경제 상황에 변화가 없음에도 불구하고 그들의 우울증이 사라졌다는 것이다.

물론 우울증은 정신치료와 약물치료를 병행해서 받아야 하지만, 삶이 무의미하다는 생각과 관련된 우울증은 병은 아니더라도 병적인 증상을 가져올 수 있다. 그리고 이러한 경우에는 의미 있는 일을 하는 것이 도움이 될 수 있다는 것이다.

샤하르의 『해피어』라는 책에서는 삶의 의미를 구체적으로 행복과 연결시키고 있다. 그는 행복을 '즐거움과 의미의 포괄적인 경험'이라고 정의한다. 행복한 사람은 긍정적인 감정과 삶의 의미를 함께 느낀다고 한다. 공감이 가는 부분이다. 이렇듯 삶의 의미는 행복해지기 위해 꼭 필요한 것이다. 앞서 시련을 통해서 의미를 찾을 수 있듯이.

시련을 통해서 즐거움도 더 커질 수 있다. 따라서 즐거움을 당연한 것으로 여기지 않고 우리 삶이 주는 크고 작은 즐거움에 감사할 줄 알아야 한다. 감사하는 마음 자체가 진정한 의미와 즐거움의 원천이 될 수 있다. 고마움에 대해서는 나중에 더 다루기로 하자.

샤하르는 삶을 정의하는 재미있는 4분면을 제시했다.

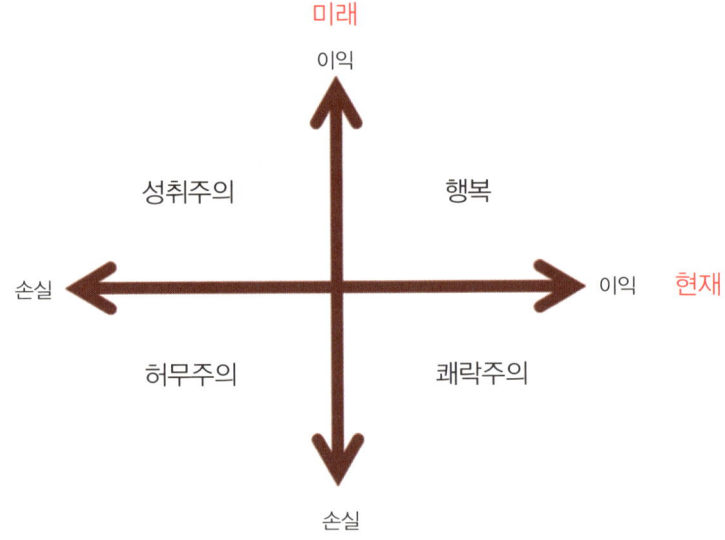

성취주의자에 해당하는 현수는 미래의 이익을 위해 현재의 이익을 포기하는 사람이다. 학교 다닐 때는 부모와 선생님으로부터 학교에 다니는 목적은 좋은 성적을 받아서 미래를 보장받는 것이라

는 이야기를 귀에 못이 박히도록 들었다. 학교생활이나 배움이 즐거울 수 있고 즐거워야 한다는 이야기는 듣지 못했다. 늘 시험을 망치지 않을까 걱정하면서 중·고등학교 때는 1류 대학에만 가면 행복해질 거라고 생각하면서 버텼다. 그렇지만 막상 대학에 가서는 취업을 걱정하면서 취업 준비하느라 모든 것을 희생했다. 대학을 졸업하고 드디어 원하는 직장에 들어가 이제는 인생을 즐길 수 있다고 생각했다. 그렇지만 곧바로 직장에서 성공하기 위해서는 그때까지 희생해야 한다고 생각했다. 직장에서 성공하기까지 이따금 승진하거나 보너스를 많이 받으면 기분이 좋아졌다. 그렇지만 성취감은 얼마 안 가고 다시 단조롭고 고된 일상으로 돌아갔다. 오랜 세월 힘든 일을 하면서 참아온 보람이 있어 회사에서 임원이 된다. 임원이 되면 행복해질 거라고 생각했던 때를 희미하게 기억하지만 현실은 그렇지 않다. 현수는 지금 고급 아파트에서 사랑하는 가족과 남부럽지 않게 살고 있다. 돈도 충분히 쓰고도 남을 정도로 번다. 하지만 그는 불행하다. 그는 불행한 성취주의자다. 열심히 노력해서 성공하는 것은 성취주의자가 되는 것과 다르다. 오랜 시간 학업이나 직업에 열중하면서 동시에 행복한 사람들도 있다. 성취주의자가 그들과 다른 점은 자신이 하는 일을 즐기지 못하며 어떤 목적지에 도달하게 되면 비로소 행복해질 거라고 믿는 데 있다. 즉, 미래에만 집착할 뿐 현재의 즐거움을 느끼지 못한다.

반면에 쾌락주의자는 즐거움을 추구하고 고통을 피한다. 오로지 현재에 초점을 맞추므로 즉각적인 만족을 얻을 수 있으면 나중에 피해 보는 행동도 서슴지 않는다. 도박이 즐거운 기분을 주면 그것을 한다. 일이 어렵게 느껴지면 그것을 피한다. 즉, 현재의 즐거움만을 찾을 뿐 미래를 전혀 생각하지 않고 있다.

한편 허무주의자는 행복을 단념하고 삶에 아무런 의미가 없다고 믿으며 체념한 사람들이다. 성취주의자가 미래를 위해 사는 사람이고 쾌락주의자가 현재를 위해 사는 사람이라면, 허무주의자는 과거에서 사는 사람이다. 현재의 불행에 대해 체념하고 미래에도 불행하게 살 수밖에 없다고 생각하는 사람은 과거의 실패에 발목이 잡혀서 행복할 수 없다.

행복주의자는 현재와 미래가 다 행복하다. 즉, 즐거움은 지금 여기서 느끼는 긍정적인 감정과 현재의 이익과 관련이 있다. 또한 의미는 목적의식과 미래의 이익과 관련이 있다.

현재의 이익과 미래의 이익은 서로 충돌하기도 해서 어떤 상황에서는 둘 중 하나를 포기해야 할 때도 있지만, 대부분 두 가지를 다 얻을 수 있다. 예를 들어 배움을 진정으로 사랑하는 학생은 새로운 아이디어를 발견하는 즐거움에서 현재의 이익을 얻고 그러한 아이디어를 경력을 위해 활용한다면 미래의 이익을 얻을 수 있다. 그렇지만 때로는 더 큰 미래의 이익을 위해 현재의 이익을 보류하고 매일 하기 싫은 일도 어쩔 수 없이 해야 한다. 중요한 것은 더 큰 미래의 이익을 위해 현재의 이익을 일부 포기할지라도 현재의 이익과 미래의 이익을 둘 다 줄 수 있는 활동에 최대한 많은 시간을 투자하는 것이다.

성취주의자는 미래의 노예로 살고, 쾌락주의자는 순간의 노예로 살고, 허무주의자는 과거의 노예로 산다. 지속적인 행복을 느끼려면 원하는 목적지를 향해 가는 여행을 즐길 수 있어야 한다. 행복은 산의 정상에 도달하는 것이 아니라 산의 정상을 향해 올라가는 과정이다.

삶의 의미를 찾기 위해 당신에게 의미를 가져다주는 것들을 생각해 보자. 그리고 다음과 같은 질문들에 대한 각자의 생각을 적어 보자.

- 삶은 우리에게 무엇을 기대하는가?
- 무엇이 당신의 전반적인 삶에 목적의식을 주는가?
- 지금 하고 있는 일이 나에게 의미가 있는가?
- 당신은 어떤 활동에서 의미를 느끼는가?

가슴 뛰는 삶

우리는 목표를 설정할 때 두 번째 원칙, 즉 자기의 우수영역을 찾아내서 집중하라는 원칙을 기억한다. 또한 성취라는 것이 과정이라는 것도 기억한다. 그렇다면 성취라는 것은 매일 가능한 일이라고 할 수 있다. 지금 바로 이 상황에서 가능하다. 비결은 마음이 끌리는 분야, 즉 가슴이 뛰는 분야를 찾는 것이다.

우리는 흔히 "노력하는 자는 재능 있는 자를 이기기 어렵고, 재능 있는 자는 즐기는 자를 이기기 어렵다."는 말을 종종 듣는다.

노력하는 자가 재능 있는 자를 이기기 못하는 것을 잘 표현한 영화가 '아마데우스'이다. 아마데우스는 '볼프강 아마데우스 모짜르트'의 중간 이름으로 '신께 사랑받는 자'란 뜻의 재능 있는 자의 대명사이다. 이는 당시 노력하는 자의 대명사로서 궁정 악장인 살리에르가 모짜르트의 음악적 재능을 보고 신에게 불평하는 말이기도

하다. 살리에르는 열심히 노력했지만 타고난 재능을 지닌 모짜르트를 도저히 따라갈 수 없었고 늘 모짜르트의 그림자 뒤에서 그의 천부적 재능에 절망하며 질투하였다.

그러나 그런 재능 있는 자도 즐기는 자를 이기기는 어렵다는 것이다. 이 말의 비슷한 출전은 아마 논어 옹야편 18장 구절일 것이다. 즉, 知之者 不如好之者 好之者 不如樂之者이다. 이를 현대식으로 해석해 보자. '하는 일을 단순히 알기만 하는 사람은 하는 일을 좋아하는 사람을 이길 수 없고, 하는 일을 좋아하는 사람도 하는 일을 즐기는 사람을 이길 수 없다.' 는 의미이다. 재능 있는 사람은 아마도 하는 일을 좋아하는 단계일지도 모른다. 하는 일을 즐기는 사람은 그 분야에서 도를 깨친 사람일 것이다. 즐긴다는 것은 단순히 좋아하는 단계를 넘어 어떤 수준에 이르러야 누릴 수 있는 상태일 것이다.

이것이 바로 우리가 마음이 끌리는 분야, 즉 가슴이 뛰는 삶을 찾는 이유다. 가슴이 뛰지 않는 일에서는 아무리 열심히 해도 진정한 성취를 이루기가 쉽지 않다. 가슴이 뛰어야 한다. 좋아야 한다. 끌려야 한다. 그래야 그 일에서 노력하다 보면 진정으로 즐길 수 있게 된다.

이 대목에서 이솝우화가 아닌 젊은 세대의 '개미와 배짱이' 가 생각난다.

"개미는 젊었을 때부터 밤낮없이 일했다. 그러다가 말년에 신경통을 얻어 병원에서 치료받느라 모아놓은 재산을 다 쓰고 병든 몸으로 쓸쓸한 노후를 보낸다. 반면, 배짱이는 자신의 소질을 살려 춤과 노래를 열심히 하다가 연예인으로 성공한다."

우리가 자신의 마음이 끌리는 분야를 제대로 찾아보지 못하고 그저 사람들이 생각하는 좋은 직장이라는 곳에서 무조건 열심히 일하면 나름대로의 성과를 얻을 수는 있을지 몰라도 자신이 '왜 살까?'에 대한 회의에 빠질 수도 있다. 반면 마음이 끌리는 분야, 자신의 소질을 살릴 수 있는 분야를 찾아서 노력하면 보다 의미 있는 삶의 방향으로 가깝게 갈 수 있게 된다.

마음이 끌리는 분야에 관해서는 『가슴 뛰는 삶을 살아라』라는 책이 정말 감동 깊었다. 그래서 나는 신입 사원들에게는 늘 그 책을 선물하면서 인생에서 가슴 뛰는 일을 찾으라고 했던 기억이 난다.

이 책에 의하면 우리가 이생에 태어난 목적은 바로 '가슴 뛰는 삶'을 살기 위한 것이다. 우리는 누구나 가슴 뛰는 삶을 살 권리가 있다. 행복하기 위해서는 가슴 뛰는 삶을 찾아야만 한다. 가슴 뛰는 일을 하는 사람은 억지로 노력해서 그 일을 하지 않는다. 공자의 말씀처럼 즐기면서 하는 것이다. 즐기기 때문에 요구하지 않아도 필요하면 스스로 밤을 새워 그 일을 한다.

어떤 일을 할 때 가슴이 뛴다면 그것은 세 가지를 가르쳐 주는 것이다.

- 그것이 당신을 위한 길이다.
- 당신이 그 일을 하면 쉽게 할 수 있다.
- 그 일을 하면 당신의 삶이 매우 풍요로워진다.

사람은 저마다 고유의 모습과 생각과 파장을 가지고 있기 때문에 가슴 뛰는 일은 사람마다 다르다. 어떤 사람은 남을 치료하는 일에 가슴이 뛴다. 어떤 사람은 신발 만드는 일에 가슴이 뛴다. 또 어떤 사람들은 밤을 새워 별을 관찰하는 일에 가슴이 뛴다. 역사를 돌이 켜보면 이렇게 가슴이 뛰는 사람들이 세상을 이끌어 왔다. 따라서 가슴 뛰는 일이란 무한히 다양하고 무한히 창조적이다. 이것을 억 압하고 개인의 능력을 주위에서 요구하는 쪽으로만 끌고 가려고 할 때 그 사회는 어둡고 답답한 사회가 될 수밖에 없다.

잠시 돌이켜 보면 아직도 자녀들을 교육할 때 타고난 재능을 살 려주기보다는 그저 공부만 잘해서 명문대학 보내기만을 고집하는 부모들이 적지 않다. 그렇게 어쩔 수 없이 해야만 하는 공부를 하는 아이들은 학창 시절 내내 얼마나 괴로울까? 그리고 사회에 진출해 서도 정작 열심히 일은 하지만 자기가 하는 일에 보람을 느끼고 행 복해할까?

우리는 우리 자신에게 우선적으로 물어봐야 한다.
- 나는 무슨 일을 하면 가슴이 뛸까?
- 내가 지금 하는 일에서 가슴이 뛰기 위해서는 어떻게 해야 하나?

그러나 우리가 지금 하는 일에서 기쁨을 느낄 수 없다고 해서, 가 슴이 뛰지 않는다고 해서 반드시 그 일을 바꾸어야 한다는 것은 아 니다. 그 일을 하는 방법을 바꾸는 것으로 기쁨을 느끼거나 가슴이 뛰게 할 수도 있다. 중요한 것은 가슴이 뛸 때 그것을 행동으로 옮 기려는 우리의 의지다. 하루 종일 방 안에 앉아 상상 속에서만 여러 가지를 하면서 가슴이 뛰는 것도 괜찮지만, 그것만으로는 아무 일 도 일어나지 않는다. 우리가 할 일은 바로 그것을 행동으로 옮기는 일이다. 물론 우리가 행동으로 옮기려 할 때 마음속에는 불안감이 자리잡고 있다. 정말로 그렇게 해도 내가 먹고 살 수 있을까, 과연 성공할 수 있을까 하는 불안감이다.

우리가 그 불안감을 뛰어넘을 때 삶 전체가 진정으로 가슴 뛰는 일로 바뀐다. 마음을 평화롭게 갖고, 불안감을 버리고, 자신의 일에 몰두하면 더 빨리 기회가 온다. 그리고 기회가 왔을 때 놓치지 않게 된다. 기회가 온 것을 확실히 알 수 있다.

가슴이 뛴다는 것은 스스로 자신이 무엇을 원하는지를 알고 있는 상태다. 자신에게 무엇이 진실한 것인가를 알고 있는 상태다. 그리고 그것이 곧 마음의 평화다. 가슴이 뛴다는 것은 때로는 아주 흥분되는 것일 때도 있고, 조용한 것일 때도 있다. 그것은 매우 조화로운 상태이다. 마음의 평화는 자신에게 진실한 것을 할 때 얻어진다. 그렇게 행동할 때 다른 사람이 보기에도 멋있고 자신감 있어 보인다.

실제 코칭하기

가슴 뛰는 삶을 찾기 위한 나만의 To Do List를 만들어 보자.

- 편안한 분위기를 만들어 낸다.
- 필기도구 등 사전에 필요한 준비를 한다.
- 본성에 충실한다. 자기 자신에게 솔직하게 대한다.
- 그리고 질문해 본다. 나는 무슨 일을 할 때 가슴이 뛸까?
- 내가 지금 하는 일에서 가슴이 뛰기 위해서 어떻게 해야 하나?

2

삶의 균형

"균형을 잃는다는 말은 환경이 주도하는 상황을 말한다. 마치 자신에게 선택권이 없는 것처럼 행동할 때가 이런 상황이다." −로라 휘트워스−

요즘 같이 급속도로 변하는 세상 속에서 살다 보면 꽉 짜여진 일정, 반드시 해야 하는 의무, 스트레스, 상당한 에너지를 요구하는 여러 가지 일들 속에서 우리는 균형이라는 어떤 상태를 찾게 된다. 그러나 조금만 깊이 생각해 보면 균형은 어떤 정지된 상태가 아니고 또한 마침내 도달할 수 있는 시점도 아니다. 왜냐하면 균형은 항상 유동적이기 때문이다.

서커스에서 외줄타기를 하는 광대를 보면 쉽게 생각할 수 있다. 외줄을 타면서 균형을 잡기 위해서는 계속 움직여야 한다. 움직이지 않고 정지해서는 균형을 잡을 수가 없다. 균형은 오로지 움직임 가운데서 존재한다. 우리는 험난하고 피곤한 세상 속에서 진행 속도를 늦추고 잠시 멈춰서 균형을 찾고 싶어한다. 그러나 멈출 방법은 없다. 자전거를 타다가 멈추면 어떻게 되는가? 완전히 멈출 수 있는 유일한 때는 죽음의 순간뿐이다. 우리는 죽을 때까지 삶에서 완전히 벗어날 수 없다.

바다에 사는 수많은 물고기 가운데 유독 상어만 부레가 없다고 한다. 부레가 없으면 물고기는 가라앉기 때문에 잠시라도 멈추면 죽게 된다. 그래서 상어는 태어나면서부터 쉬지 않고 움직여야만 하고, 그 결과 몇 년 뒤에는 바다 동물 중 가장 힘이 센 강자(強者)가 된다고 한다.

그렇다. 균형은 멈춤이 아니라 통제된 움직임이다.

더 많이

외국인이 한국에 와서 가장 쉽게 접하는 말이 '빨리빨리' 라고 한다. 그렇다. 우리는 참 바쁘다. 저자인 나만 하더라도 주말마다 귀가하는 큰 아이가 학원에 다니느라 너무 바빠서 차 안에서 식사를 하는 것을 보면 저렇게까지 해야 하나 하는 생각이 들 때가 많다. 전업주부인 아내는 나보다 더 바쁜 것 같다. 하긴 돌아보면 나 자신도 미팅 일정에 쫓겨서 김밥으로 점심을 먹으면서 회의를 하던 적도 많았던 것 같다.

내가 처음 직장생활을 하던 80년대 후반에는 점심시간에 점심을 빨리 먹고 동료들과 잠시 다른 일(?)을 해도 회사에서 알 수 가 없었나. 그리고 손으로 열심히 보고서를 쓰면 타이피스트가 타이핑을 해주었다. 전자계산기를 옆에 놓고 열심히 두드려서 계산을 했다. 요즘은 핸드폰 덕분에 언제 어디서나 연락이 된다. 최근에는 인터넷 덕분에 이메일도 수시로 확인가능하기 때문에 그야말로 하루 종일 일에서 벗어날 수 없게 된다. 모두가 컴퓨터를 이용해서 자기 생각을 즉시 문서화한다. 예전에 몇 시간에 걸쳐 계산하던 것들을 지금은 잠깐 만에 엑셀이 계산해준다. 그러다 보니 점점 더 일할 시간이 많아지게 된다. 기술이 발전될수록 왜 사람은 더 많이 일을 하게 되는 것일까?

또한, 책에서만 볼 수 있는 보릿고개가 언제였던가? 지금은 풍요가 문제다. 보통 사람들은 먹을 것이 너무 많아서 과체중을 걱정한다. 음식물 쓰레기 처리가 사회적인 문제가 되는 상황이다. 얼마 전 신문 기사에서 보니 노숙자들조차도 옷을 주는 것을 별로 반가워하지 않는다고 한다. 봉사단체에서 워낙 옷을 자주 주기 때문에 불편함을 잘 느끼지 못한다고 한다. 모든 게 넘칠 정도다.

사람마다 다르다

이런 상황에서 사람들의 반응은 다양하다. 어떤 사람들은 넘치는 상황을 즐기기도 한다. 나아가 고속으로 질주하는 것을 즐기는 사람도 있다. 이런 사람들은 고속으로 달리는 와중에 균형을 찾으려고 한다. 즉, 꽉 찬 일정을 최대한 소화하면서 살아가는 것이다. 이런 사람들은 인생은 유한하기 때문에 가능한 최대한 열심히 살아야 한다고 생각한다. 속도가 느려지면 인생을 의미 있게 살지 못했다고 생각하게 될 것이다. 늘 밖에서 저녁 약속을 하다가 오랜만에 집에서 저녁을 하면 자기가 뭔가 열심히 살고 있지 않다고 생각할 것이다.

반면, 어떤 사람들은 속도를 조금 늦추고 싶어할 것이다. 조금 더 단순하고 느리게 살면서 균형을 찾으려고 할 수도 있다.

예를 든다면 목표는 100인데 200을 시도해야 100 정도를 얻을 수 있다고 하면, 목표를 80 정도로 수정하면 150 정도만 시도해도 된다. 그러면 전체적으로 200 에서 150으로 시도 횟수가 줄어드니 삶이 훨씬 단순하고 여유가 생기게 된다. 이것은 사람을 만나는 횟수가 될 수도 있고, 보고서를 쓰는 횟수가 될 수도 있고, 제안서를 쓰는 횟수가 될 수도 있다. 각자 상황에 따라 해석하면 될 것이다. 선택은 우리의 몫이다.

이렇듯 균형은 지극히 개인적인 문제다. 우리 모두는 나름대로 고유의 균형모델을 가지고 있다. 여기서 다시 한번 삶의 수레바퀴를 떠올려 보자.

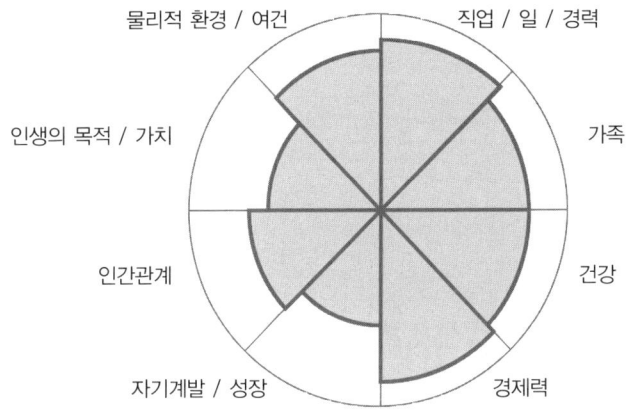

삶의 수레바퀴 각 영역에서 우리의 만족도에 따라 선을 긋게 되면 울퉁불퉁한 모양이 된다. 이런 모양의 바퀴를 가진 자전거를 타고 삶을 살아야 한다면 얼마나 불편하겠는가? 이런 상황에서 어떤 사람들은 가장 만족도가 높은 부분을 기준으로 다른 부분의 만족도를 높여서 균형된 원을 만들려고 할 것이다. 예를 들면, 현재 내가 소유하고 있는 모든 것 (직업, 경력, 경제력 등)을 유지하면서 인간관계, 자기계발 등을 더해서 스트레스, 긴장 등을 최소화하려고 할 것이다. 또 어떤 사람들은 중간 정도의 원에 맞춰서 하나를 더 얻기 위해 다른 하나는 일부 희생하는 방안을 선택할지도 모른다.

다시 말하지만 균형은 개인적이다. 우리는 균형의 문제를 통해서 스스로 삶을 성찰하고 무엇이 중요한지 깨달을 수 있게 된다.

그런데 우리가 '균형을 잃는다.'라는 느낌을 가질 때는 어떤 때인가? 그것은 아마 우리의 의지대로 할 수 없고 환경에 좌지우지되는 상황일 것이다. 두려움 때문에 선택하지 못하게 되는 상황일 것이다. 선택의 기회가 지나가 버리면 균형도 멀어지게 된다. 균형이 멀어지면 성취 가능성도 낮아지게 된다.

균형을 검토할 때는 긴 안목이 필요하다. 앞서 말했듯이 균형은 과정이다. 그래서 균형은 시간에 따라서 검토될 수 있다.

예를 들어 제 3자가 보기에 상당히 균형을 잃고 있는 것처럼 보이는 기간이 있을 수 있다. 막 창업을 한 사람은 사업초기에는 자나 깨나 사업만을 생각하고 모든 에너지를 거기에 쏟아 넣게 된다. 그러나 그런 상황이 계속되지 않는 한, 그런 집중력이 필요한 시기도 있을 것이다. 문제가 되는 것은 잘못된 상태가 잘못된 패턴으로 지속되는 것이다. 지금 밤낮 없이 열심히 일하고 있는 사람들도 너무 걱정하지 말자. 지금이 집중이 필요한 시기일지도 모르니까.

살면서 균형의 문제는 여러 형태로 다가온다. 직장과 가족, 즐거움(잠, 술, 담배 등)과 건강, 빠른 길과 바른 길(정직), 당연함과 고마움 등 그 경우의 수는 상당히 많다. 여기서는 대표적인 주제인 인간관계, 정직, 고마움에 대해 살펴보기로 한다.

우리가 더 균형 있는 삶을 구축하기 위해 다음과 같은 질문을 해 보고 스스로의 답을 적어보자.

- 당신이 가장 소중하게 생각하는 가치를 위해서는 어떤 선택을 해야 할까?
- 지금의 관점 외에 또 어떤 다른 관점이 있는가?
- 가장 먼저 마음에 떠오르는 것이 무엇인가?

인간관계

인간관계라는 것은 서로가 자신의 내부에 있는 어떤 미지의 것을 배우기 위해 상대방을 끌어들여 두 사람이 함께 하는 작업이라고 한다. 당신이 어떤 것을 배울 필요가 있기 때문에 그 사람이 당신 앞에 나타난 것이라고 한다.

공자께서도 "세 사람이 길을 가면 반드시 나의 스승이 있으니, 선한 자를 가려서 따르고, 선하지 못한 자를 가려서 자신의 잘못을 고쳐야 한다. (三人行必有我師焉 擇其善者而從之 其不善者而改之)"고 했다.

참 공감이 가는 말이다. 인간관계에서 알고 있어야 하는 점은 우리가 배우기 위해서는 먼저 우리 스스로를 바꿔야 한다는 것이다. 타인을 바꾸려 해도 타인은 절대 바뀌지 않는다. 이렇듯 우리가 뭔가 배우기 위해 인간관계가 생긴다고 생각하면 인간관계가 그렇게 힘들게만 느껴지지는 않을 것이다.

까칠한 고객, 만족하지 않는 시어머니, 너무 밀어 붙이는 상사, 도와주지 않는 동료, 나를 이해해주지 못하는 배우자, 대화가 통하지 않는 자녀, 신뢰하기 어려운 부하직원 등 인간관계는 참으로 다양하게 우리 앞에 나타난다. 그렇지만 공통점은 인간관계를 통하여 우리가 배운다는 것이다. 그리고 그 과정을 통해서 우리는 변하고 더 성숙해지는 것이다.

1장에서 얘기한 마음의 문제로 돌아가 보면, 가장 어려운 상황, 가장 갈등이 심한 인간관계 속에서 마음 공부를 할 때 보통의 상황보다 훨씬 빠르게 성숙해진다. 그렇기 때문에 가장 힘든 인간관계 속에서 우리는 훨씬 더 빨리 배우고 정신적으로 더 성숙해질 수 있게 된다.

톰 피터스는 그의 저서 『초우량 기업의 조건』에서 "늘 다른 사람들을 성숙한 성인이자 파트너로 대하라. 그들을 위엄 있게 대하라. 또 늘 존경하는 마음으로 대하라."고 말한다. 이 말은 사업을 하는 사람들에게 특히 유용한 말이지만, 일상에서도 매우 유용한 말이다. 다른 사람들을 정중하게 예의를 갖추고 대해서 잘못된 사람은 거의 없다. 우리가 다른 사람들로부터 대접받고 싶은 바로 그만큼 다른 사람들을 존경과 예의로 대하는 것이 바로 최고의 매너이며 인간관계의 황금률이다.

가끔 자녀들이 가장이 귀가해도 현관에 와서 인사하지도 않고, 심지어 말도 하지 않는다고 불평하는 부모들이 있다. 이럴 때 가장 좋은 방법은 자녀가 귀가할 때 먼저 따뜻하게 인사를 해주는 것이다. 부모가 먼저 모범을 보이면 자녀가 자연스럽게 따라 할 것이다.

동료가 도와주지 않는다고 불평할 것이 아니라 먼저 도와주라.

그러면 상대도 자연스럽게 나를 도와줄 것이다.

부하를 신뢰하지 못하겠다고 불평할 것이 아니라 먼저 신뢰감을 주어라. 그러면 부하도 당신을 신뢰할 것이다.

비슷한 이야기가 있다. 천국과 지옥의 식탁이야기다. 산해진미, 온갖 맛있는 음식들이 차려진 밥상이 있다. 이곳에서는 반드시 젓가락을 사용해서 음식을 먹어야 한다. 그런데 젓가락이 사람의 팔보다 길어서 자기 손으로는 그 젓가락을 이용하여 자기 입으로 음식을 넣을 수 없다. 지옥에서는 억지로 입을 벌리고, 손을 뻗어 음식을 먹으려고 해보지만 누구 하나 제 입에 음식을 넣는 사람이 없다. 반면에 천국에서는 긴 젓가락을 이용해서 사이좋게 서로 상대방에게 음식을 먹여준다는 것이다.

인간관계도 이렇게 서로 상대방의 입장을 이해하고 도와주면 서로가 행복해지는 것이 아닐까 싶다.

조직에서의 인간관계는 결국 리더십으로 나타나게 된다. 리더십에 관해서는 많은 연구들이 있었다. 그럼에도 불구하고 리더가 갖추어야 할 자질을 꼽으라 하면 결국 신뢰, 정직, 겸손 등 우리가 익히 아는 사항들로 귀결될 것이다. 그럼에도 불구하고 가장 중요한 자질을 꼽으라고 하면 아마 신뢰와 정직이 아닐까 한다.

신뢰에 관해서는 공자의 너무나도 유명한 가르침이 있다.

(子貢問政, 子曰: 足食, 足兵, 民信之矣. 子貢曰: 必不得已而去, 於斯三者何先? 曰: 去兵. 子貢曰: 必不得已而去, 於斯二者何先? 曰: 去食. 自古皆有死, 民無信不立)

공자의 제자 자공이 공자에게 정치가 무엇인지에 대해 묻자 공자가 답한다.

"백성을 배불리 먹이고, (외적의 침입에 대비해) 국방을 튼튼히 하고, 백성들의 믿음을 얻는 것이다."

이에 자공이 다시 묻는다. "이 세 가지 중에 부득이하게 하나를 포기해야 한다면 어느 것을 포기하시겠습니까?"

공자가 답한다. "국방을 포기하겠다."

자공이 다시 묻는다. "나머지 두 가지 중에서도 하나를 부득이하게 포기해야 한다면 무엇을 포기해야 합니까?"

공자가 답한다. "배불리 먹이는 것을 포기해야 한다. 자고로 어차피 사람은 죽는 것이다.(배불리 먹어도 언젠가는 죽는 것인 이상 식량이 나라의 흥망을 좌우하는 가장 중요한 요소는 아니다). 그렇지만 백성들의 (국가에 대한) 믿음이 없으면 국가가 존립할 수 없다."

국민이 국가(또는 정부)에 대한 신뢰가 있다면 어떤 어려움도 뜻을 모아 극복할 수 있다. 그러나 국민이 국가(또는 정부)를 못 믿는다면 어려움을 참으려 하지 않고 정부의 어떤 노력에도 동참하려 하지 않을 것이다.

비단 정치뿐이겠는가? 동일한 논리가 기업조직에도 인간관계에도 적용된다고 볼 수 있다. 리더(경영진)를 신뢰하지 않는 직원들이 어떻게 몸과 마음을 바쳐서 열심히 일할 수 있겠는가? 거래 상대방을 믿지 못하면 어떻게 거래를 지속할 수 있겠는가?

이번에는 정직에 대해서 살펴보자.

다음은 코칭을 하면서 인간관계, 특히 상사와의 관계에서 제대로 의사표현을 하지 못해서 고민했던 사람의 사례다.

김부장: 지난 주 방문했던 A사의 보고서 작업을 회의실에서 같이 하기로 했습니다. 2시까지 1번 회의실로 오세요.

이과장: 제가 지금 A사 보다 먼저 시작한 B사 업무 보고서 마지막 마무리 작업 중이기 때문에 어렵습니다.

김부장: 이과장이 실무책임자라 제일 중요해요. 이과장 없으면 보고서 작업이 어려운데 어떻게 할 거에요. 지금 시간이 별로 없단 말이예요.

이과장: B사를 맡고 있는 박부장님과 상의해 보겠습니다.

김부장: 지금 전화로 상의해 보세요

이과장: 예, (속으로, 미리미리 얘기해주면 안 되나?)

김부장: (속으로, 저렇게 소극적이어서 너무 답답하다)

사실 이과장은 여러 업무들이 겹칠 때 서로 자기 일이 중요하다고 재촉하는 상사들 사이에서 이를 합리적으로 조정하는 것이 너무 어렵게 느껴졌다. 그러다 보니 상사들과의 대화가 어렵고 인간관계도 어렵다고 느끼고 있었다.

코칭 과정에서 상사의 입장에서 생각해 보고 본인 스스로 어떤 점을 변화시키면 좋을지를 질문해 보았다. 그리고 나서 코치를 실제 상사라고 생각해 보고 대화 연습을 해 보았더니 아래와 같이 많이 나아졌다.

> 김부장: 지난 주 방문했던 A사의 보고서 작업을 회의실에서 같이 하기로 했습니다. 어느 시간이 좋아요?
>
> 이과장: 아, A사 보고서 작업을 제가 먼저 말씀드려야 했었는데 죄송합니다. 게다가 A사는 김부장님께 상당히 중요한 회사인데…, 제가 지금 A사 보다 먼저 시작한 B사 업무 보고서 마지막 마무리 작업을 하는데 시간이 상당히 촉박합니다. B사를 맡고 있는 박부장님과 상의해서 오늘 6시까지 끝내고 A사 보고서 작업에 합류하겠습니다. 제가 그동안 A사 업무에 참여했던 사람들에게 보고서 작업을 할 수 있도록 지시하고 전화로 모니터링하겠습니다.
>
> 김부장: 그래요. 이과장은 평소 책임감이 강하니까 이 상황을 잘 처리할 수 있을 겁니다. 그러면 이과장은 6시에 합류하는 것으로 알겠습니다.

정직

저자는 한때 업계의 좋지 못한 관행을 아무 생각 없이 그냥 따라 하다가 큰 봉변을 당한 적이 있었다. 그 일을 할 때 나는 나만 하는 것이 아니고 관행적으로 많은 사람들이 하고 있기 때문에 문제가 될 거라고 전혀 생각하지 못했다. 그렇지만 제 3자는 관행을 용납하지 않았다.

당시 나는 정직하지 못했던 것이다. 그리고 정직하지 못하면 결국에는 대가를 치르게 된다는 것을 뼈저리게 배웠다. 특히, 정직하지 못하다는 것을 제대로 인지하지 못한 상태에서, 즉 잘못한다는 의식 없이 범하는 잘못이 오히려 더 큰 위험으로 돌아올 수 있다는 것을 알았다.

지금도 스스로에게 "너는 아주 정직하냐?"고 물어보면 자신 있게 "네."라고 대답하지 못한다. 매일 아침 다니는 새벽길에 인적이 뜸한 길에서는 횡단보도에 파란 불이 다 꺼지기도 전에 슬쩍 지나가고 싶은 충동을 느끼고, 어려운 일이 있으면 우선은 위기를 모면하고 싶은 유혹을 느낀다.

그렇지만 늘 정직하려고 노력한다. 그리고 매일 아침 참회한다. 내가 어떤 점에서 잘못하고 정직하지 못했는지를 진심으로 참회한다. 그리고 내가 미처 인지하지 못한 상태에서 잘못한 점이 없었는지도 생각해 본다.

정직에 관해서는 할 어반의 『인생의 목적』에서 아주 잘 설명하고 있다.

저자는 다른 사람들과 마찬가지로 약간씩 자신을 속이면서 살아왔기에 별 문제가 없다고 생각했다. 그러나 서서히 그 약간의 정직하지 못했던 일에 대한 대가를 치르게 되면서 '약간' 부정직하다는 건 없다는 것을 뼈저리게 느끼게 되었다. 만약, 우리가 진정으로 인생에서 성공하기를 원한다면, 정직은 최상의 정책이 아니라 유일한 정책이라는 것이다.

슈바이처 박사는 "우리가 다른 사람들과의 관계에서 정직하고 진실하지 않고서는 인생을 존경할 수 없다."고 했다. 우리가 성실할 때 비로소 '이 세상은 집처럼 편안하고' 그 속에서 정말 효과적으로 살 수 있다. 정직이야말로 진심으로 인생을 존경하며 사는 사람들이 갖추어야 할 기본 자질인 것이다.

이 책에서 가장 감명 깊었던 구절은 저자가 대단히 정직하다고 생각하는 사람이 한 말이었다.

"나는 살면서 매일매일 정직과 투쟁하고 있다."

그렇다. 우리 모두는 옳고 그름, 선과 악 사이에서 매일 전쟁을 치르고 있는 것이다. 우리가 정직과 싸워야만 하는 이유는 정직하기가 결코 쉽지 않기 때문이다. 우리가 정말 정직한 사람이 되기 위해서는 때때로 우리에게 허락된 것보다 더 많은 시간이나 생각, 에너지가 필요하다. 매일매일 우리는 "이 일은 할 만한 가치가 있다.", "이 일은 꼭 지금 해야만 한다.", "이보다 더 빠르고 쉬운 방법이 있다." 같은 정직하기 어려운 메시지를 끊임없이 받고 있다. 그래서 우리는 종종 성실보다는 편리함을 선택하곤 한다.

맹자도 정직을 군자의 두 번째 즐거움으로 꼽고 있다. "군자에게는 세 가지 즐거움이 있는데 천하에 왕 노릇하는 것은 거기에 들어있지 않다. 부모가 살아계시고 형제들이 아무 탈 없이 무사한 것이 첫 번째 즐거움이고, 하늘을 우러러 보아 부끄럽지 않고 사람들에게 부끄럽지 않은 것이 두 번째 즐거움이며, 천하의 뛰어난 인재를 얻어 교육하는 것이 세 번째 즐거움이다."

나는 저절로 정직해진다고 생각하지 않는다. 정직하기 위해서는 용기가 필요하다. 우리는 정직하기 위해 매일 용기를 내야 한다. 정직하면 순간적으로 힘들지 몰라도 우리는 마음의 평화를 얻을 수 있다. 신뢰를 얻을 수 있다. 좋은 관계를 유지할 수 있다. 몸과 마음이 건강해질 수 있다.

정직하기 위해 다음과 같은 질문을 해 보고 스스로 적어보자.

오늘 내가 참회해야 할 일은 무엇인가?
정직하기 위해서 어떤 것부터 변화해야 하는가?

고마움

하루에 얼마나 많이 고마움을 느끼고 고마움을 표현하는지 스스로에게 질문해 보자. 식사 전에 감사 기도를 하는 사람은 최소한 세 번은 할 것이다. 식사 기도를 하지 않고 여간 해서는 고맙다는 표현을 잘 하지 않는 사람들은 하루에 몇 번이나 고맙다는 말을 할까?

반면에 뭔가에 대한 불평이나 불만은 하루에 몇 번이나 할까? 스스로에게 하루 중에 고맙다는 표현과 불평 중 어느 쪽을 더 많이 하고 있는지 질문해 보자. 아마 많은 사람들이 '불평' 쪽이 '고마움' 쪽보다 많을 것이다. 그래서 철학자 쇼펜하우어는 이렇게 말하지 않았던가. "사람은 자신이 소유하고 있는 것에 대 해서는 좀처럼 생각하려 하지 않고, 늘 부족한 것에 대해서만 생각한다."

나는 그룹 코칭을 하면서 우리가 고마워하는 사람에 대해 각자 말하게 한 적이 많았다. 모두들 비슷한 반응이었다. 평소 진정으로 고마운 사람들에 대해 잊고 있거나 혹은 소홀히 하고 지낸 것을 반성하게 되었다는 것이다. 일부는 부모님의 고마움을 얘기할 때 눈물을 흘리기도 했다. 아무튼 고마운 사람들에 대해 얘기하면 분위기가 좋아진다. 이것은 나이나 지위에 상관없는 현상인 것 같다. 고마움에는 어떤 힘이 있다. 단지 고맙다는 생각을 했을 뿐인데도 분위기가 달라진다.

언젠가 행복에 대해 코칭을 하면서 "어떤 사람들이나 어떤 대상에 대해 고마움을 느끼나요?"하고 질문한 적이 있었다. 그런데 대답이 놀라웠다. 부모님을 제외하고는 고마운 사람이나 대상이 잘 생각나지 않는다는 것이었다.

나는 질문을 이어갔다. "우리가 존재하고 활동하기 위해서 다른 사람들로부터 어떤 도움이 필요한가요?" 어느 정도 질문에 답하고 나서야 코칭 받는 사람들은 정말 많은 사람들과 사회, 국가로부터 도움을 받고 있는지를 깨달았다. 그리고 비로소 얼굴이 평온해졌다.

감사하는 것도 규칙적으로 연습하면 습관이 될 수 있다. 이것은 우리가 할 수 있는 최상의 방법이다. 왜냐하면 우리에게 주어진 모든 것에 감사하는 것은 인생을 바라보는 가장 건강한 방법이기 때문이다. 이것은 단순한 습관이 아니고 태도이다. 진실한 기쁨은 고마워하는 데서 시작된다고 한다.

우스갯소리로 회계사들은 고마움의 실천에 있어서는 축복받은 직업이다. 회계사들은 늘 감사(監査)를 하기 때문이다. 감사를 하면서 회계(會計)도 하지 않는가? 물론 우리가 진정으로 해야 하는 회개(悔改), 감사(感謝)와는 음은 같지만 뜻은 다르다.

사실 나는 새벽에 선(禪) 수행을 할 때 감사부터 한다. 부모님과 가족들, 선 수행을 가르쳐 주신 스승님, 직장의 상사·동료, 사회와

국가, 지구, 그러다 보면 자연스럽게 우주에까지 감사가 이른다. 그냥 감사하는 마음이 확장되면 쉽게 우주에까지 이르게 된다. 생각해 보면 내가 존재하는 것이 감사의 시작인데, 내가 존재하기 위해서는 부모님, 사회, 국가, 지구, 우주가 필요했던 것이다. 너무 당연하지만 너무 쉽게 잊어버린다.

벤자민 프랭클린은 "샘이 마를 때까지 우리는 물의 가치를 결코 알지 못할 것"이라고 말한 바 있다. 사실 요즘은 기후변화 때문에 물의 가치가 점점 더 소중해지고 있고, 얼마 되지 않아 물 값이 기름 값보다 비싸질 날이 올 것이라는 전망도 있다. 그동안은 하나 밖에 없는 지구의 소중함이 간과되고 지구에 대해 감사하지 않는 사람들이 많았다. 그렇지만 기후변화로 인해 지구의 소중함이 부각되고 있는 요즘에는 지구의 소중함에 대해 아무리 감사해도 지나치지 않으리라.

지구도 하나의 생명체라는 제임스 러브록의 "가이아 이론"을 처음 접했을 때 나는 그 말이 가슴에 와 닿았다. 살아 있는 지구에 감사해야 한다고 느꼈다. 지구가 없었다면 우리가 이 세상에 와서 우리의 영혼이 고양될 수 있는 기회가 없었을 것이다.

감사하는 삶을 위해 다음의 질문을 스스로에게 해 보고 적어보자.

• 내가 갖게 되어서 고마운 것은 무엇인가?
• 내게 고마운 사람들은 누구인가?
• 지금 당장 고맙다고 전화나 편지를 하고 싶은 사람은 누구인가? (생각이 나면 바로 실행해 보자. 상대는 누가 되었든 간에 고맙다는 인사를 받고 즐거워할 것이다)

각종 모임에서 정치, TV프로그램 같은 얘기 대신 고마움으로 화제를 바꾸어 보자. 분위기가 달라질 것이다. 이때 중요한 점은 1분이라도 좋으니 돌아가면서 모두 말하는 것이다. 돌아가면서 모두 얘기하다 보면 어느덧 분위기가 따뜻해짐을 느낄 수 있을 것이다.

• 회사 동료들끼리 모였을 때는 돌아가면서 회사가 고마운 점 1가지씩 말해 보자.
• 부부가 함께 모인 자리라면 돌아가면서 배우자에게 고마웠던 점 3가지씩을 말해 보자 (남편의 얘기를 들으면서 눈물을 흘리는 아내가 나타나도 놀라지 마라.)
• 친구들끼리 모인 자리라면 돌아가면서 친구들이 고마웠던 점 1가지씩을 말해 보자.

3

삶의 과정

"삶의 과정에 관한 코칭은 고객이 살아가는 과정 속에서 현재 어떤 상태에 있는
지, 또 어떤 존재가 되기를 원하는지에 관한 것이다." –로라 휘트워스–

　스톡(Stock)과 플로우(Flow)라는 개념이 있다. 스톡은 어떤 시점
을 끊어서 그 시점에서 그 이전까지의 누적되어 저장된 양을 보는
것이다. 스톡을 볼 수 있는 대표적인 것이 재무상태표이다. 재무상
태표는 어떤 한 시점에서 자산과 부채를 살펴보는 것이다. 국가, 조
직, 개인 모두 한 시점에서 재무상태표를 그려볼 수 있다. 반면 플
로우 개념은 어떤 특정 기간 동안 흘러 들어오거나 흘러 나간 양을
보는 것이다. 플로우를 볼 수 있는 대표적인 것이 손익계산서이다.
1년 동안 수익과 비용을 계산해서 이익이나 손실이 얼마인지를 보
는 것이다. 기업의 경영성과를 파악하기 위해서는 재무상태표와
손익계산서 둘 다를 봐야 한다. 두 가지 중 한 가지라도 없으면 기
업을 제대로 볼 수가 없다. 마찬가지로 우리 인생도 특정 시점에서
보는 것뿐만 아니라 어떤 기간을 통틀어 보는 것 역시 중요하다. 대
학 입시를 공부하는 고3 학생에게는 대학합격 여부뿐만 아니라 입
시를 준비하는 그 기간 동안의 과정 역시 중요하다. 그 과정 안에서

매 순간순간이 의미 있는 것이다. 우리는 현재에 존재하고 동시에 지금 이 순간을 살아가는 것이다.

코칭에서 과정이라는 주제는 우리가 살아가는 과정 속에서 현재 어떤 위치에 서 있는지에 대한 이야기이다. 과정을 얘기하기 위해서는 우리가 존재라는 것에 대해 생각해 볼 필요가 있다. 존재란 그 무엇보다도 우선하는 것이다. 그 무슨 목적이나 이유에 앞서 우리는 이미 존재한다. '존재'라는 단어는 아무것도 설명해 주지 않지만, 열린 개념이라는 장점이 있다. 존재라고 하면 무엇보다도 우리 자신의 현존 상태를 우선적으로 느낄 것이다. '나는 이것이다', '나는 저것이다'라고 규정하기 이전의 생생한 '있음' 자체를 가리키는 말이다. 우리가 의식하든 의식하지 않든 관계없이 그곳에 존재하는 상태다. 사실 우리 대부분은 존재를 의식하지 못한다. 우리는 어떻게 행동해서 성취할 것이냐에 주목할 뿐, 어떤 상태로 존재하느냐 하는 것에 대해서는 대개 신경을 쓰지 않는다.

존재를 행위와 대비시켜 생각해 보면 행위는 뭔가를 발생시키고 창조하고 어떤 책임이 따르지만, 존재는 그런 일이 일어나도록 허락하고 흘러가는 대로 두고 그 자리에 있는 그대로 받아들이는 것이다. 코칭에 대해 제대로 알고 접근하고, 우리 삶을 보다 잘 이해하기 위해서는 행위와 존재 두 가지 모두에 관심을 기울여야 한다.

코칭에서 과정은 흐르는 강물에 비유될 수 있다. 삶은 유수와 같이 흐르면서 여러 가지 변화를 겪게 된다. 어떤 지점에서는 잔잔하게 흐르고, 어떤 지점에서는 급류를 타고 이어서 폭포가 되어 낙하하기도 한다. 과정이란 우리가 그 강물에서 어떤 지점에 존재하고 있느냐에 관한 것이다. 우리가 급류 한가운데 있다면 유일하게 할 수 있는 일은 그 급류에 몸을 맡기는 것이다. 물론 그렇게 하고 싶지 않을 수도 있다. 그러나 우리는 이미 그곳에 존재한다. 그것이 우리가 살아가고 있는 인생이다. 다른 출구는 없다. 우리가 미래를 위해 분주하게 계획을 세우는 동안에도, 우리는 또 현재에 존재하고 있다. 우리의 인생이 진행되는 과정 속에 존재하는 것이다.

과정에 관한 코칭에서는 코칭 받는 사람이 불편하게 여기는 감정을 제거하는 것이 아니다. 그런 감정들을 있는 그대로 느끼게 하는 것이다. 예를 들어 우리가 슬퍼하고 있다고 해 보자. 이때 일시적으로 슬픔을 덜어줄 해결책을 찾거나 슬픔을 무시하는 것이 아니라 감정 그대로 슬퍼할 수 있도록 해서 슬픔을 극복할 수 있게 하는 것이다.

마치 있는 그대로 슬픔을 느끼되 슬픔에 빠지거나 집착하지 않는 것처럼, 슬픔에 대해 있는 그대로 느끼게 해 주는 것이다.

박석 교수의 『하루 5분의 멈춤』이라는 책을 보면 이 부분과 관련해 아주 공감되는 내용이 나온다. "슬퍼하지 못하는 것이 슬프다"라는 대목이다. 그는 일상에서 슬픔을 잘 못 느끼는 편이었다고 한다. 심리치료를 통해 자신의 감정이 무뎌진 것은 힘들었던 어린 시절의 트라우마 때문이었다는 것을 알았다. 사람이 너무 힘들고 고통스러울 때는 슬퍼할 여력도 사라진다고 한다. 생존을 위해 마음이 감정을 닫아버리고 무덤덤해지는 것이다. 특히, 어릴 때 힘든 일을 겪으면 일시적인 방어기제가 아니라 성격으로 굳어지기 쉽다는 것이다. 그렇지만 바라보기 명상을 오래하면서 감정을 잘 느끼지 못하는 것은 바람직한 상태가 아니라는 것을 깨달았다. 오히려 감정을 잘 느끼되, 그것에 휘둘리지 않는 것이 바람직한 것임을 알게 되었다고 한다. 그렇다. 자신의 감정을 충분하게 느끼고 성숙해져야 본인의 상황을 보다 잘 이해할 수 있을 뿐 아니라 다른 사람의 슬픔도 공감할 수 있는 것이다.

과정 코칭에서는 불편하게 여기는 감정, 예를 들어 수치스러운 부분, 후회스러운 부분, 엉망인 부분, 주저하는 부분, 거론하는 것조차 힘든 부분까지 그 경험을 제대로 느끼게 한다. 살면서 어쩔 수 없이 겪게 되는 모든 것들을 감추거나 저항하지 않고 수용할 수 있을 때 우리는 더욱 넉넉하고 여유 있는 삶을 살아갈 수 있게 된다.

과정에 관한 내용을 읽다 보면 앞서 언급한 "채널 바꾸기"와 혼동할 수도 있을 것 같아 첨언을 하고자 한다. 어떤 때는 의도적으로 생각을 바꿔서 긍정적인 방향으로 유도하라고 하고, 어떤 때는 있는 감정 그대로를 느끼라고 하고, 우리는 어떻게 행동해야 하는가?

실패에 대한 두려운 감정, 상처 받은 슬픈 감정, 당장 떨쳐 버리고 싶은 어두운 감정, 밝은 분위기로 나아가고 싶은 데 그렇지 못한 상황 등 다양한 상황이 있을 수 있다. 어떤 때는 바로 생각을 바꿔서 밝은 곳으로 나아가야 하며, 어떤 때는 그런 감정을 피하지 말고 충분하게 느끼는 것이 오히려 바람직한 경우가 있다. 여러분은 어떻게 행동해야 할지 스스로 알게 될 것이다.

이제 과정에 관한 주제 중 현재의 힘, 있는 그대로 바라보기, 우리가 바라는 세상에 대해 살펴보자.

현재의 힘

지구에 사람은 없고 식물과 동물만 살고 있다고 상상해 보자. 실제로 인류가 존재하기 전에는 이런 상태가 있었을 것이다. 그런 상황에서 여전히 과거와 미래가 있을까? 그래도 여전히 시간이 가치를 지니게 될까? 그런 세상에서는 "지금 몇 시야", "오늘이 며칠이야" 라는 질문이 아무런 의미를 지니지 못할 것이다. 만약 그런 질문을 소나 말에게 한다면 "글쎄, 지금이지 뭐. 시간은 지금이야. 달리 뭐가 있겠어?" 하고 답할지 모른다.

그렇다. 우리는 현재, 지금 여기에 살고 있다. 그런데도 사람들은 실재하지 않는 미래에 도달하기 위해 '지금'을 무시함으로써 스스로를 힘들게 하고 있다.

'지금'이 왜 가장 중요할까? 그것은 '지금'만이 유일하게 존재하기 때문이다.

어떠한 일도 과거 속에서 일어날 수는 없다. 마찬가지로 어떠한 일도 미래 속에서 일어날 수는 없다. 우리가 과거라고 생각하는 것은 마음속에 저장된 지나간 '지금'에 대한 기억의 흔적이다. 미래는 마음이 만들어낸 것으로 상상 속의 '지금'이다.

그래서 톨스토이는 '세 개의 의문'이라는 글에서 현재의 중요성에 대해 이렇게 얘기한 것이다.

"첫째 의문은, 이 세상에서 가장 중요한 시간은 언제인가?
둘째 의문은, 이 세상에서 가장 필요한 사람은 누구인가?
셋째 의문은, 이 세상에서 가장 중요한 일은 무엇인가?
이 세상에서 가장 중요한 시간은 현재(現在)다.
이 세상에서 가장 필요한 사람은 지금 내가 만나고 있는 사람이다.
이 세상에서 제일 중요한 일은 지금 내 옆에 있는 사람에게 선(善)을 행하는 일이다."

현재의 힘에 대한 탁월한 저서인 톨레의 『지금 이 순간을 살아라』에는 우리가 평생 새길 만한 좋은 구절이 너무 많다.

"지금 이 순간에 살면서 실제로 필요한 경우에만 과거와 미래를 잠깐씩 방문하자. 지금의 순간이 담고 있는 것이 무엇이든, 그것은 우리가 선택한 것으로 받아들이자. 언제나 '지금 이 순간'과 함께 움직이면서 거기에 저항하지 말자."

앞서 존재에 대한 설명에서처럼 우리가 인생의 급류 한가운데 있다면 그냥 급류에 몸을 맡기고 저항하지 말자와 같은 취지의 말을 하고 있는 것이다.

그렇다면 가장 중요한 현재를 사는 것, 지금 이 순간을 사는 것이란 도대체 어떻게 사는 것인가?

톨레는 이렇게 설명하고 있다.

"'지금'의 힘에 연결되어 있지 않으면 우리는 과거에 기인하는 고통에 지배당하게 된다.(과거에 기인하는 고통이란 흔히 말하는 카르마, 업장, 원죄 등으로 이해하면 될 것이다.) 이러한 고통을 불러일으키는 징후를 잘 살펴야 한다. 죄책감, 후회, 원망, 한탄, 슬픔, 비탄, 우울한 기분, 폭력성 분노, 좌절 등 어떤 형태로든 그것들이 일어나는 순간을 잘 포착해야 한다. 내면에서 일어나는 이러한 느낌들에 주의를 기울이고 알아차려야 한다. 그것을 우리 자신과 동일시하지 말고, 현재에 머물면서 계속해서 지켜보라. 감정적인 고통이 일어나면 그것이 일어나고 있음을 알아차리고, '지켜보는 자'로, '침묵의 관찰자'로 남아 있는 것이 바로 '지금'의 힘이다."

지금 현재에 연결되어 있지 않으면 과거에 기인하는 고통뿐만 아니라 미래에 대한 두려움으로 인한 고통도 겪게 된다. 장차 일어날지도 모를 일에 대한 불안, 초조, 긴장, 스트레스, 걱정 등의 모습으로 나타난다. 우리는 지금 여기에 있으면서도 마음은 늘 미래에 가 있곤 하기 때문에 조바심이나 두려움이 생겨나는 것이다.

우리는 더 나은 직장을 기다리고, 아이들이 다 자랄 때를 기다리고, 진정한 인간관계를 기다리고, 성공하고 부자가 되고 중요한 인물이 되기를 기다려 왔다. 기다림이란 마음의 상태이다. 그것은 근본적으로 현재를 원하지 않고 미래를 원한다는 의미이다. 자신이 갖고 있는 것을 원하지 않으며, 갖지 못한 것을 원하는 것이다. 그 결과 현재를 잃어버리고 삶의 질이 떨어지게 된다. 많은 사람들이 행복을 기다린다. 그러나 행복은 미래에 올 수 없다. 행복은 현재에 있다. 내 안에 있다. 어디서 무슨 일을 하든 그 일을 존중하고 인정하고 받아들이자. 그렇게 되면 현재 가진 것에 대해, 있는 그대로에 대해, 존재하는 것에 대해 고마움을 느낄 것이다. 현재의 순간에 대해 감사하면서 지금 충만한 삶을 사는 것이야말로 더 없는 행복이다.
그렇다면 현재에 집중하고 현재를 충실하게 살 수 있는 방법은 무엇인가?
앞서 인식의 힘에서 설명한 바라보기이다.

우리 스스로에게 물어보자.

습관적으로 뭔가를 기다리곤 하는가?
여태까지 무엇인가를 기다리느라고 삶을 얼마나 낭비했는가?

있는 그대로 바라보기

데카르트는 "나는 생각한다. 그러므로 나는 존재한다."라는 명제로 계몽주의 시대를 열었다. 이때 생각한다는 것은 곧 정신, 영혼, 이성이라고 풀이되기 때문에, 나(자아)=생각(의식)하는 것=정신(마음)이라고 규정할 수 있다. 한편, 이것과는 다른 물질적인 것(신체) 또한 존재한다고 본 것이다. 이른바 데카르트의 심신이원론이다.

그렇지만 잠시 생각해 보자. 과연 "생각하는 나가 나의 근본 존재일까?"라는 의문이 든다. 왜냐하면 생각이라는 것은 우리가 의도적으로 할 수도 있지만, 우리의 의도와는 상관없이 찾아오기도 하기 때문이다. 우리의 의지와 관계없이 일어나는 것이 과연 우리의 근본 존재일까?

깨달음을 향한 첫 걸음은 바로 '생각하는 나'가 '진정한 나(진아)'가 아님을 깨닫는 데 있다고 할 수 있다. 선(禪)수행에서는 이것을 다양한 화두로 제시한다.

아인슈타인을 비롯한 미국의 저명한 과학자들에게 연구방법을 질의한 결과는 놀라웠다. 그들은 "창조적인 활동에 있어서 생각은 부수적인 역할밖에 하지 않는다."고 입을 모았다. 대다수의 과학자들이 창조적이지 못한 이유는 생각하는 법을 몰라서가 아니라 생각을 멈추는 방법을 모르기 때문이다. 바로 생각이 멈춘 순간의 고요한 상태에서 창조적인 돌파구가 열렸다.

지금 이 순간 고통을 만들어 내는 것은 우리가 이 생각, 저 생각하면서 '있는 그대로' 받아들이지 않기 때문이거나 '있는 그대로'에 무의식적으로 저항하기 때문이다.

예를 들어 불평한다는 것은 있는 그대로를 받아들이지 않는 것이다. 거기에는 반드시 무의식적인 부정적 감정이 있다. 불평을 하면 스스로를 희생자로 만들고 나쁜 기운을 다른 사람에게도 전하게 된다.

마음은 근본적으로 판단하려는 충동을 지니고 있고(흔히 시비 또는 분별심이라고도 한다) 있는 그대로에 저항함으로써 갈등과 새로운 고통을 만들어내는 성질을 가지고 있다. 우리가 있는 그대로를 받아들임으로써 판단을 중지하는 순간 우리는 실제로 마음을 깨달을 수 있게 된다. 무엇보다 먼저 우리 자신에 대한 판단을 중지하자. 그리고 상대방에 대한 판단을 중지하자. 변화를 위한 가장 커다란 촉매는 어떤 식으로든 상대방을 판단하거나 변화시키려고 하지 않고, 있는 그대로 받아들이는 것이다. 있는 그대로를 인정하는 것이다.

예를 들어 상대방이 무지에 휩싸여 행동할 때 우리는 어떻게 해야 하나? 어떻게 판단을 해야 하나? 이때에도 판단을 멈추고 바라보자. 판단을 하는 심판관이 되는 것이 아니라 '알아차림'의 상태에 머물자. 이 상태에 있으면 우리는 반응을 하지 않을 수 있거나 반응을 해도 상황을 차분하게 지켜보면서 그 상황에 휘말리지 않을 수 있게 된다.

많은 사람들은 크나큰 고통을 경험하고 나서야 비로소 저항하는 마음을 버리고 있는 그대로 받아들이고 용서하게 된다. 그렇게 하고 나면 큰 변화가 일어난다. 고통이 내면의 평화로 바뀌게 된다. 예를 들어 암으로부터 극적으로 회복한 사람들은 제2의 인생을 선물 받은 사람처럼 평화로워지는 경우가 많다. 우스갯소리로 산전수전 다 겪었다고 하는데, 정말 큰 고통을 겪어본 사람, 산전수전 공중전까지 다 경험해 본 사람들은 조금 다르게 느껴진다.

'있는 그대로 받아들인다'는 것은 앞서 인식의 문제에서 언급한 바와 같다. 그렇지만 요즘 같이 살기 힘든 세상에 사는 사람들의 관점에서 보면 다소 소극적이라고 느껴질 지도 모른다. 그러나 이것은 삶의 흐름을 거스르지 않고 따른다는, 단순하면서도 심오한 지혜이자 가장 훌륭한 인식 방법인 것이다.

'있는 그대로 받아들이기'는 '포기하기, 회피하기'와는 다르다. '있는 그대로 받아들이기'는 아무것도 하지 말아야 한다는 의미가 아니라 무의식적인 반응을 하지 않는다는 것이다. 깨어있는 상태에서 바라보게 되면 무의식적인 반응을 하지 않게 되고 무엇이 옳고 그른지를 분명히 알아차릴 수 있게 된다. 오히려 그것은 변화를 유도하고, 목표를 달성하는 일과 얼마든지 함께 이루어질 수 있다. '있는 그대로 받아들이고 바라보기'를 통해서 무엇을 행해야 하는지를 분명하게 알아차릴 수 있다.

그것을 통해서 우리의 의식 상태는 외부 조건으로부터 보다 냉정해질 수 있다. 그렇게 되면 상황을 보다 정확하게 들여다볼 수 있게 된다.

현재의 상황에서 나는 어떻게 대응하고 있는지를 아래 질문들을 통해 스스로 생각하고 답을 적어보자.

- 지금 나는 이 상황의 이유를 밖에서 찾고 있는가? 아니면 안에서 찾고 있는가?
- 이 상황을 변화시킬 수 있는 방법은 무엇인가?
- 이 상황을 변화시키고 개선하려면, 내가 할 수 있는 일이 무엇일까?
- 그것을 위해 나는 어떻게 변해야 하는가?

우리가 바라는 세상

나는 내 인생의 가장 힘든 시기에 달라이 라마의 『행복론』
이라는 책을 읽으면서 커다란 감동을 느꼈다. 그 책의 핵심
내용은 가장 큰 시련이 바로 신의 축복이라는 것이었다. 시
련은 신이 우리를 정신적으로 빨리 성장시키기 위해 베푼 배
려라는 것이다. 그렇게 생각하니 시련도 고마운 것이었다.
그 덕분에 조금 더 겸손해질 수 있었고, 조금 더 폭넓게 세상
을 바라볼 수 있게 되었고, 진정 소중한 것들이 무엇인지 깨
닫게 되었다.

어떤 시기든 어떤 상황이든 반드시 긍정적인 이유가 있음
을 이해하자. 그리고 지금 우리 앞에 일어나고 있는 일의 이
유를 스스로 부정하지 말자. 그렇게 할 때 모든 상황이 우리
자신의 배움을 위한 긍정적인 상황으로 변화하게 된다. 이
사실을 깨닫게 되면 삶에서 일어나는 어떤 상황도 우리에게

고통을 안겨 주지 않게 될 것이다. 우리와 늘 공존하는 고통과 역경에도 불구하고 인생을 긍정적으로 볼 줄 아는 것이 진정한 용기일 것이다.

우리가 이 세상에 온 궁극적인 목적은 바로 영적인 성장을 이루는 것이다. 이 과정에서 우리는 많은 것을 겪게 되고 배우게 된다. 이것을 두려워하지 말자. 우리는 그 동안에도 계속 배움을 통해서 성장해 오지 않았는가?

저자로서 우리는 사람들이 보다 많이 긍정적인 방향으로 변하기를 바란다. 코칭에 담겨 있는 기본 사상인 타인에 대한 존중, 우리 모두 각자 나름대로의 잠재력에 대한 신뢰, 스스로 문제를 해결할 수 있다는 신념 등이 세상에 조금 더 빨리 확산되었으면 한다. 아울러 경청, 질문, 인정과 칭찬 등 코칭의 기본적인 스킬들이 우리 일상생활에서 보다 폭넓게 퍼져나가서 유용하게 활용되기를 바란다. 그래서 코칭의 주제들인 성취, 균형, 과정에 관한 원칙들이 모든 사람들에게 적용되기를 바란다.

저자들의 바람이 너무나 순진한 것인지도 모르겠지만 우리와 같이 생각하는 사람들이 점차 늘어날수록 우리의 바람이 실현되는 날도 가까워질 것이다. 그렇지만 너무 궁금하니까 그런 세상을 한번 상상해 보자.

학생들은 자기의 소질을 찾으면서 학교생활 자체를 즐기는 세상을 상상해 보자.

그들은 성취라는 것이 부자나 유명인만이 되는 것이 아니라는 것을 배우게 된다. 성취는 이 순간에도 가능하며, 그 다음에도 또 그 다음에도 성취를 향해 나아가는 모든 사람들에게 가능하다는 것을 배우게 된다.

모든 사람들이 목적의식을 가지고 일에 대해 열정적인 목표를 가지고 즐겁게 일하는 세상을 상상해 보자. 그들은 단순히 책상에 앉아 있거나, 기계처럼 일하지 않고 열정적으로 일할 것이다. 지금과 동일한 일을 하더라도 다른 가치관을 가지고 일할 것이다.

모든 사람들이 상대를 존중하고 상대방의 말을 경청하고 진실만을 말하는 세상을 상상해 보자. 비록 불편한 진실일지라도 있는 그대로 받아들일 수 있는 세상에서는 자신을 보호하기 위해 숨을 필요가 없을 것이다. 서로를 완전히 신뢰하게 될 것이다. 이렇게 되면 우리의 사회 시스템이 많이 바뀌게 될 것이다.(현재 힘이 있는 많은 기관들의 역할이 달라질 것이다.)

우리 모두에게 존재하는 잠재력과 가능성을 최대한 발휘할 수 있도록 배려하는 세상을 상상해 보자. 우리의 친구, 동료, 아이들로 하여금 자신의 꿈이 실현될 수 있도록 열심히 돕는 세상에서는 실패를 두려워하지 않을 것이다. 실패를 학습으로 생각할 것이다.

열정적인 목표를 마음껏 펼치고, 충분한 격려를 받고, 완전하게 존중 받는 세상을 상상해 보자. 이런 세상에서 우리는 배움을 통해서 영적인 성장을 이뤄나갈 것이다.

모든 사람들이 지혜와 사랑이 가득한 삶을 살아가는 세상을 상상해 보자.

우리 모두는 무한한 가능성과 지혜 그리고 사랑이 가득한 신적 존재다. 우리가 할 일이란 우리의 본성을 세상을 향해 표현하는 것이다.

사랑이 뜻하는 바는 무한하다. 의사이며 심리학자인 스캇 펙 박사는 "사랑이란 자신이나 다른 사람의 정신적 성장을 위하여 자기 자신을 부단히 단련시키는 것"이라고 말한다. 또한 사랑이란 "다른 사람에게서 자기 자신을 발견하는 것" "내가 전체의 일부임을 깨닫는 것"이라고도 한다. 이렇게 보면 사랑이란 위대하며 사랑하면 모든 것이 이루어진다. 꿈을 사랑하면 꿈이 이루어지고 일을 사랑하면 일이 이루어진다. 모든 것이 사랑이다.

인도 철학자 니사르가다타 마하하지의 말을 되새기며 끝맺음하고 싶다.

"내가 아무 것도 아님을 이해하는 것이 지혜라면,
내가 전체의 일부임을 깨닫는 것이 사랑이다.
그리고 그 둘 사이를 오가며 내 삶은 나아간다."

살아 있는 동안 할 수 있는 데까지 감사하라. 사랑하라. 행복하라.

참고문헌

고무라사키 마유미, 아이의 숨은 능력을 끌어내는 코칭 대화, 마리북스, 2008.

고현숙, 유쾌하게 자극하라, 올림, 2007.

권석만 외, 나, 버릴 것인가 찾을 것인가, 운주사, 2008.

김미경, 성공과 실패에서 배우는 여성 마케팅, 위즈덤하우스, 2005

김범진, 행복한 CEO는 명상을 한다, 한언, 2007.

김연수, 나를 깨우는 명상, 청어, 2007.

편집부, 누구나 이해할 수 있는 상대성이론, 뉴턴코리아, 2007.

편집부, 양자론, 뉴턴코리아, 2007.

다릴 앙카, 가슴 뛰는 삶을 살아라, 나무심는사람, 1999.

달라이라마, 달라이 라마의 행복론, 김영사, 2001.

데일 카네기, 데일 카네기 인간관계론, 씨앗을뿌리는사람, 2006.

도로시 리즈, 질문의 7가지 힘, 더난출판, 2005.

디팩 초프라, 풍요로운 삶, 경성라인,2001

로라 휘트워스 외, 라이프 코칭 가이드, 아시아코치센터, 2005.

론다 번, 시크릿, 살림출판사, 2007.

리처드 스텐걸, 아부의 기술, 참솔, 2007.

마이클 레빈, 깨진 유리창 법칙, 흐름출판, 2006.

문화영, 무심. 사람은 어떻게 자유로워지나, 수선재, 2005.

미산 외, 마음, 어떻게 움직이는가, 운주사, 2009.

박문호, 뇌 생각의 출현, 휴머니스트, 2008

박석, 명상 길라잡이, 도솔, 1997.

박석, 하루 5분의 멈춤, 예담, 2007.

백종현, 철학의 개념과 주요문제, 철학과현실사, 2007.

벤자민 프랭크린, 프랭크린 자서전, 예림미디어, 2004.

브라이언 트레이시, 성취심리, 씨앗을뿌리는사람, 2003.

빅터 프랭클, 죽음의 수용소에서, 청아출판사, 2005.

소냐, 류보머스키, How to be happy, 지식노마드, 2008

스리 라마나 마하리쉬, 있는 그대로, 한문화, 1998.

앤서니 라니스, 네 안에 잠든 거인을 깨워라, 씨앗을뿌리는사람, 2002.

에크하르트 톨레, 지금 이 순간을 살아라, 양문, 2008.

원순, 선禪수행의 길잡이, 법공양, 2008.

이민정, 이 시대를 사는 따뜻한 부모들의 이야기, 김영사, 2008.

정은해, 삶의 철학, 원미사, 2000

정준영 외, 욕망 삶의 동력인가 괴로움의 뿌리인가, 운주사, 2008.

제임스 쿠제스 외, 리더십 챌린지, 물푸레, 2004

제프리 아워바흐, 일반코칭과 임원코칭, 영재, 2005.

조셉 오코너, NLP코칭, 해와달, 2005

존 아사라프 외, The Answer, 랜덤하우스코리아, 2008

존 코터, 변화의 리더십, 북21, 2003.

최무영, 최무영교수의 물리학강의, 책갈피, 2005.

김홍신 외, 내 삶을 바꾼 칭찬 힌마디, 21세기 북스, 2004.

켄 블랜차드, 칭찬은 고래도 춤추게 한다, 21세기북스, 2002.

탈 벤 샤하르, 해피어, 위즈덤하우스, 2008.

틱낫한, 화, 명진출판, 2002.

프리초프 카프라, 현대물리학과 동양사상, 범양사출판부, 2002.

하워드 모건 외, 리더십 코칭 50, 거름, 2006.

할 어반, 인생의 목적, 더난출판, 2005.

E.H. 곰브리치, 서양미술사, 예경, 2003